近代岡山
殖産に挑んだ人々

1

発刊のごあいさつ

公益財団法人 山陽放送学術文化・スポーツ振興財団 理事長　越宗 孝昌

明治政府は欧米列強に伍するため最新の産業機械と技術を移入し、製鉄や造船、鉱山などの官営工場、製糸や紡績などの模範工場を建設し、民間企業には助成金を公付して輸入機械を払い下げるなどの支援を行いました。いわゆる「殖産興業政策」。官民みんなが夢を描いて乾坤一擲の大事業に挑み、近代化に邁進した時代の転換点です。

こうした中で岡山県でも、士族授産事業に端を発した製糸業や紡績業、金融業、干拓事業などが興り、江戸時代から発展を続けてきた鉱工業や藺莚業、製塩業、農業などにも新しい展開が現れました。なかでも、日本で初めて蒸気自動車を製作した山羽虎夫、重要な輸出産業となった精巧緻密の花莚「錦莞莚」を発明した磯崎眠亀（みんき）、「十基紡」の旗手を務めた下村紡績所の渾大防（こんだいぼう）益三郎、「温室ブドウ」の栽培方法を確立し「果物王国岡山」の礎を築いた山内善男らが日本の近代産業に道を拓きました。また、泥の海だった児島湾を干拓し柵原鉱山を開発した藤田傳三郎、先駆的経営を採り製塩業発展の道筋をたてた野崎武左衛門、ビール業界を牽引した馬越恭平らが近代産業の発展に大きく貢献しました。

しかし、郷土ゆかりの先人たちがこのような日本の近代化に多大な貢献をしたことは意外に知られていません。

発刊のごあいさつ

本書は、この史実をより多くの県民に知っていただくため、公益財団法人山陽放送学術文化・スポーツ振興財団が主催して、昨年8月から開催してきたシリーズ・シンポジウム「近代岡山の偉人伝殖産に挑んだ人々」の第1回「明治の才覚たち」、第2回「海と山を変えた男」、第3回「匠・明治の気骨」の3回分をまとめたものです。

シンポジウムでは、講師の先生方から時代と格闘してきた先人たちの信念や勇気、開拓性、実行性、そして今後の研究課題までもが浮き彫りにされました。また、ご清聴いただいた皆さまからも「先人の功績や思想を学び直したい」という声が多く寄せられていることから、これまでの「蘭学」「福祉」に続く先人シンポジウム記録集として刊行、郷土の文化遺産として継承することにいたしました。

最後になりましたが、シンポジウムの開催とその出版にひとかたならぬご協力を賜りました皆さまに深く感謝申し上げます。

2021年2月

目次

明治の才覚たち

2020年8月20日(木)●能楽堂ホール「tenjin 9」

海と山を変えた男　藤田傳三郎

２０２０年10月22日㈭●能楽堂ホール「tenjin ９」

匠・明治の気骨

2020年12月10日㈭●能楽堂ホール「tenjin 9」

明治の才覚たち

片山儀太郎　（かたやま・ぎたろう　1856〜1933）

香川県豊島で育った片山儀太郎。木材業で財を成し、1892（明治25）年岡山市天神町に菅原道真をテーマにした日本初のテーマパーク「亜公園」を開園した。八角形7階建て、高さ33mの「集成閣」を中心に、劇場や旅館、遊技場や飲食店などを配する斬新な大型複合娯楽施設である。はるか瀬戸内海までも見渡せる景観と山陽鉄道の開通も相まって京阪神からも多くの来園者が押し寄せた。世人は「阿呆園」と揶揄したが、一方で片山は、先見性、開拓性、実行性から「岡山には過ぎた男」とも言われていた。

扉／岡山古写真DB委員会蔵

山羽虎夫　（やまば・とらお　1874〜1957）

岡山市天瀬で電気製品の工場を営んでいた山羽虎夫。依頼を受け、見たこともない自動車の製作に挑んだ。溶接技術の無い時代である。数々の困難と闘って1904（明治37）年、2気筒25馬力の石油炊きボイラーを搭載した日本初の国産車「山羽式蒸気自動車」を完成させた。一般道での試運転では10㎞／h以上のスピードで走行し、問題なく走らせることに成功した。ただ、当時のタイヤ技術の問題から実用化には至らなかったが、山羽の自動車は「国産車」として日本の道にしっかり轍を刻んだ。

扉／個人蔵

講演1

亜公園と片山儀太郎

造形作家

山本 よしふみ（やまもと　よしふみ）

浪速短期大学（現大阪芸術大学）卒業後、㈱バンダイの超合金模型「アポロ11号」など模型業界各社の原型製作・監修等に携わる。明石市立天文科学館「宇宙開発の歴史室」の模型監修なども行う。２０１２年より毎年、岡山シティミュージアムにて「明治期の天神山界隈」をテーマに講座を開催している。模型提供著書に『イッツ・サンダーバード・センチュリー』『スピナー読本』などがある。

はじめに

山本よしふみと申します。私は津山市の生まれなのですが、明治期の岡山市の中心地となった天神山界隈（かいわい）に興味を持ちまして、諸々調べてきました。幾つか模型にて当時の建造物を再現し、岡山シティミュージアムで講座を開いては明治の天神山の様子を披露してきましたが、本日はその一端を「亜公園と片山儀太郎」というタイトルでお話しします。先ほどご紹介がありました通り、ＲＳＫ新社屋が建つこの場所に「亜公園」という大型複合娯楽施設がありました。建造したのは木材業で大きな財を成した船着町の片山儀太郎という人物です。

片山儀太郎は香川県の豊島（てしま）で育ち、12歳で岡山市船着町の老舗木材商、金谷久太郎の嫡子に迎えられました。20歳で片山木材店をおこし、従来にない新たな商い手法で財を成していきます。30代半ばで天神町に当時類例のないテーマパーク的構想を持った娯楽施設「亜公園」を創設。県内外から多数が詰めかける人気スポットとなったわけです。当時のかたちを模型で見るとこのような感じでしょうか（図①）。岡山県庁前の一等地（岡山県医学校跡地）を、県から買い取り、そこに亜公園を造ったわけです。開業は１８９２（明治25）年の3月でした。

山陽鉄道の岡山駅ができたちょうど1年後です。そのときには線路は三原付近にまで延びていましたので、ここへは姫路からも福山方面からも汽車で来られたわけです。

写真1：片山儀太郎

亜公園散策

施設中央に集成閣という7階建ての塔があり、入場料は5銭でした。5銭というのは千円くらいです。高いです。その5銭は景色を見るためだけに支払う、言ってみれば法外なものでしたが、明治という新しい時代にあって、景色を見るのにお金を払うというのは、時代の先端を味わうようなものでもあったのでしょう。木造7階建てです。今の私たちにはどうでもいいような高さですけれども、当時は目がくらむような高さでした。事実、作家の内田百閒さんは、この塔に子どものときに登りましたけれど、あまりの高さに足がすくんで4階までしか上がれなかったと随筆に書かれています。

亜公園は、現在のＲＳＫ山陽放送さんとほぼ同じ敷地でした。亜公園についての文献は非常に少ないのですが、『岡山亜公園之図』（写真２）というのが岡山市立中央図書館にあります。これは県外か

図①：『岡山亜公園之図』を元にした復元模型

写真２：『岡山亜公園之図』
（1892 年開園時に園内で販売された）

写真３：岡山市　中央に亜公園の集成閣

らの来訪者に向けてのお土産として園内で2銭で売られていたものので、それで頭に岡山と入っているわけですね。これを参考に模型を作らせていただきました。図①の通り、中央の集成閣（写真3・4）を中心にいろいろな施設やお店で構成されていました。当時出版されていた『岡山名所図会』や『岡山案内記』といった本に、各店舗のことがいろいろと載っています。この絵と文章を照らしあわせて、おおむねのかたちを掌握したという次第です。

これが方角で北と南です（図②）。南にオリエント美術館がありますす。当時は阿部道場という剣道場でした。従って、日中は竹刀のぶつかる音や、エイヤーといった気合いの声が聞こえていたで

写真４：集成閣

しょう。明治末年である１９１２（明治45）年には、岡山電気軌道の本社がここにでき、阿部道場の建物がそのまま流用されます。

図③は県庁前からのビジュアルです。当時、岡山県庁前の道はちょっと広くなっていまして、西洋式の門がありました。今、ＲＳＫ山陽放送さんと岡山県立美術館の間にある道がこれです。県庁のエ

図②：南側左空白部に現在は甚九郎稲荷

図③：県庁側から見た亜公園（手前は県庁の正門）

ントランスは長いスロープで構成され、かなり奥まったところに庁舎がありました。

夜になると亜公園はライトアップされました。園内には街路燈がありましたし、集成閣の各フロアには提灯がともされまして、かなり遠くからでもその灯りは見えたことでしょう。

では、亜公園を部分的に見ていきましょう。県庁の真向かいについたてのようにして大きな建物があります。「菅之家」といいます（図④）。途中で「常磐木」という名前に変わったようですけれど、この建物のかたちは道後温泉にちょっと似ています。おそらくかたちをまねたと言いますか、参考にしたのでしょう。

これは正面からの想像復元です（図⑤）。基本は旅館です。3階に沖雲楼という喫茶展望室のようなものがあって、金成湯というお湯屋さんが1階にありました。リウマチ、婦人病、貧血症など慢性諸病に適すとうたい、県北真島郡禾津村湯谷（現在の真庭市湯原町）の鉱泉を樽につめ、高瀬舟で下らせたようです。浴槽の一画にヒノキで覆った金属筒があり、そこに焼けた炭を入れると鉱泉は対流循環して湯になります。2階に常磐木という料亭があり、県庁の真ん前という位置でもあって人気を博したのでしょうか、どこかの時点で菅之家と呼ばれるよりも、この「ときわぎ」の名の方が知られていったのかもしれません。集成閣に次いで人気があった施設です。

通路をはさんだ東側に、天神座という芝居小屋があります（図⑥）。当時の文献では寄席という区分に入っていますから、100人か120～130人でいっぱいになったのではないでしょうか。ライブハウスのようにここを貸し出すということもやっていまして、森近運平さんという大逆事件で無罪で処刑された方がいらっしゃるのですけれども、その方はここでよく講演や農業の研究会を催されて

図④：菅之家

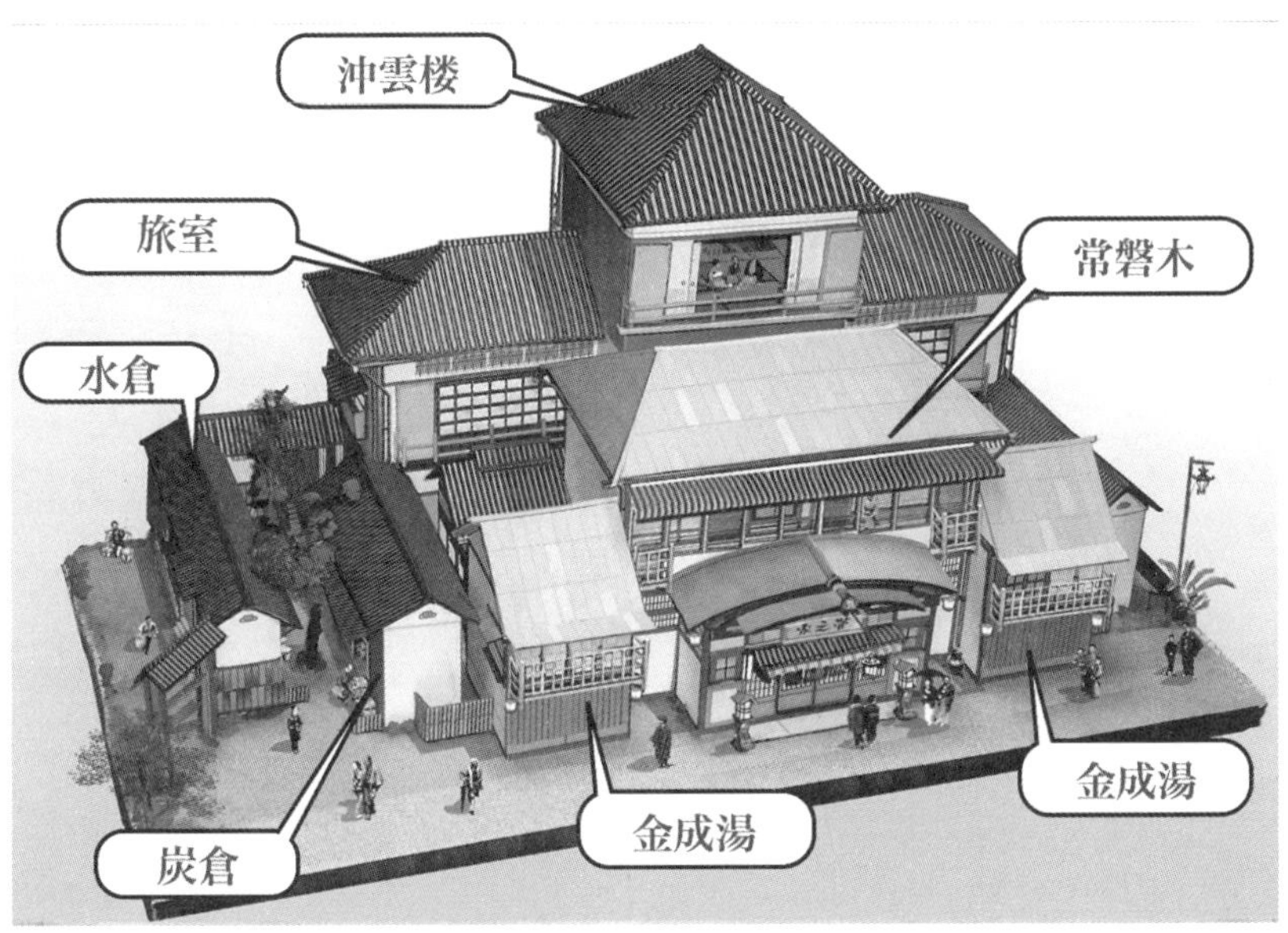

図⑤：菅之家正面(旅館、料亭、湯治場を兼ねた複合施設)

いました。

その横には飲食店が並びます（図⑥⑦）。すし屋さんの横手にへの字型の長い建物がありまして、見方によっては姫路城の化粧櫓に似ていないこともないのですが、ここは小さく間仕切りをされていろいろなお店が入居し、何軒かは2階も店舗として使っていたようです。梅賞堂というのが右手にありますが、ここは和菓子屋さんです。昭和初期に書かれた本でも、梅賞堂の梅団子はおいしかったと書かれていました。中央に争竜軒というのがございますが、ここは岡山初のビリヤードだったようです。何年か前に岡山シティミュージアムで講演した際に、講演が終わったあと、あるご婦人がやって来られまして、「うちのおじいさんのおじいさんが、争竜軒で賭け玉突きをやっていて、しょっちゅう家からお金を持ち出して家族騒動になった」とお話しくださいまして、大変興味深かったです。小間物屋は、女性の化粧品、くしやかんざし等を扱っていますので、女性客も多かったことでしょう。ですから、あえて言うならば、この一角は岡山発の「ショッピングモール」だったと言ってもよいのではないでしょうか。

当時の娯楽で一番に挙げなければいけないのが料亭です。飲食をしつつ芸妓を呼んだりミュージシャンを呼んだりということができるお店です。亜公園の南側は、菅竹楼、菅松楼、菅梅楼の3軒の料亭で占められていまして、その横には券番処というのがあります（図⑧）。券番処は、言ってみれば芸者さんのあっせんセンターのようなものです。ミュージシャンもここに待機していますし、人力車を呼ぶこともできるという施設でした。

その横に、如水軒（図⑧）というのがあります。写真館です。そしてこれがここで撮られた写真（写

図⑥：天神座と汁粉屋・寿司屋

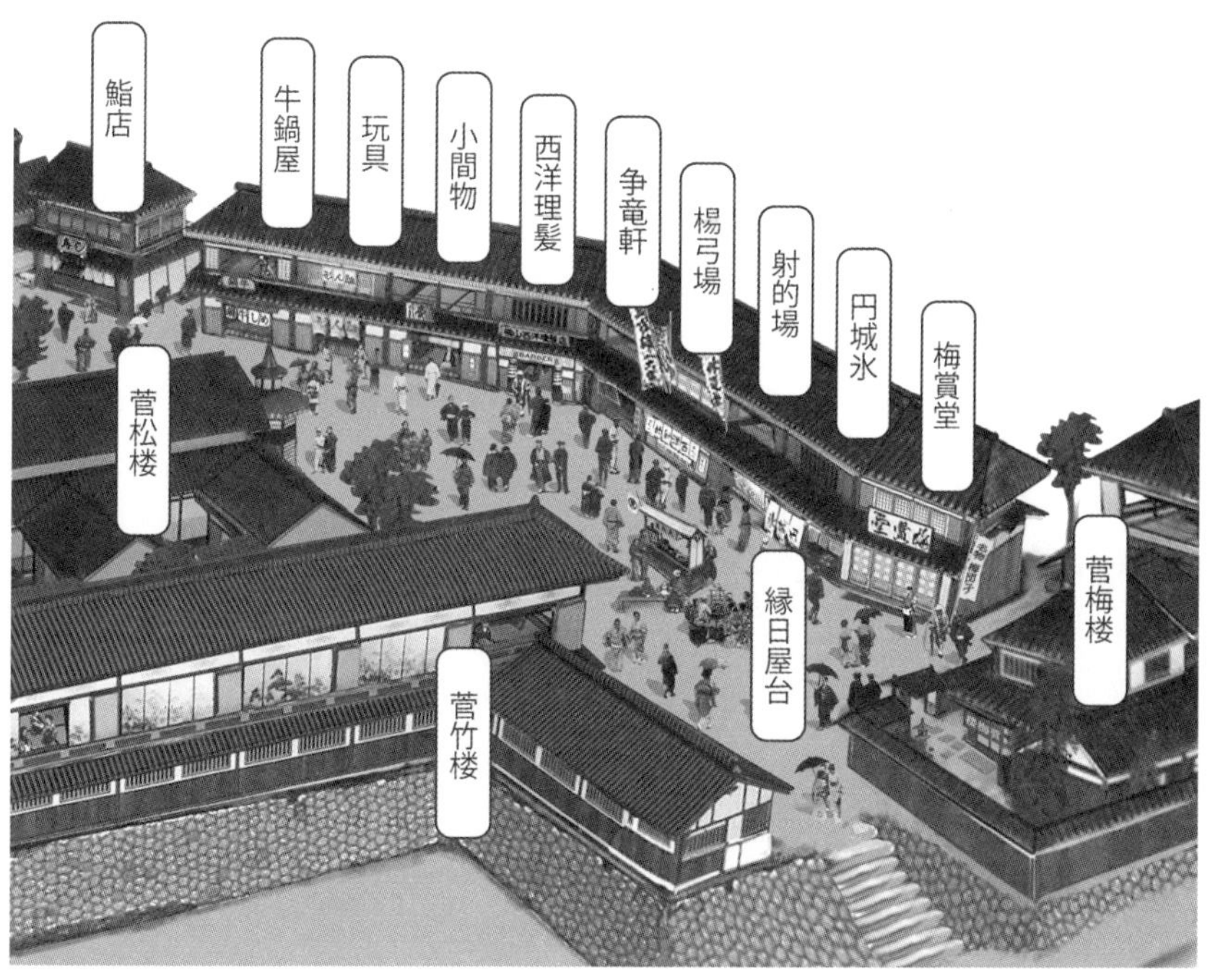

図⑦：岡山初？ ショッピングモール

真5）です。手札サイズで非常に小さいものですが、岡山シティミュージアムの学芸員さんが、たまたまオークションで見つけました。大変小さなものですが、とても貴重なものです。如水軒の経

写真5：如水軒で撮った写真とケース（右）

図⑧：券番処付近　左建物は如水軒（写真館）

営者は中塚さんという若者です。都々逸の名人でもありまして、後の１９３４（昭和９）年には彼の作品を原作とした『与太者学第一課』という映画が全国公開されています。無声映画の時代ですから、全国の弁士が面白おかしく解説し、熱弁をふるっていたのではないかと思います。自分の娘さんを手のひらに乗せた、今でいう合成写真を作ってみたり、時代に先んじた遊びを明治の時代に楽しんでいた人で大変面白い人物でした。この方が亜公園閉園後に作ったのが、表町のアサノカメラです。

このように、亜公園はひとりで来ても大勢で来ても楽しめる空間でした。昼は家族で楽しめますし、夜はお父さん方がほっぺたを赤くして羽目を外せるという都合のいい空間でした。

中庭がありまして、それまで大名屋敷にしかなかったソテツが複数植わっていました（写真６）。この亜公園の図を描いた画家さんは、樹木の描写が大変細かいのですが、ソテツだけが妙に下手なのです。おそらくこの絵を依頼されたときに、ソテツというものを見たことがなくて、どう自分なりに描いていいのか決めかねているような感じがしますが、またそれが逆に当時のソテツの希

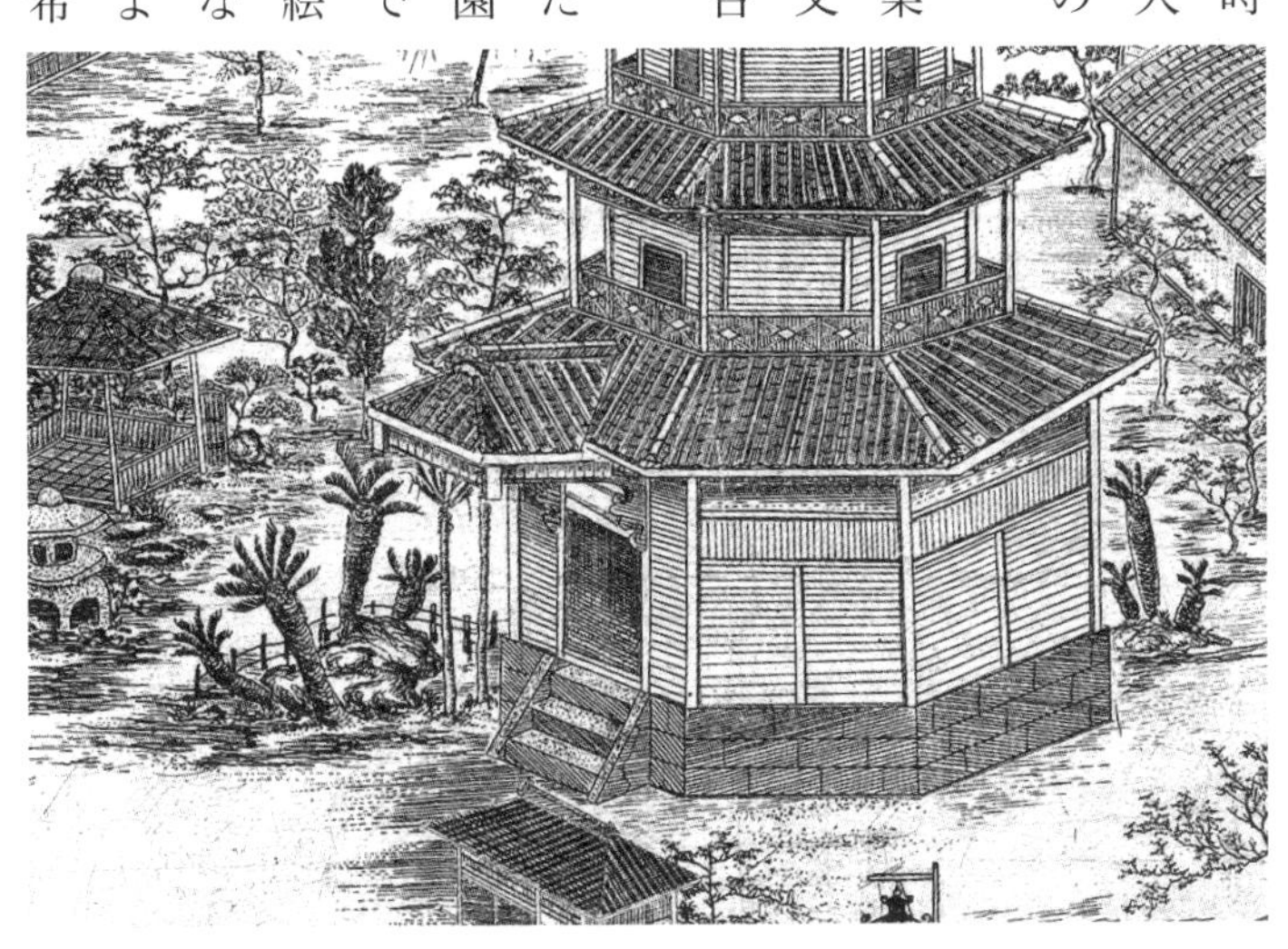

写真６：『岡山亜公園之図』（部分）

少性を物語っているようにも思えます。ソテツについては後でまた触れますが、開業後のちょっと落ち着いたころには、この中庭を歩く人が多かったと『岡山名所図会』に書かれています。江戸時代は「物見遊山」というような単語はありましたけれど、当時は「散歩」という単語はまだ使われていませんでした。だから、もどかしいというか、目的もなくブラブラ歩くことを文章としてどう記すか、苦慮しているようです。ともあれ、散歩という新しいスタイルをこの亜公園でやっていた人が増えつつあったということなのでしょう。

日本初のテーマパーク?

集成閣の手前にあるのは天神茶屋という喫茶店です（図⑨）。郷土史家・岡長平さんの本によれば、一時、六高の学生たちがこの天神茶屋をたまり場にしていたようです。天神茶屋の名物は三子善哉でした。ですので、六高の学生たちもこれを注文して、3時間から3時間40分くらい粘っていたのでしょう。浄瑠璃に『菅原伝授手習鏡』というのがありまして、この中に三つ子が出てくるのです。物語を展開させるのが3人の子どもたちなのです。それをモチーフにして作った善哉で

図⑨：天満宮と集成閣

す。白玉が三つ入っていたのかどうかは分かりませんが、この茶店(ちゃみせ)を経営した葛和さんという方は、亜公園閉園後はしばらく岡山神社の境内で販売を続け、のちに内山下尋常高等小学校（内山下小学校）の近くに独立した店を構えたそうです。

天神茶屋の横に天満宮がありました（図⑩⑪）。菅原道真を祭った神社です。規模は大きくありませんが、当時の宮大工界で有名だった田渕耕雲斎の高弟が手がけたとも言われています。この天満宮は、亜公園閉園後に甚九郎稲荷と合祀されて移築され、１９４５（昭和20）年６月の空襲まで現存していました。今の甚九郎稲荷は戦後だいぶんたってから作り直したものですが、拝殿の周囲にはかつての礎石の跡が残り、また本殿の石組みにも明治の面影が残っています。

甚九郎稲荷の境内にどんと横たわっている大きな岩ですが、

図⑩：集成閣から見た天満宮

図⑪：天神茶屋

これは本来、亜公園の天満宮本殿の横に立っていました。「硯岩」といいまして（写真7）、道真が学問の神様ですから、お習字が上達しますようにとこれに手を合わせていたのです。青石という高級な石材です。昭和になって重森三玲さんが日本庭園を造る際にこの石を多用して、そのころから石材としてポピュラーになったものです。もともとすずりを抽象的に表したものですから、一切文字を彫り込んでいません。

昭和初期に書かれた『岡山秘帖』という本によると、これは亜公園オーナーの片山儀太郎さんが四国の伊予から運んできたものだと書かれています。集成閣から俯瞰的に見ると図⑩のように見えたでしょう。

写真7：硯岩

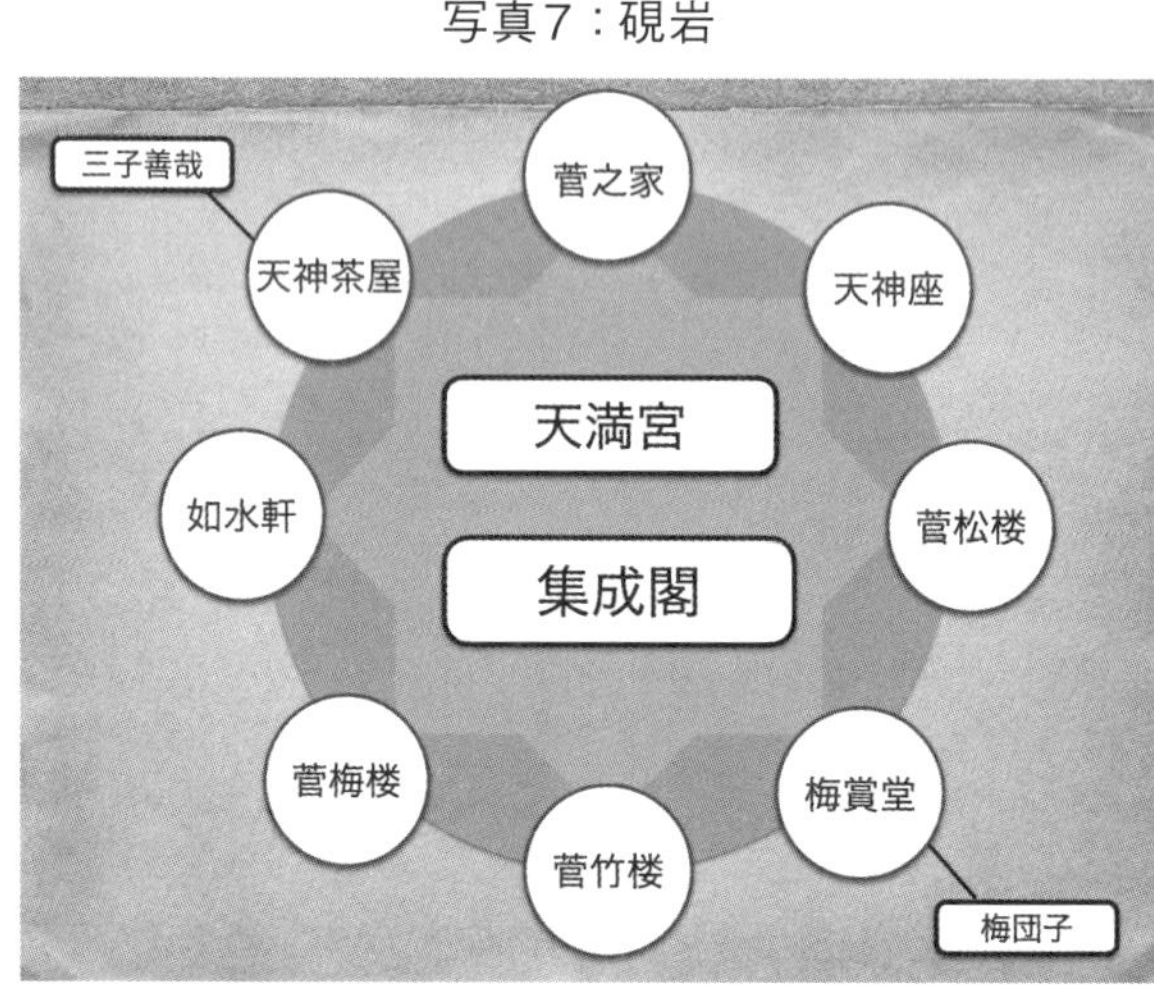

図⑫：園内商店の集積イメージ

天神茶屋と本殿の間に置かれていました。

この亜公園の天満宮は、ほかの建物と違い、岡山神社の天満宮に正面を向けるかたちで作られていました。亜公園が、実は日本で最初のテーマパークだったのではないかと推察したのは、この天満宮の存在から来ています。

この写真はちょっと珍しいでしょう。これは戦前の岡山神社の拝殿です（写真8）。この拝殿と本殿の北側に天満宮があります。亜公園の天満宮は、それのみが岡山神社の天満宮に正面を向けていました。こんな近くに天満宮が二つできたわけですが、1709（宝永6）年に書かれた『和気絹』という本では、「天神山には既に大昔から道真を祭った祠があった」と記しています。その祠は、綱吉の時代の1688（元禄元）年に、天神山に鴨方藩邸を作る際、岡山神社、当時は酒折宮と言いましたが、こちらに移動させたわけです。たぶん小さな祠だったと思われるのですが、それをバージョンアップしてお社にしたのです。ですから、丁寧に扱われたことがこれで分かります。

そして、それから200年ほどが経過した1884（明治17）年頃に、地域の氏子さんたちが、岡山神社の天満宮

写真8：岡山神社

を再整備しました。お社を建て替えたのかもしれません。その顕彰碑が今も建っております。そのお社を改装したかどうかの数年後に、船着町の木材業をやっている人物が、なにやら大がかりな施設を県庁前に作るという話になって、「これは面白い。そこに道真の社を復活させることができるんじゃないか」というような話になっていったのだと思われます。亜公園のオーナーは片山儀太郎さんですが、はなから菅原道真のことを考えていたということではないと思います。菅原道真をモチーフにしたほうがいいんじゃないかと、岡山神社を中心とした地域からの声が上がったのではなかろうかと思います。とりわけ、この当時は神仏分離の時代ですので、岡山神社さんの発言力と影響力は大きくもありました。

そんな次第で、亜公園には「菅」という文字を使った施設、道真ゆかりの梅や、三つ子をモチーフにした善哉など、関連したオリジナルの商品が創案されます。テーマがこれでおおむね明確になりました（図⑫）。ただ、天満宮を復活させたからとはいえ、トータルでは宗教施設ではなく娯楽の施設です。ですので、あえて道真うんぬんとは言わなかったようです。その当時のニュアンスでは、天神山だから分かるでしょうという感じだったのでしょう。その施設の中心にあるのがランドマークとしての集成閣です。八角形は末広がりのかたちで縁起が大変良いですし、風水の八方位の配置においてもこの上ない位置にありました。儀太郎さんがお金を出した亜公園ですが、界隈の多くの人が意見と協力を申し出て、ひとつのテーマのもと、「協調事業」といってよいかたちで輪郭が結ばれました。

出版や旅館の協調事業も

江戸時代が終わって20年ほどですが、かつての大店といったお城相手の老舗商店が衰退して、上之町、中之町、下之町、天神町界隈には、新たな商売で食っていこうという若い人たちが多々進出していました。本屋と出版社を兼ねた細謹舎を興した北村長太郎さんもそうでした。彼は笠岡から岡山にやってきたのですが、亜公園の事業には早くから出版というかたちで参加していました。集成閣の高見から見下ろすという視点で、観光ガイドの先駆けみたいな本である『亜公園漫録』（写真9）を、開業日にはいち早く園内で販売しました。

今口は協調事業の一例として「三好野」を挙げます。三好野は全社運を新しくできる岡山駅に賭けました。岡山駅ができることで、県外からも人が来ることを見越して、天瀬にあった旅館を岡山駅ができるそばにわざわざ移転し、三好野花壇と名付けます。そして、汽車でやってきた人たちに、観光スポットとして亜公園を紹介したのであろうと思われます。これは大変珍し

旭洲迂史著
亞公園漫録
發行所　細謹舍

明治廿五年三月廿五日印刷
明治廿五年三月廿六日出版

版權所有

編纂者兼發行者　岡山縣岡山市大字上ノ町六十一番邸　北村長太郎
版權所有者　岡山縣岡山市亞公園内百三十五番邸　中張龜吉
印刷者　岡山縣岡山市大字弓之町六十七番邸　加茂吉郞
發行所　岡山縣岡山市大字上ノ町六十一番邸　細謹舍
印刷所　岡山縣岡山市大字東中山下十四番邸　文友館
賣捌所　岡山縣岡山市亞公園内百三十五番邸　中張龜吉

写真９：『亜公園漫録』

い写真ですが、開業当時の三好野花壇ホテルです（写真10）。花壇というのは和訳で、フラワーベッド、花が寝てしまうベッドです。花を人に見立てて、人が休むところとして花壇という名前を付けたのでしょうか。そうであるならば随分しゃれていますね。

駅前がでこぼこしていて草が茂っているのが、ありありと分かります。でも、全国的に駅前というのはこんなものだったのでしょう。確か5年ほど前に「天皇の料理番」という番組（TBS系・岡山ではRSK山陽放送で放映）がありまして、倉敷で大がかりなロケをやったようです。そこには、まさにこの当時の明治の赤煉瓦の銀座が出てきます。そこに出てくる赤煉瓦の道などはごくごくわずかな一角でして、ドラマの中でも、あとは概ねこのような状態で描き込まれていました。だから、銀座も岡山駅前も一夜のうちには美しくならなかったというのが、この写真でよく分かります。アップで見ると、ハッピの背中に「花」というプリントがあります。専属の従業員でしょうか。この人たちに乗せられて亜公園に運ばれた人も多かったのでしょう。

三好野は、亜公園天満宮の建造に寄進というかたちで出

写真10：三好野花壇ホテル

資していたと思われます。甚九郎稲荷境内に現存する梅鉢の灯籠（とうろう）（写真11）には三好野花壇の名前がありますし、「亜公園はあちらです」というような案内碑（写真12）の上側では、手のかたちで方向を指しています。これが亜公園の中にあるはずはないですから、おそらく駅前の三好野のそばに立っていたのではなかろうかと考えられます。ともあれ、三好野は自分の旅館と新時代の施設の亜公園を結び付けるというかたちで、観光業としての歯車をぶんぶん回そうとしたのではないでしょうか。

片山儀太郎について

それでは、片山儀太郎さんについてお話しします。彼は四国讃岐の武家、松岡というおうちに生まれました。安政の大獄事件（1858＝安政5年）が起きる2年前です。生後すぐに、香川県豊島の片山家という親族の家に嫡子として迎えられます。片山家の当主の周蔵さんも実は松岡家から来た嫡子でした。片山家が運営する和泉屋は、四国の木材を岡山に運んだり、逆に備前焼のたこつぼを多度津の漁師に販売したりと、香川と岡山を結ぶ立地を生かした商いをしていたようです。明治の後半からは豊島石の販売に力を入れま

写真 11：梅鉢紋灯籠

写真 12:三好野花壇付近に置かれた案内

したが、儀太郎さんが子どものころは木材中心の商いでした。ミズメという屋島の一部にしか育たない樹木があるのですが、こするとサロメチールのような芳香がするらしいのです。お金のある武家はこういうものを欲しがりました。従って、和泉屋はこういったニッチで高額な品も扱っていました。

豊島甲生（こう）は四国側に面して海が広がっています。その海から300メートルくらいの所に片山邸が現存します（写真13）。江戸時代の商家のかたちがよく伝わるとして、現在は香川県土庄町指定有形民俗文化財に指定されていますが、一般公開はされていません。本宅の中は実に豪奢な造りで、茶室もありまして、片山家が茶の湯をたしなむクラスの商家だったのがこれで分かります。大変広い枯山水の大きな中庭の奥に離れのお屋敷がありまして、おそらく儀太郎少年はここで生活していただろうと思われます。

本宅側の庭には巨大なソテツがいくつも植わっています(写真14)。これは樹齢が600年という随分古いもので、香川県指定の天然記念物になっています。亜公園にソテツを植えたのは、この豊島の片山家の幼きころの思い出があったからでしょう。株を分けて運んだかどうかはちょっと分かりませんが、儀太郎さんにとってはとても大事な、いわば彼の原点となる光景がソテツの緑の広がりだったように思います。

さて儀太郎さんは、1867（慶応3）年、12歳のときに、今度は岡山の船着町にあった金谷家の嫡子として、豊島から岡山に移住しました（表1）。ちょっとややこしいですね。儀太郎少年は大変心細かったと思います。金谷家は木材問屋です。1718（享保3）年に創業といいますから、江戸時代の初期、元禄時代の次の時代です。随分古い老舗の木材商です。当初はくしを売っていたのですが、だんだん木材を売るようになったのです。それで「久志屋」という屋号なのです。儀太郎少年が岡山に来たころは、鳥取の八頭郡智頭（ちず）町のスギやヒノキを扱っていました。当時の運送は大変です。馬にひかせて中国山地を越え、吉井川を下らせ、西大寺で海に浮かべて、今度は旭川に運び上げるという面倒くさいことなのです。でも、豊島の片山家には海上輸送のノウハウがありますから、そういうわけで両家はなかなか良いパートナー関係にあったのではなかろうかと思います。しかし、彼が岡山に来た1867（慶応3）年は、10月に徳川家が大政奉還というかたちで政権を投げ出し、翌月の11月には京都で坂本龍馬が暗殺され、さらに年が明けてすぐに鳥羽・伏見の戦いがあった時期で、とても不安定でした。社会情勢が不安定なときに、のうのうと家を建てる人はいません。そんな次第で、ここ岡山にあっても

写真13：片山邸（土庄町指定有形民俗文化財）

写真14:片山愛樹園のソテツ（香川県指定天然記念物）

表1：片山儀太郎関連年譜

西暦	和暦	
1856	安政3	讃岐・寒川郡に士族の二男として誕生（5月） 叔父 片山周蔵（小豆郡豊島村）の嫡子となる
1867	慶応3	岡山市船着町（現北区京橋南町）の金谷久太郎の嗣子となる
1878	明治11	久太郎の孫マツと結婚
1885	18	片山家分家を相続
1886	19	船着町に片山木材店を創業
1887	20	建築土木工事の請負を始める
1890	23	岡山県から岡山医学校跡地（岡山市天神町）を購入
1891	24	山陽鉄道（神戸～岡山）が開通
1892	25	亜公園開業（3/25 園内天満宮遷宮式にてオープン）。 関西土木會社設立
1894	27	岡山材木組合を結成。岡山初の電話を亜公園―自宅間に導入 岡山銀行常務取締役就任➡実質的オーナー 岡山貯蓄銀行取締役に就任
1895	28	岡山明十銀行を買収し岡山銀行に編入
1896	29	岡山木材株式会社創業（専務取締役） 岡山銀行大阪支店開設
1897	30	山陽倉庫銀行を買収し岡山銀行に編入（岡山2番目の銀行に）
1899	32	岡山銀行大阪支店にて不正融資発覚＝詳細不明 ➡これを契機に岡山本店で取付騒動。預金の一斉引き出し
1900	33	騒動に対応するため多額出資。亜公園を競売にかけるも売れず 岡山銀行を山陽商業銀行に譲渡
1901	34	亜公園を石田金十郎に譲渡 ➡儀太郎は銀行経営などから一切手を引き、木材業に専念
1902	35	船着町の屋敷を貸家に出し、西中島の木材店内に移転
1905	38	南満州大連、福岡市に片山木材の支店を開設 亜公園の土地建物を岡山県が買い取る➡亜公園閉園 （亜公園敷地の天満宮を甚九郎稲荷と合祀）
1907	40	片山木材を長男信三郎が継承。儀太郎は隠居
1908	41	亜公園跡地に岡山県立戦捷記念図書館が建設される
1909	42	亜公園跡地に岡山県議会議事堂が落成する
1917頃	大正6頃	大阪に転居（時期など詳細不明）
1933	昭和8	西中島の自宅で死去（4/27）。78歳

木材は売れず、1876（明治9）年には市内の木材問屋はたった9軒にまで減っています。

そんな受難の日々が、逆に儀太郎さんには次のステップとなる足掛かりを作ったのかもしれません。1878（明治11）年、金谷家のおマツさんと結婚、独立して、片山木材という店を船着町に出すのですが、商いにあたり彼はあえて高級建材ではなくて雑木に着目しました。雑木林という言葉があるくらい、日本にはいろいろたくさんの木が茂っています。でも、それを建材とは誰も言いませんでした。炭にしたり薪にしたり、燃焼材としての文字通り雑な木だったわけです。そこに儀太郎さんは着目していったのです。雑木を使った例は、例えばグラバー邸がそうです。木肌や木目を見せるのではなくて、ペンキを塗って見栄えを良くする西洋建築です。そういうことで、片山木材は雑木も扱う木材問屋になりました。

明治半ばは、それまでなかった小学校をたくさん作らなければならず、木材が廉価ですので、片山木材の製材が使われます。時期を同じくして、酒樽、みそ樽などの、食品保存容器としての樽が結構売れ出します。一つの原動力としては、江戸時代後期に雄町米というお米が開発されまして、粘りがあってこくがあって、お酒にすると随分おいしいということで、明治になって全国的に雄町米とその酒が売れるようになったのです。酒を入れる容器としては樽です。そこで儀太郎さんは、奈良から吉野杉を取り寄せて、高級感のある酒樽の材料にしたようです。何より大きかったのは、山陽鉄道の岡山駅（写真15・16）や瀬戸駅、長岡駅（東岡山駅）などの駅舎の木材を提供し、さらに枕木を納品したことです。枕木は堅い木でなければいけませんから、片山さんは美作界隈の栗の木を使ったようです。当時の植生分布をみると美作、英田町付近では栗林が多く存在し、これを伐採、吉井川を下らせて運んだと思われます。

それと同時に、工事のための人材派遣という珍しいことを始めます。今はごく当たり前ですが、当時は足袋は足袋屋、下駄は下駄屋という感じで、分業がしっかりしていました。そこの垣根を彼は取っ払ったわけです。

こうして彼は高額納税者になります。これは『岡山縣地主録』という本（写真17）に載っている数字ですが、儀太郎さんは１３４円も納税をしています。今の感覚でいえば、４６００万から５０００万ぐらいを納税しているのです。同業者で木材業としてははるかに規模が大きかった津下銀太郎

写真 15：開業間もない山陽鉄道

写真 16：山陽鉄道岡山停車場の図

さんの店が34円の納税ですから、儀太郎さんがいかに稼いだかがこれでよく分かります。

木材問屋から亜公園、銀行まで設立

山陽鉄道の開設事業は1887（明治20）年頃から始まって、その準備で社長の中上川彦次郎（なかみがわひこじろう）（写真18）さん自身が1888（明治21）年3月、鉄道会社の役員を伴って岡山に来ていました。彼が泊まったのが天瀬の三好野です。そういうことから、三好野の女将・加之さんはいち早く情報を仕入れたわけです。それで岡山駅候補地そばの当時あそこはレンコン畑でしたが、そこにあった深屋という酒造家の別荘を買い取って大改装し、三好野花壇ホテルという新たな店を準備するのです。

山陽鉄道の工事を請け負ったのは日本土木会社という会社です。東京に本社があって大阪に支店があります。帝国ホテル、歌舞伎座、日本銀行、大阪裁判所、呉の海軍学校、東海道本線の工事などなど、日本中で仕事をしています。渋沢栄一（写真19）、藤田傳三郎（114ページ参照）、大倉喜八郎（写真20）といったそうそうたるメンバーが作ったいわば日本最初のゼネコンでした。

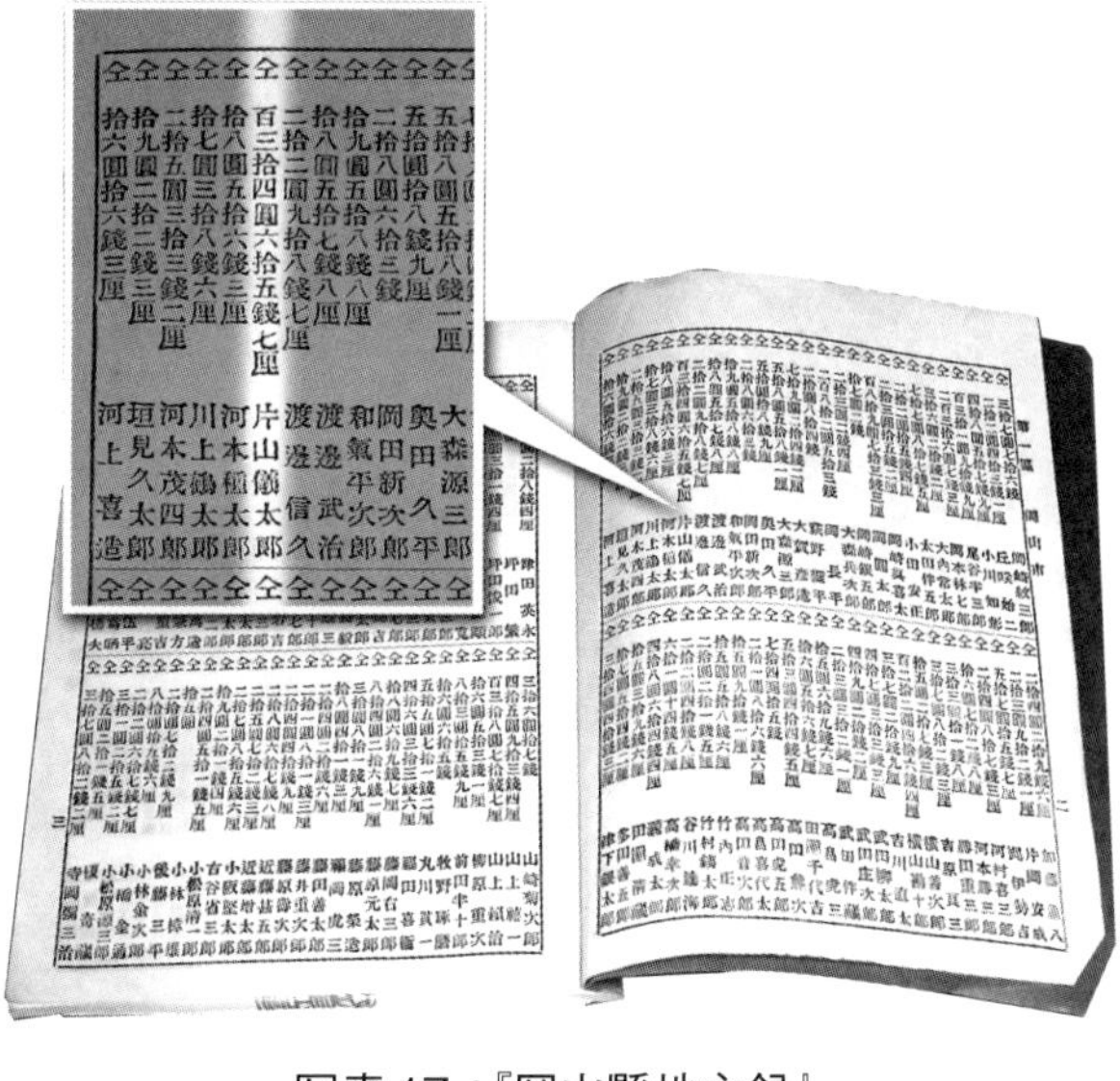

写真17：『岡山縣地主録』

片山木材の枕木もこの会社への納入というかたちだったでしょう。岡山支社長（支配人）には、渡邊猪一郎という方が日本土木から来ていました。しかし、工事を進めているさなか、同社は解散します。明治政府がその頃、公共工事に関しては入札制に制度を変えたので、なあなあでの受注ができなくなって解散せざるを得なかったのです。それで、途中から大倉組土木、今の大成建設が岡山駅以西の路線工事を引き継ぐことになって、渡邊さんはせっかく東京から来ていたのですが、ちょっと先が見えなくなりました。そんな中、既に儀太郎さんは亜公園の構想を渡邊さんには話をしていたのだろうと思われます。ですので、渡邊さんにと

写真18：中上川彦次郎

写真19：渋沢栄一

写真20：大倉喜八郎

っては、急に仕事がなくなりそうになっているところを、儀太郎さんに救い出されたような感じでしょうか。岡山駅の工事完了に次いで、亜公園の設計を担うことになりました。

こうして亜公園建造の役者がそろいました。地域の意見を取り入れた上で基本構想を固め、渡邊さんが設計をして中張亀吉という棟梁が現場の陣頭指揮を執ります。オープンするや人が詰めかけます。開業して2年半で建造費を回収したといいますから、連日大変なにぎわいだったのでしょう。

亜公園を開業してからの儀太郎さんは、毎年のように会社を興します。関西土木會社は土木系事業を株式化した第一号です。さらに38歳のとき、岡山銀行、岡山貯蓄銀行（写真21）の二つの銀行をつくります。37歳のときには組合もつくるのです。これには大きな理由がありました。実は亜公園をオープンした4カ月後に、岡山は大きな台風に見まわれています。旭川がはん濫して市内全域がほぼ床上浸水して、大変なことになりました（写真22）。この水害は木材業者にとっては死活の問題でした。旭川は木材の流通と貯木の最大のポイントでしたから、これが機能しないと話になりません。

余談ですが、この台風のさなか、夏目金之介（夏目漱石）が岡山にいまして、この天神山界隈に避難して二晩過ごしてい

写真 21：岡山貯蓄銀行本店

ます。県庁だったのか亜公園だったのか定かではないのですが、大勢の避難者に彼も混ざっていたことは確かです。県庁と岡山神社と亜公園だけが水につかっていないのです。それで、岡山神社の境内に市役所の臨時出張所ができて、炊き出しをやったといいますから、金之介青年もおにぎりをもらうために列に並んだかもしれません。それを思うとちょっと珍しい光景で楽しくなるのですが、しかし、市内で水害後コレラが発生してじわじわ拡大していきます。当時まだ水道がないですから、生水を飲んでしまうと大変なことになるのです。水害後、２週間目に夏目さんは松山の正岡子規のところに移動しますが、松山に出向く直前には下痢に苦しんだと本人が書いています。ですから、もう数日もたもたしていたら本当にえらいことになったのではという、危なっかしい状況ではありました。

さて水害後、何とか復旧して正常に戻った翌年10月に台風がまた来るのです。これは明治時代最大のもので、岡山県内でも吹屋（現高梁市）や真備町（現倉敷市真備町）で大きな被害が出ました。死者が県内だけで４００名を超えました。岡山市内は再び冠水し、百間川も水であふれて、現在の益野や祇園のあたりでも死者が出ました。京橋も流れてしまい、橋をなくして岡山市内は旭川を中心に右

写真22：大洪水で壊れた堤防（岡山市石関町）

と左に分断されてしまいました。そんなわけで、もう個々の木材業者では対応できないわけです。それで組合というかたちが強く必要だと思われたのでしょう。七日市の福井材木店と片山木材とが共同発起人となって、「岡山木材組合」をつくりました。この組合は、１９０４（明治37）年の頃には予算規模も非常に大きくなります。当然、そういう団体を岡山市や岡山県は無視できませんから、発言力のある団体がここにできていくわけです。

二つの台風後、儀太郎さんは個人としては初となる電話を引きます（写真23）。亜公園がどうなっているかが自宅にいると分からないし、まだこの当時は岡山城の内堀がありまして、いよいよ大雨になると、にっちもさっちもいかない状態だったのです。そこで、亜公園と自宅の間に電信柱を立て、電線を張り、自宅と亜公園事務所を電話で結んだのです。ただ、そういう使い方ですから、長い距離のインターホンにしかすぎませんが、それでも、電話というかたちで声を送れる革新的な利便性を最初に甘受したのが片山儀太郎さんだったことは間違いないでしょう。ちなみに、当時の山陽新報さんが電話をつけたのは儀太郎さんの翌年でした。

写真 23：当時使われていた
ガワーベル電話機

岡山銀行は、１８９４（明治27）年の開業以来どんどん大きくなって、大阪にも支店ができ、１８９９（明治32）年の頃には7店舗に拡大していました。頭取に就いた佐藤信道さんという人が優れた人で、倉敷の塩業で有名な野﨑家の会計役を長く担った方でした。岡山銀行では朝の9時から晩の9時まで営業をして、行員は全員前掛けをしたでっち姿で、庶民的ということで大ヒットと言いましょうか、預金者を増やしていったようです。

さて亜公園ですが、既に開業して5、6年経って、開業当初ほど人が来なくなります。新しい趣向を取り入れるとか、ちょっと新陳代謝をしないとやっぱり飽きられますよね。面白い資料があります。1967(昭和42)年に刊行された『岡山県立図書館60年史』という本で、この62年当時83歳だった郷土史家の渡辺知水さんが、明治の思い出話として書いていらっしゃるのですが、亜公園集成閣から京橋まで空中に鉄路を引き、かごをつけて見物人を運ぶという話があったと紹介されています。つまり、ロープウェイです。これは実際に、亜公園が閉園した8年後に大阪の通天閣に登場しています。現存する写真を見るかぎり非常に危なっかしくて、今の安全基準だと絶対に認めてもらえません。これはもはや想像するしかないのですが、「時代の同時性」といいますか、亜公園でもそんなロープウェイ構想があって、それがうわさとして市外に漏れこぼれていたのではないでしょうか。ここ天神町と京橋は、直線で950メートルの距離です。一本のロープウェイとしては長すぎますけれど、途中に停留所を設ければ何とかできたかもしれません。でも、実現はできなかったわけです。

ほころびとその修復(しゅうふく)

1899(明治32)年、岡山銀行大阪支店で不祥事が起きます。銀行業というものの歴史の初期の初期の事件ですので詳細は不明ですけれど、同支店にて不正な貸出しがあったようです。大阪には、当地で成功した岡山出身の人がたくさんいました。そういう人たちが岡山銀行に預金口座を開いてくれていたのですが、いったん不正があったと知るや、「岡山銀行は信用できへん」というようなことになって、取り付け騒ぎが起こります。大勢の預金者が詰めかけて窓口は騒然、業務はストップしてしまいます。大阪支店の騒動は、すぐに天瀬の岡山本店や各支店にも及びました。口座解約の申し入れが殺到したと思われます。片山儀太郎さんにとっては明智光秀に攻め込まれたような驚愕の事態でした。

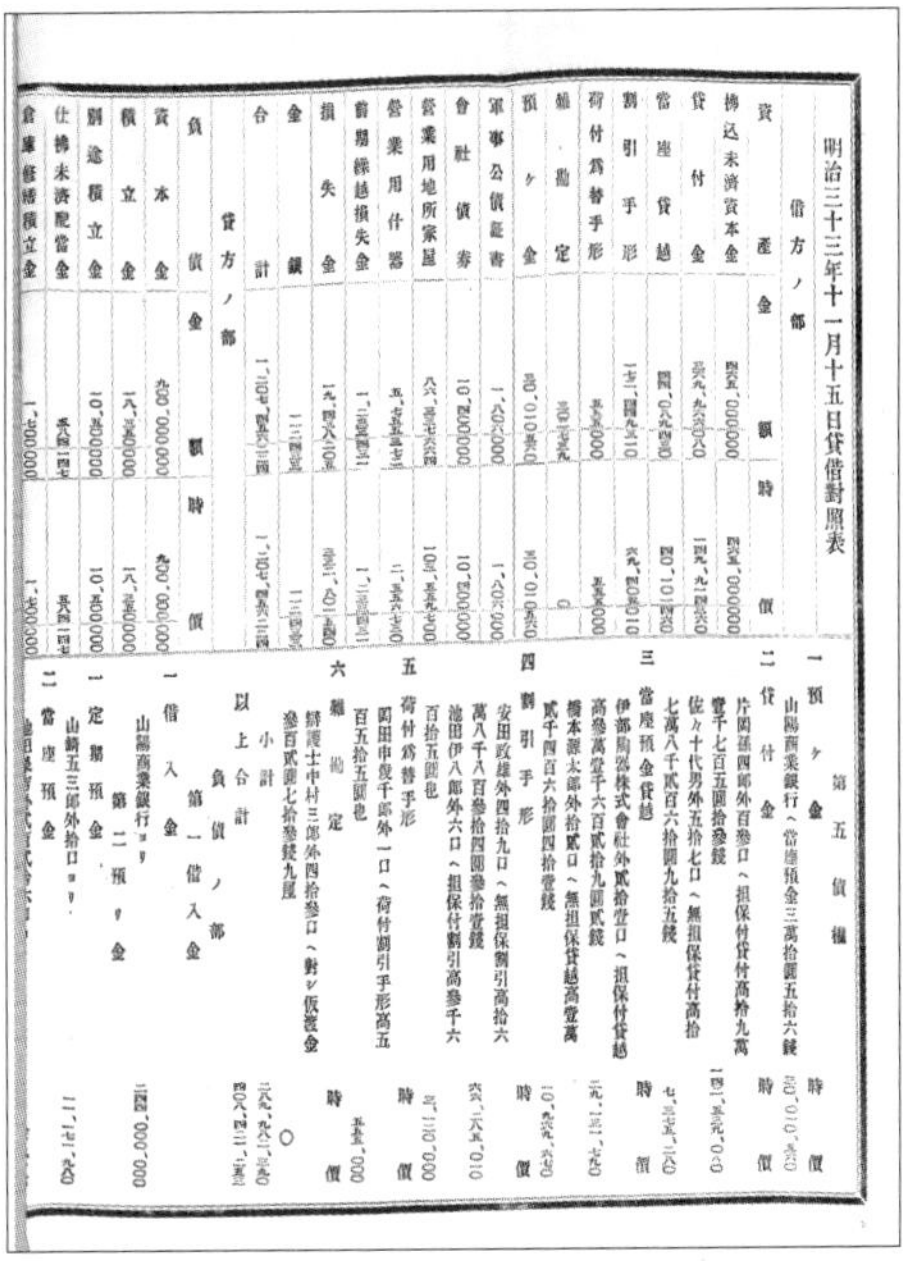
明治三十三年十一月十五日貸借對照表

借方ノ部	資産金額	時価
拂込未濟資本金	[illegible]	[illegible]
貸付金	[illegible]	[illegible]
當座貸越	[illegible]	[illegible]
割引手形	[illegible]	[illegible]
荷付爲替手形	[illegible]	[illegible]
雜勘定	[illegible]	[illegible]
預ヶ金	[illegible]	[illegible]
軍事公債證書	[illegible]	[illegible]
會社債券	[illegible]	[illegible]
營業用地所家屋	[illegible]	[illegible]
營業用什器	[illegible]	[illegible]
前期繰越損失金	[illegible]	[illegible]
損失金	[illegible]	[illegible]
金銀	[illegible]	[illegible]
合計	[illegible]	[illegible]

貸方ノ部	負債金額	時価
資本金	[illegible]	[illegible]
積立金	[illegible]	[illegible]
別途積立金	[illegible]	[illegible]
仕拂未濟配當金	[illegible]	[illegible]
倉庫修繕積立金	[illegible]	[illegible]

第五　債權

一　預ヶ金
山陽商業銀行ヘ當座預金三萬拾圓五拾六錢
二　貸付金
片岡孫四郎外百參口ヘ擔保付貸付高拾九萬壹千七百五圓拾參錢
佐々十代男外五拾七口ヘ無擔保貸付高拾七萬八千貳百六拾圓九拾五錢
三　當座預金貸越
伊部陶器株式會社外貳拾壹口ヘ擔保付貸越高參萬壹千六百貳拾九圓貳錢
橋本源太郎外拾貳口ヘ無擔保貸越高壹萬貳千四百六拾圓四拾壹錢
四　割引手形
安田政雄外四拾九口ヘ無擔保割引高拾六萬八千八百參拾四圓參拾壹錢
池田伊八郎外六口ヘ擔保付割引高參千六百拾五圓也
五　荷付爲替手形
岡田市良千郎外一口ヘ荷付割引手形高五百五拾五圓也
六　雜勘定
辯護士中村三郎外四拾參口ヘ對シ仮渡金參百貳圓七拾參錢九厘
小計
以上合計
負債ノ部　第一　借入金
一　借入金
山陽商業銀行ヘ
一　定期預金　第二　預ヶ金
山崎五三郎外拾口
二　當座預金

写真24：岡山銀行の貸借対照表（1900年）

このために翌1900（明治33）年、儀太郎さんは責任を取って銀行の役職を辞任します。そして、同行を債権者にし、個人所有物である亜公園を担保物件として岡山裁判所に嘱託し、競売にかけるという方法をとりました。亜公園を売って現金を用意しようとしたのですね。いくつかの郷土史の本は、「片山儀太郎さんは株で失敗した」というようなことを書いていますが、これはすべて間違いです。実際は担保権の行使というかたちで、自分の持っている物件を、自分がオーナーである銀行に差し出したというのが実情です。

ところが当時は、日清戦争後の反動不景気の時期になっていまして、資産家も投資家も様子眺めです。買い手が現れません。これではらちがあきませんので、船着町の自宅を儀太郎さんは処分され、住まいを西中島の片山木材の中に移しました。亜公園は名義を実のお兄さんの松岡猪三郎さんに変更しました。猪三郎さんは当時、香川県大川郡の町村議員さんでした。名義を替えることによって、岡山銀行にまつわる負のイメージを取り除こうとされたのでしょう。

しかし、一度ダークなイメージが付くとなかなか払拭できません。結局儀太郎さんは、事件の翌年自分の銀行を山陽商業銀行に譲りました（写真25）。山陽商業銀行はまだ若い銀行だったのですが、庶民的な営業方針で人気を獲得しつつありました。そのため、岡山銀行の取締役だった石津義三郎さんが、今度は山陽商業銀行の取締役に就任し、岡山銀行の従業員もそのままスライドして業務は続けられたようです。ですので、儀太郎さんはご自身を犠牲にして銀行の従業員たちを救ったと言ってもいいでしょう。

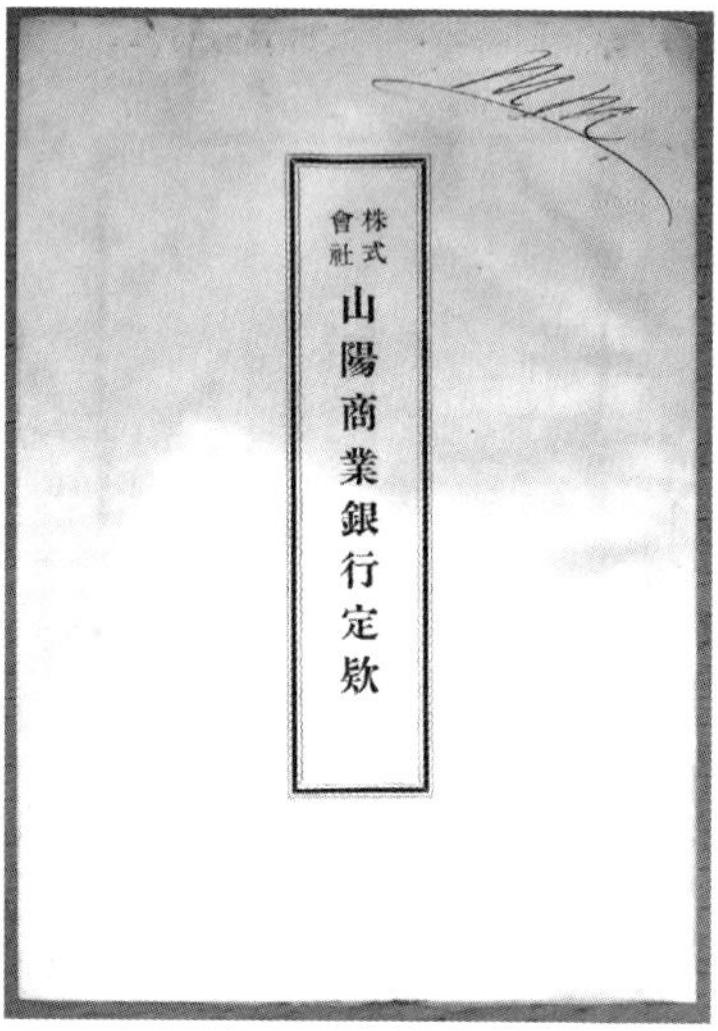

写真 25：山陽商業銀行の定款

ちなみに岡山銀行のその後ですが、合弁や吸収を繰り返し、１９３０（昭和５）年に中国銀行となります。一方の岡山貯蓄銀行は１９２６（大正15）年までずっと続いて、この時点で合同貯蓄銀行と合体します。今はありませんが、この当時は「貯蓄銀行」という制度がありました。会社単位のお金は扱えませんが、個人の５円（10万円）以下のお金は預けることができて、それを運用するだけの銀行でしたので、存続も比較的容易だったのでしょう。

１９０１（明治34）年、亜公園を開業して9年がたった3月30日、取り付け騒動の1年後ですが、儀太郎さんは西中山下の石田金十郎さんに亜公園を譲渡しました。石田さんは儀太郎さんの岡山木材株式会社の取締役も務めており、旧知の仲でした。１８７８（明治11）年の県庁舎建造の際、鹿島岩蔵と岡山入りした鹿島組の一員で、県庁舎落成後も保守管理のために彼のみ岡山に滞在、そのまま居着いたと思われ、ハイカラを自認する棟梁となった人物です。天瀬町の秋岡清二という人物より依頼を受け、１８８７（明治20）～１８８８（明治）21年にかけ、現在の大雲寺交差点付近にオペラ座を模したような煉瓦造りの芝居小屋・高砂座をつくったのが彼ですし、神戸の西洋人居留地を見て感動し同じような洋館を建てたいと申し出た上之町の氷商・九十九兼吉の希望を叶えるべく奮闘、建つや、「岡山の三異人館のひとつ」と呼ばれる外国亭（料亭。専属の芸妓を抱えておりその氏名年齢は当時の『岡山鏡』にも掲載されている）を建造して一躍時の人になった人物でもありました。また幾つもの賃貸物件を所有した資産家でもあったようです。言うまでもなく、儀太郎さんは銀行を手放すわ亜公園を手放すわで踏んだりけったりですが、無念を人には語らず、本来の木材業に心血を注いだようです。蒸気圧力で動く鋸（のこぎり）を岡山で初めて導入し、それで片山木材店の作業場には石炭ボイラーが設置されて、煉瓦製の大きな煙突が建ちます。木挽き職人の手作業から機械による製材への最初の一歩を踏み出します。

一方の石田さんの経営となった亜公園ですが、いくつかのテナントが変わった形跡もあります。確かな資料はまだありませんが、釣り堀ができたとか、若干の変化はあったようです。ハイライトとなる大きなイベントもありました。１９０３（明治36）年に集成閣で、第1回目の誓文払いの抽選会が行われます。これは大盛況で、亜公園は人でいっぱいになりました。この成功をきっかけに表町筋の全商店が加盟した振商会がおき、表八ケ町という呼称がここに誕生する契機となりました。

くしくも日露戦争と重なりました。日本が勝ったということで、祝いの事業がおき、岡山県でも図書館を作りたいという話が出て来ました。そこで白羽の矢が立ったのが亜公園です。開業してすでに13年がたっていましたが、岡山県が亜公園をそっくり買い戻します。これで亜公園は完全に閉園しました。

亜公園の閉園後

1906（明治39）年末、亜公園の天満宮を移動させて、跡地に岡山警察署が作られました（写真26）。1900（明治33）年に警察組織が大幅に変更されて、各都道府県に中央から警視1名が出向するというかたちになっており、その威厳を示すという次第があったのでしょうか、戦争勝利の祝賀事業のひとつとして警察署も刷新することになったのです。このため天満宮は建物ごと移築され、甚九郎稲荷と合祀します。このとき甚九郎稲荷も移動して、今の場所に鎮座したわけです。

写真26は警察官の記念写真ですが、後ろにまだ集成

写真 26：岡山警察署

閣が建っています。入口がバリアフリーですね。当時としては珍しい構造です。煉瓦の石積みが奇跡的に現存していまして（写真27）、ＲＳＫさんの新社屋建造の際、岡山神社さん、天神町界隈の皆さん、そしてＲＳＫさんのご尽力で、ごく一部分ですが、甚九郎稲荷の境内に移動させております。まだ仮移設の状態で、今後の保存展示については、甚九郎稲荷を管理されている岡山神社さんや、天神町、上之町の皆さんと一緒に考えていくことになると思います。

翌年の１９０７（明治40）年、警察署の横に図書館の建造が始まります。これは亜公園集成閣を解体して流用したものでした。従って八角形です。戦捷記念図書館といいます(写真28)。丸屋根を乗せて大きな時計が付いて、素晴らしくおしゃれです。現在の県立図書館がここにスタートし、開館後１年で日本最大の蔵書数を誇る規模となりましたが、残念ながら空襲で焼けてしまいました。

写真 27：岡山警察署のレンガ遺稿

写真 28：岡山県立戦捷記念図書館

図書館と警察署の南側、亜公園の料亭が撤去されたあとに、1909（明治42）年、県議会議事堂ができます（写真29）。それまで議員さんは会議する場所がないものですから、後楽園の鶴鳴館のお座敷で座布団を敷いて会議をしていたのです。この写真を見ると、入口に車寄せがありますが、当時の車は人力車です。このあとの鈴木先生の講演で自動車が出てまいりますが、この議事堂の車寄せはサイズが小さくて、車がここに入ると建物を壊してしまいます。これは人力車専用のスケールでした。

さて儀太郎さんですが、集成閣が解体されている1907（明治40）年頃に、自分の岡山木材株式会社をいったんリセットし、長男の信三郎さんに個人商店としての片山木材店を譲ります。そして彼は51歳の若さで引退します。引退して儀太郎さんは大阪に出ました。いつの時期に出ていつ帰ってきたのか、どこに住んでいたのか、どういう生活をしていたのかは全然分かりませんが、お手伝いさんを雇っての生活だったようです。儀太郎さんが病気になりまして、信三郎さんがわざわざ大阪に迎えにいきました。そのときは、山陽本線の車両1両を丸ごと借りきっての帰還だったと片山家には伝わっています。片山木材は信三郎さんの代でもどんどん興隆を続け、むしろ木材業者としては儀太郎さんの頃よりも大きくなっていきました。輸入品で、当時とても高額でしたがシーメ

写真 29：岡山県議会議事堂

ンス10馬力モーターで可動する大型の電動鋸を導入。この電化によってより精緻な木材加工、より早い作業時間を実現化させていきます。

儀太郎さんは1933（昭和8）年4月27日、西中島のご自宅で78年の生涯を閉じられました。時代は急速に悪化していました。儀太郎さんの没後8年たった1941（昭和16）年、木材統制法が公布され施行されます。戦争遂行のために、木材業者全部がひとつの会社組織にまとめあげられてしまいます。この時点で片山家は木材業からの撤退を決意しました。本家にあたる金谷家もこれに準じ、運営をほかの方々に任せ、木材業者としての家業を終わりにしました。

以上、長々と、岡山亜公園という施設とここ天神町の話、それに関連した人物のお話を致しました。どうもありがとうございました。

※図①～⑪は、想像復元模型と、その模型に人物などをCG加工した。

講演2

日本の黎明期における国産車製造 ～山羽虎夫の挑戦～

国立科学博物館産業技術史資料情報センター長
鈴木一義（すずき　かずよし）

研究対象は日本における技術の発展過程。特に江戸時代から現代にかけての技術の発展状況を実証的な見地で調査・研究している。東京都立大学大学院材料力学専攻修士課程修了。国立科学博物館理工学研究部などを経て、２０１３年より現職。

経済産業省「ものづくり日本大賞」選考委員、文化庁「世界文化遺産特別委員会」委員などを務める。著書に『20世紀の国産車』『からくり人形』など。共著に『日本の産業遺産３００選』『技術知の位相』などがある。

はじめに

ただ今ご紹介いただきました国立科学博物館の鈴木一義と申します。よろしくお願いいたします。本日は「日本の黎明期における国産車製造 ～ 山羽虎夫の挑戦 ～」ということで、この岡山の地で、日本で最初に国産の蒸気自動車をつくられた山羽虎夫さんについてお話をさせていただきたいと思います。

皆さんご存じの通り、烏城公園のお堀のところに山羽虎夫さんの胸像が建っております（写真1）。1954（昭和29）年に自動車史家の尾崎正久と地元の有志によって建てられたもので、この頃になってようやく山羽さんの行った国産自動車製造のことが人々に知られるようになりました。碑文には「国産自動車第一号が岡山・三蟠間（六キロ）を走ったのは、明治三十七年の五月七日だった。その製作を担当した山羽虎夫、佐々木久吉両氏の苦心もさることながら、其の発注者たる森房造、楠健太郎両氏の卓見も見落としてはならないものであろう。偶々五十周年にあたるを以て、東京自研社主唱して醵金、岡山の有志者その記念日に除幕式を行う。一九五四孟春岡長平識」とあります。しかし胸像設置当時、山羽さんはまだご存命でしたが、その製造の詳細を語ることは無かったようで、また自動車の実物や図面資料がほとんど残されていないのも大変残念なことです。

写真1：山羽虎夫胸像

さて、これまで山羽虎夫さんについて書かれた主な書籍などですが、最初に山羽さんのことを紹介したのは地元の郷土史家だった児島重三さんという方で、1933（昭和8）年に『自動車の岡山』（写真2）という本を出されています。これによって岡山に明治時代に蒸気自動車をつくった方がいるということが写真付きで紹介されます。そしてこの本を、戦前から自動車のことを調べられていた尾崎正久が読んで、山羽さんのことを知ります。碑文に「国産自動車第一号」の経緯として、「明治37年の5月7日に山羽式蒸気自動車が天瀬可真町と三蟠村の間を試走した」とありますが、これが『自動車の岡山』に書かれてあり、それを尾崎さんが引用されて、著作である『日本自動車発達史（1937年）』や『自動車日本史（1955年）』で多少の誇張はあるように思いますが、全国的に山羽さんの事績が知られるようになりました。

戦後になって、日本自動車工業史の編纂のために座談会が開かれます。自動車工業会が、日本の自動車の始まりはいつだったのかというような、日本の自動車史に対して資料の収集や関係者らにいろいろな聞き取りを行ったのです。その最初の座談会で、警視庁の交通規則を作られた原田九郎さんが「山羽さんの蒸気車が第一号に当たるわけです」と発言しておられます。ですから1957（昭和32）年当時、自動車関係の方には、尾崎さんの紹介も含めて「日本では山羽さんという方が蒸気自動車を最初に走らせた」ということはある程度知られていたということになると思います。

写真２：『自動車の岡山』

それが本当に正しいのかどうかということで、先ほどの自動車工業会の座談会の後に「日本自動車工業史編纂室」というのができまして、１９６１（昭和36）年から永田広治さんという方が調査員として実際にそういった事例を聞き取り、また資料を求めて全国調査を行い、その成果を『日本自動車工業史稿（１９６５年）』という三冊本にまとめられました。山羽虎夫と蒸気自動車についても、永田さんが岡山や京都を訪れて調査を行い、その調査結果を『日本自動車工業史稿（1）』に報告し、「明治37年4月いよいよ最終的に組立を完成し、ここに国産第一号山羽式蒸気自動車は出現したのである」と記述されており、ゴムタイヤの製造難や資金難で実用化までは至らなかったが、つくられたということはほぼ間違いないだろうとしています。

この『日本自動車工業史稿』は、その調査時期や規模から本書を改訂するのは不可能だと言われていたのですが、それに挑戦され、山羽さんについても新資料を探されたのが、私が大変お世話になった佐々木烈さんという自動車史の研究者です。残念ながら、昨年亡くなられましたが、『日本自動車史』という本を２００４（平成16）年に書いておられ、そのなかで地元の新聞などにあった山羽電気工場広告や山羽さんの特許などについて紹介されています。

これらの本が山羽さんに関する基本的な文献資料ということになるかと思います。『自動車の岡山』の口絵には、森一家が乗車する蒸気自動車の記念写真ありますが、残念ながら山羽さんの蒸気自動車写真はこの1枚しか残っておりません。これ以外の写真や設計図などの資料は、戦災で焼けてしまったということです。できれば今後新たな写真や資料が発見され、もう少し詳しいことが分かることを期待しております。

山羽虎夫氏の経歴

さて最初に、前述の文献・本から山羽虎夫さんについて、その経歴をまとめたので見ていただこうと思います（表1）。山羽さんが生まれたのは1874（明治7）年で、ちょうど日本の近代化が始まった時代になります。そうした急速に日本が近代化していく時代に、山羽さんは山中家の次男として岡山市花畑という所に生まれました（写真3）。

写真3：若い頃の山羽虎夫

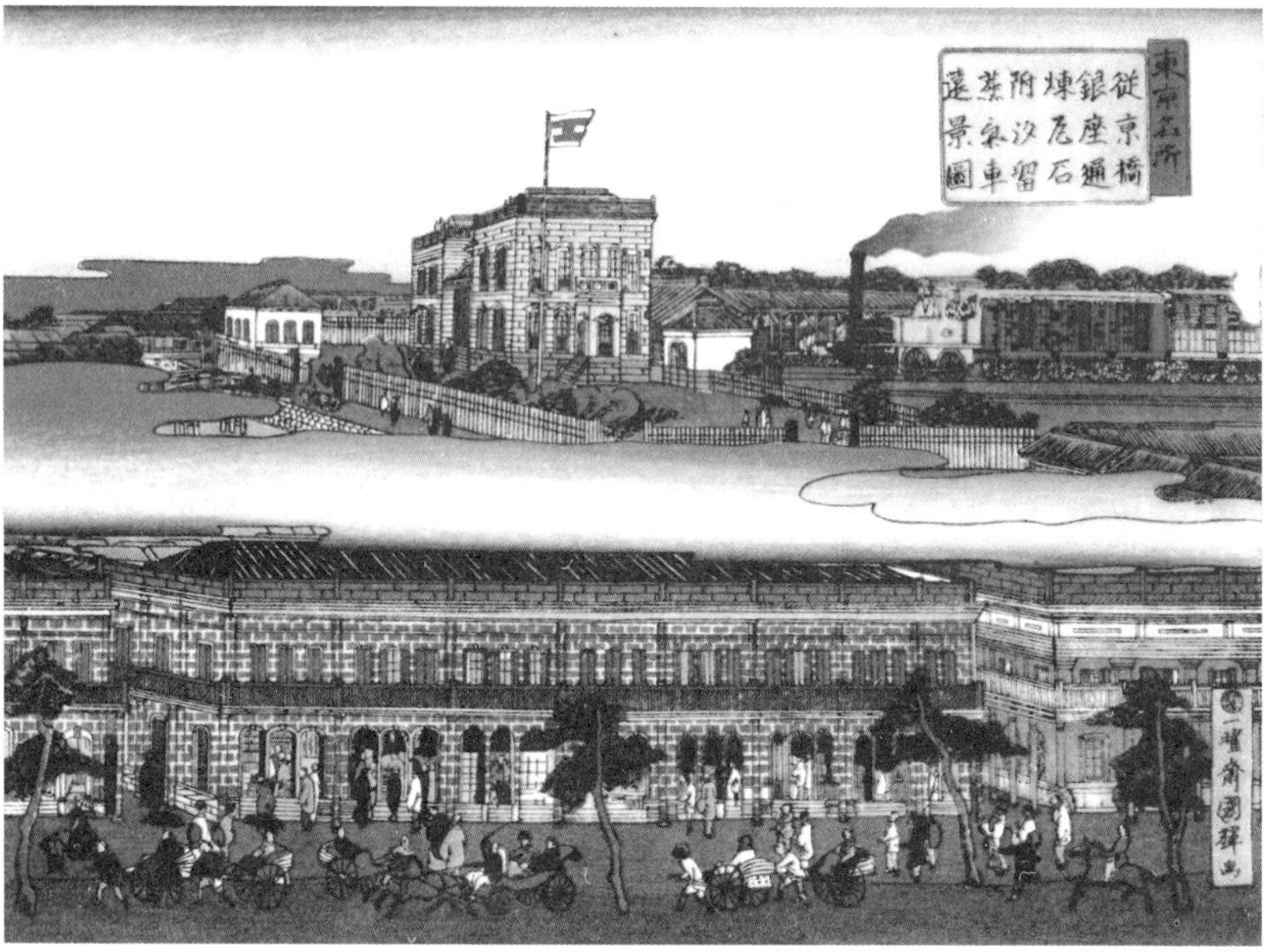

写真4：「東京名所従京橋銀座通煉瓦石附汐留蒸気車遠景図」

表１：山羽虎夫関連年譜

西暦	和暦	関連事項
1872	明治 5	鉄道開業（新橋〜横浜）
1874	7	山中樵の次男として 12 月 20 日、岡山市花畑に生まれる
1879	12	「小蒸気車製造并運転営業願」東京府が却下
1881	14	横須賀の叔父・海軍機関少佐矢部のもとで小学校に通う
		第２回内国勧業博覧会に工部省赤羽工作分局製作の蒸気トレーラー出品
1886	19	独ダイムラーとベンツがガソリン自動車製作
1887	20	小学校卒業後、海軍横須賀造船所に機械見習いとして入所
1889	22	神戸の海軍小野浜造船所で電気操作の水雷艇を学ぶ
1891	24	電気技師になるため東京の沖電機に入社
1893	26	最新知識を学ぶため逓信省電気試験所に入所（後に内山駒之助入所）
1894	27	徴兵検査のため満 20 歳で帰郷・結婚。山羽家夫婦養子となり、岡山紡績所（士族授産 M14 開業）入社
1895	28	「山羽電機工場」を市内天瀬可真町に設立
1898	31	我が国初のガソリン自動車走行（築地〜上野。仏パナール車）
1900	33	電気自動車献納（ウッズ電気自動車）
		横浜トンプソン、ロコモビル蒸気自動車を輸入販売
1901	34	横浜アベンハイム、神戸ニッケル商会など自動車輸入、川田龍吉男爵がロコモビル購入
		松井民治郎が銀座に我が国初の自動車販売店モータ商会を設立
1903	36	第５回内国勧業博覧会が大阪で開催（海外企業の自動車やタイヤが出品）
		京都二井商会（京都市内乗合自動車会社）がトレド２人乗蒸気自動車で仮営業
		地元の森房造、楠健太郎が中根鉄工所との自動車製造協力を依頼。神戸のニッケル商会の兄中山鯤太郎の紹介で蒸気自動車、農用蒸気発動機調査
1904	37	5 月 7 日、山羽式蒸気自動車試走（天瀬可真之町〜三蟠村）
1905	38	「揮発油瓦斯機関」（特許第 9286 号）、山羽式自動車（バイク）製作
1911	44	「山羽式プラグ」（特許第 19882 号）
1916	大正 5	松旭斎天一・天勝の奇術種を多数考案
1935	昭和 10	病院手術室用の自動暗幕装置発明
1954	29	市内烏城（うじょう）公園に胸像建立
1957	32	死去 83 歳

１９５７（昭和32）年に83歳で亡くなられるまで、技術者として、その激動の時代を駆け抜けたというような形になるでしょうか。例えば、山羽さんが生まれる直前の１８７２（明治５）年に新橋―横浜間の鉄道が開業し、蒸気機関車が走っています（写真４）。

実はこの蒸気機関車を見て、森さんや山羽さんと同じように、１８７９（明治12）年頃に線路ではなく、道路を走る小型蒸気車を製造して現在のバスのような輸送手段にしようという動きがありました。新橋で蒸気機関車を見て、鉄道以外の交通網としても利用できないかと企画する人がいたのです。江戸時代が終わって、これからは市民という名のもとに、誰もが自由に産業活動や経済活動ができるようになり、欧米から入ってきた蒸気機関車や色々な物を見た人たちが触発されて動き出したのです。この蒸気車を使った輸送案は、さっそく、東京府に上申されましたが、蒸気は危険だということもあって許可が下りなかったそうです。山羽さんの蒸気自動車以前、20年近く前のことです。優れた発想や技術であっても、社会的、経済的理由や人々の理解が得られずに実現できないことはよくあることですが、イギリスでも蒸気自動車は危険だということで、「赤旗法」という速度や自動車の前に赤い旗を持った人を歩かせるといった制限を加え、イギリスにおける自動車産業の発展が妨げられたのは有名な話です。

また、ちょうどこの頃の１８８１（明治14）年に、東京では、私ども国立科学博物館がある上野公園で第2回の内国勧業博覧会が開かれていて、工部省から工部省赤羽工作分局というところでつくった蒸気トレーラー、蒸気を動力にして道を舗装したりするのに使うためのトレーラーが出品されております（写真５）。これも人や荷物を載せて動く自動車とは言えないのですが、蒸気を利用した動力車ということになるかと思います。

　このように蒸気を利用した自動車らしき物はありましたが、当時の日本の社会や人々が自動車を理解し、必要とするには早すぎたということでしょう。その下にあるように、欧米でもダイムラー・ベンツがガソリン自動車を製作したのが１８８６（明治19）年ですから、山羽さんが12歳の頃にガソリン自動車が発明されたということになります。

　また自動車が走るのに欠かせない道路ですが、日本で近代的な道路法が制定されて整備が始まったのは、１９１８（大正７）年になります。明治政府は舟運や鉄道を最優先に整備し、人馬や荷車、馬車程度しか走らない道路の整備を後回しにしたのです。その状況は、実は戦後まで続きます。１９５４（昭和29）年に「第一次道路整備５カ年計画」がスタートしますが、その時の全国道路総延長は約

PORTABLE HIGH PRESSURE STEAM ENGINES

These engines are made in sizes varying from 20 to 100 Indicated Horse Power and are fitted with jacketted cylinders, expansion valves, feedwater heater, feedpump &c.

They are designed to run at high speeds, which makes them of great service to the Farmer. They may be used for Cleaning and Grinding Corn, Sawing Timber, Brick and Tile making, and for driving Mortar Mills &c.

The facility with which they can be moved from place to place, renders them useful in Draining Land or Irrigating Rice fields.

The Boilers are of the Multitubular Locomotive Type, and the chimneys are provided with Spark Catchers, thus reducing the danger from fire, in the farm yard to a minimum.

They can be arranged for burning straw, cotton, wood, or other vegetable matter.

When required for winding purposes, a link motion for reversing can be added at small cost extra.

写真５：赤羽工作局製造機械品目（蒸気トレーラー）

14万㎞、舗装道路7600㎞、高速道路は1本しかありませんでした。1956（昭和31）年に、高速道路建設調査のために来日したワトキンスは「1級国道の77％、2級国道の90％、都道府県道の96％が未舗装。先進国でこれほど道路整備がお粗末な国は見たことがない」と言っています。現在の全国道路総延長は約128万㎞で、舗装率は80％を超えていますから、現在の自動車の普及と発展は道路との二人三脚だったということです。道路ひとつ取ってみても、山羽さんの時代に自動車が理解されなかったのは無理もないことかと思います。

さて1881（明治14）年、山羽さんは伯父である海軍機関少佐だった矢部さんのもとへ行きまして、そこから小学校に通ったということです。この矢部有という方は、横須賀海軍造船所に勤務し、横須賀造船所で1888（明治21）年に建造された3本マスト鉄骨木皮構造、1600馬力の蒸気船、「葛城」の機関長などを務められ、1906（明治39）年に技術トップの海軍機関大監（大佐相当）で依願免本官（退官）されていますから、相当な技術者であったと思います。ご存知の通り、江戸時代に幕府が作った造船所は長崎造船所と横須賀造船所の二つで、特にこの横須賀造船所は、1867（慶応3）年の創業当時、180馬力の動力を持つ日本最大の工場、造船所でした。日本最初の造船所として有名な長崎は創設時30馬力弱ですので、横須賀造船所は圧倒的な大きさで、山羽さんが小学校を卒業して見習い工となった1887（明治20）年頃は、工員3000人ほどが勤務する日本最大の造船所でした。その造船所技術者トップの矢部さんのところから小学校に通っていたわけですから、山羽さんもかなり優秀な方だったのでしょう。

また、幕末に造船所建設の責任者だったフランス技術将校ウェルニーは、造船所建設とともに早くから技術教育を重視して、優秀な技師や職工を養成するために技術伝習や教育を行う黌舎を設置しています。明治にはそれを引き継いで海軍造船工学校や海軍造船工練習所、見習職工教習所などが設置されており、教育という点からも山羽さんは恵まれた環境でいろいろ学ぶことができたと思います（写真6）。

最先端の技術や知識を習得

横須賀造船所は、最初ウェルニーらフランスから、そして明治にはイギリスから造船技術を導入しています。山羽さんが機械見習いとして横須賀造船所に入った時期は、まだ国産で造船が難しく、イギリスに戦艦を注文していました。その整備や運用を横須賀造船所で行っていたわけですが、その戦艦には魚雷が積んでありました。

当時、最先端の武器として水雷（魚雷や機雷）が発明されており、その魚雷が注文した戦艦「扶桑」に装備されていました。魚雷というのは爆薬を積んで推進して敵の戦艦にぶつかって爆発するという

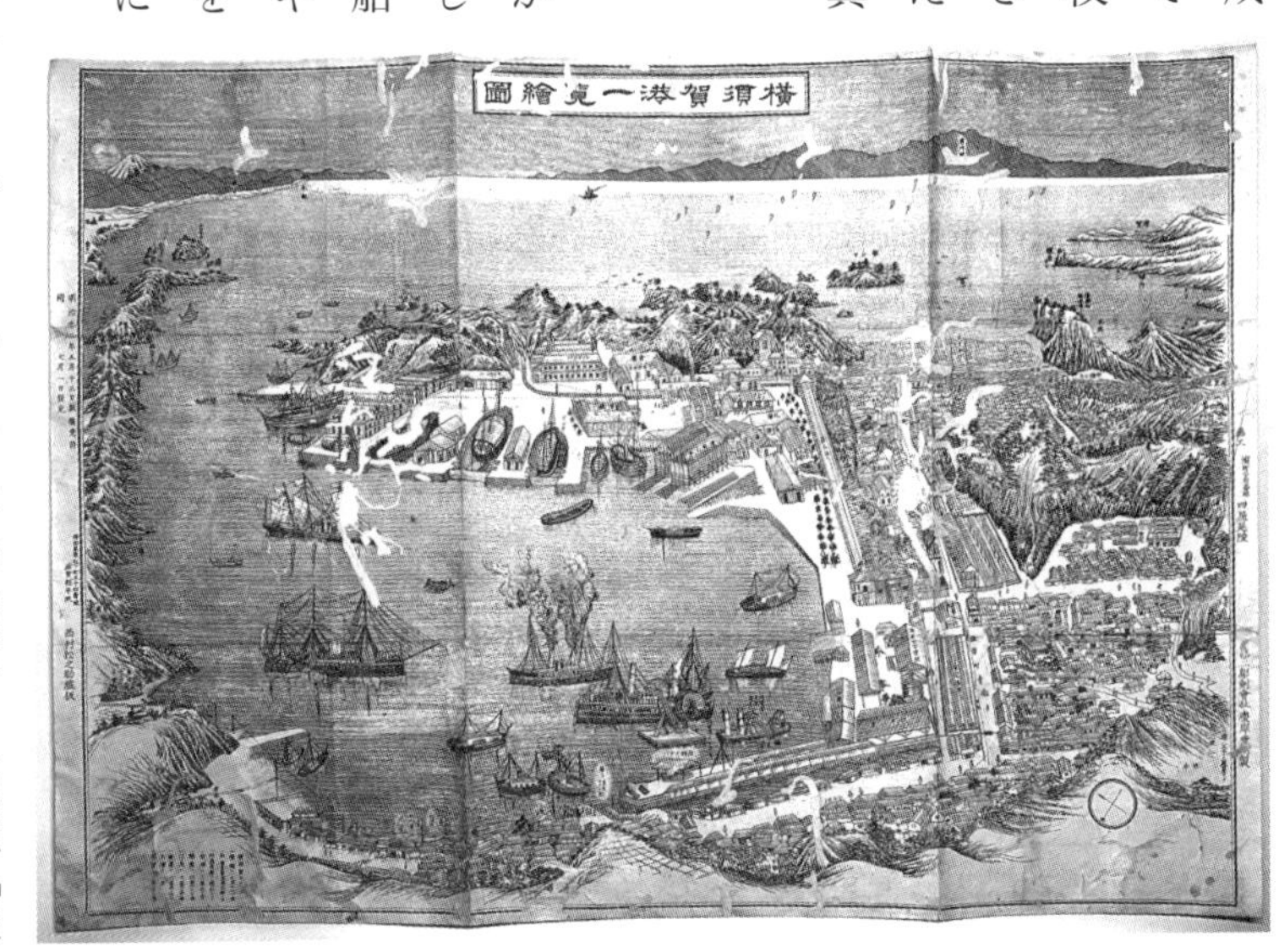

写真６：「横須賀港一覧絵図」

もので、当時世界最先端の装置を積んでいて、山羽さんはそれに非常に興味を持ったようです。そういったものを学ぶのに最適な場所ということで、神戸の海軍小野浜造船所へ行きます。当時、小野浜造船所長は、横須賀造船所黌舎出身でフランスに留学後、黌舎教授となった山口辰彌で、1886（明治19）年に小野浜造船所所長として水雷艇建造の責任者となっていました。おそらく魚雷技術を学びたいという山羽さんの意向を受けて、矢部さんが紹介したのでしょう。明治の頃、海軍は水雷技術のような欧米の最新技術をいち早く導入しようと研究を開始しており、小野浜造船所で実際の製造を行おうとしていました。この水雷の技術を学ぶということで、山羽さんは小野浜造船所に行ったわけです。そして水雷技術を学ぶなかで、そこに使われている電気技術に興味を持たれたのだと思います。

明治20年代の電気技術は、工部省やその後の逓信省が中心になって技術導入が行われ、特に1873（明治6）年に設置された工部省電信寮製機所では、お雇い外国人らの指導で電信関連の修理や製造を行っていますが、ここには民間の技術者も多く入所していました。そしてここで技術を学んで独立したのが、田中久重や三吉正一、沖牙太郎らです。

例えば、田中久重は江戸時代にからくり儀右衛門としても有名でしたが、幕末に佐賀藩精煉方に招かれて大砲や蒸気船など、さまざまな欧米科学技術に在来技術で挑戦しています。その経験を活かし、明治になって東京に出て製機所で学び、田中製作所を作り、電信機や電話などの通信器機の製造を行い、その後、電機製造を中心とする芝浦製作所となり、さらに三吉正一の東京電気と合併して東京芝浦電気、現在の東芝となりました。田中の工場では、小林作太郎や岸敬二郎、川口市太郎、池貝庄太郎（工作機械・池貝鉄工所）、宮田政治郎（自転車・宮田製作所）など多才な人材が育っています。この田中製作所のように、明治半ばには国内に少なからず電気製造を行う民間会社ができており、特に製機所の技術者らが作った会社には、その最新の技術を学ぼうと日本中から優れた人材が集まっていたのです（写真7）。

沖牙太郎も、製機所で学び、1881（明治14）年に電話機の改良などを行う明工舎を設立した一人です。開発した電話を同年の内国勧業博覧会に出品したところ、明治天皇、皇后のご高覧を受けたそうです。感激した沖はさらに研鑽を重ね、漆塗り電線（エナメル電線の祖）を工夫して1885（明治18）年のロンドン万国発明品博覧会に出品して銀杯を授与され、世界的な評価を得ています。そして明治20年代は、ようやく電灯や電話などの電気製品が社会に普及し始めた時期になります。1889（明治22）年1月には、電

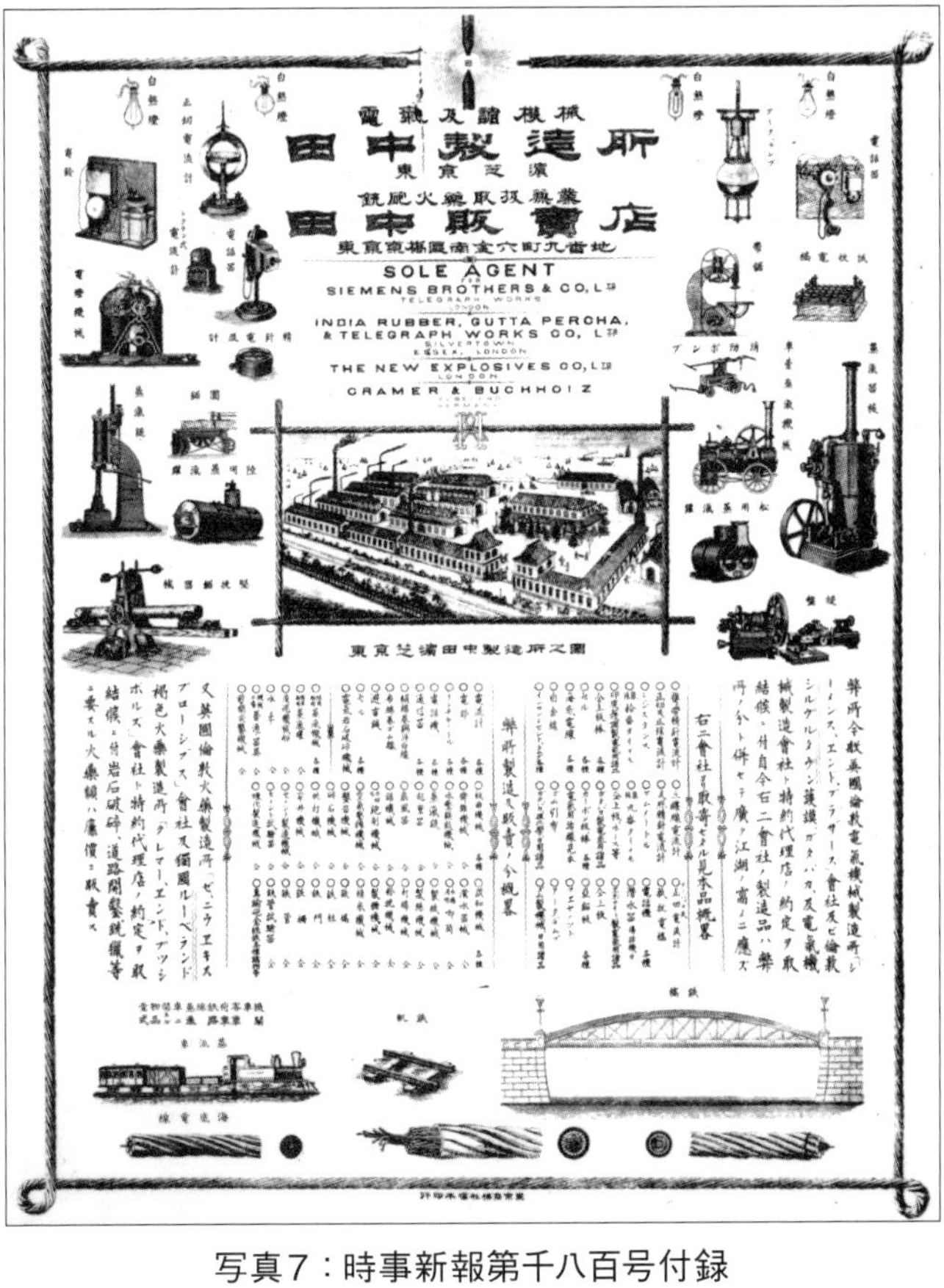

写真7：時事新報第千八百号付録

話事業のデモンストレーションとして東京―熱海間に一般公衆電話が架設され、翌年には逓信省告示により東京と横浜に電話交換局が置かれて、本格的に電話事業が始まりました。沖の明工舎も１８８９（明治22）年に沖電機工場と社名を変え、積極的に電話事業に取り組みます。使えば、便利な電話ですから需要が急増し、海外製の電話や交換機設置、内外の電線架設などで、沖電機は急成長しました。山羽さんが沖電機に入社する１８９１（明治24）年当時の沖電機は、東京市内の電話や電線架設のほとんどを引き受け、電話機や交換機の国産化も始まっており、優秀な人材を欲していた時期です。山羽さんにとってもこの時の経験は、岡山市内に電話が引かれた際に大いに役だったことでしょう。

そして山羽さんは、さらに最新の電気技術を学ぶために、１８９１（明治24）年に設立されたばかりの逓信省電気試験所に入所しています。この試験所は、後の電子技術総合研究所や電電公社の電気通信研究所につながっていくのですが、そこで行われていた電気技術は、当時の日本では最高の知識レベル・技術レベルかと思います。ちなみにこの電気試験所には、山羽さんの後になりますが、１９０２（明治35）年に双輪商会の吉田真太郎が持ち帰った米国製ガソリンエンジンを使って自動車を組み立てた内山駒之助も勤めています。当時はエンジンを購入してシャシーやボディーを架装する自動車メーカもたくさんありました。内山は１８８２（明治15）年の生まれで、14歳の頃にウラジオストクに渡って機械工場に雇われ、そこにあった自動車の修理などを手伝ったといいます。日本に戻り、自動車関係の仕事をしたいと思ったそうですが、当時の日本にはまだ自動車はなく、その技術を買われ電気試験所に技師として勤務しました。２、３年経った１９０２（明治35）年に吉田真太郎と知り合い、前述の日本初の自動車組立を行ったというわけです。

その後、内山駒之助は１９０７（明治40）年から１９０８年にかけて、吉田真太郎が設立した東京自動車製作所で10台ほどの国産エンジンを含むガソリンエンジン自動車を製造しています。ガタクリ走るので、タクリー号と呼ばれたそうです（写真８）。高度な製造技術のいるプラグを除く電装品は、先に述べた芝浦製作所の小林作太郎らが製作してくれたそうで、創業者らの人間関係を活かした、時代の先端を行く企業の交流が伺えます。このようにここまでの山羽さんの経歴を見ると、当時の最先端の技術や知識を学ぶために、最高の場所に行き、最新の技術と知識を得ていたことがわかります。

そして20歳の１８９４（明治27）年に、徴兵検査のために帰郷。山羽さんは甲種合格していますが、当時はまだ全員兵役に就くというわけではなく、くじ引きで決めた場合もあったようで、山羽さんもくじにより兵役に就かずに済んだため、再度上京しようとしました。しかし父の樵氏が地元の岡山紡績所の電気技術者として就職を望み、また地元の名家である山羽家を継がせるため、高原家の八千代さんと結婚して山羽家に夫婦養子として入ることになったのです。岡山紡績所は、明治初期に設立された鹿児島紡績所、堺紡績所、鹿島紡績所の「始祖三紡績所」の後に、明治政府の殖産興業政策によって明治10年代に設立された２千錘紡績所のひとつです。明治政府が民間を対

写真８：タクリー号（大日本ビール）

象に紡績機をセットで輸入して工場建設を行い産業を興したのですが、岡山紡績所の場合は士族授産を目的に、旧藩主池田侯の保護のもと、1881（明治14）年に開業した日本でも最初期の最新紡績工場になります。山羽さんが入社した時期は、紡績規模も拡大して2万8千錘にまでなっていた時期です。また糸くずや粉塵が火災に繋がる紡績工場では、早くから電灯の利用が行われ、大阪紡績所では1886（明治19）年から工場内に自前の発電機を用いた白熱電灯を利用しています。岡山県は、1894（明治27）年に、中国地域で最も早く岡山電灯会社が設立されていますから、まさに紡績所にとって最新の電気知識と技術を持つ山羽さんは願ってもない人だったかと思います。

しかしおそらく、山羽さんの持つ電気に関する知識や技術は、急速に広まっていく岡山の電気事業において、他からの依頼や要望もあったでしょうから、紡績所の仕事だけやるのは周りも許さなかったと思われます。山羽さん自身が、1895（明治28）年に岡山市内天瀬可真町に「山羽電機工場」を設立しています（写真9）。これまでの経歴を見ても、山羽さんの知識や技術は、日本でも限られた人のみが学べたもので、山羽さんのことは岡山だけでなく、その業界や関係者にはかなり知れ渡っていたかと思います。

写真9：可真町山羽工場跡地

蒸気自動車製作の依頼も、森房造氏や楠健太郎氏らが、そうした山羽さんの知識や技術を見込んでのものだったと思います。

明治期の自動車事情

ここからは、山羽さんの蒸気自動車製造と、その前後における日本の自動車の歴史についてお話ししたいと思います。

日本に初めて自動車が輸入されたのは、１８９８（明治31）年1月のことです。当時の新聞に「自動車初輸入　仏国ブイ機械製造所テブネ技師は、仏国に於て馬車の代りに発明されしトモビルと称する石油の発動にて自由自在に運転する自動車一両を見本として携え来りしが、其最高速力は一時間三十キロメートルを駛（は）する由」と、１８９８（明治31）年1月11日付けの東京朝日新聞に、わが国初の自動車渡来を告げる記事が掲載されています。これ以前に、新聞等で海外の自動車情報がわずかに紹介されることはありましたが、社会的に自動車の存在はほとんど知られていませんでした。

ガソリンを燃料とする内燃機関で動く自動車は、１８８６年にドイツのダイムラーとベンツの２人がほぼ同時期に製作しています。自動車の初輸入は山羽さんが小学校を卒業して横須賀造船所に見習い工で入所した頃です。それから約10年後、まだ欧米でも自動車は一部の金持ちの道楽的なものでした。ちなみにアメリカでフォード社が設立されたのが１９０３（明治36）年ですから、欧米から見れば極東の、開国したばかりの日本への、まだ道楽的な最新機械である自動車の渡来は驚くほど早いと言えるのではないでしょうか。

この渡来した自動車は、フランスのパナール・ルヴァッソール社1896~7年型と推定されています。当時フランスは自動車の最先進地で、特に1889（明治22）年創設のパナール社は自動車最前にエンジンを置き、後方にギヤボックス、ドライブシャフトとデフ機構を置いて後輪を駆動するシステム・パナールと呼ばれた、いわゆるFR方式を開発しています。これ以前のガソリン自動車は、エンジンが座席の下や後ろに置かれ、重量配分が悪く、また騒音や振動も大きかったのですが、これを前部にエンジン、次に座席、そしてチェーンやシャフトで後輪駆動というように、必要な物を水平方向に並べることで解消したのです。

パナール社はダイムラーの発明したガソリンエンジンを載せたシステム・パナール式の自動車で、1894（明治27）年に開催された史上初の自動車レースに参加しています。このレースには蒸気自動車や最新の電気自動車も参加していましたが、みごと完走して第3位、翌1895年のレースでは実績のある蒸気自動車を抜いて第1位となっています。日本に渡来した自動車はこの直後のものだと思われます。1898（明治31）年2月6日、自動車を輸入したテブネは、その新しい乗り物の紹介と販売のために、東京築地~上野間を実走するデモンストレーションを行いましたが、当時いきなり見せられた自動車を理解できる人はおらず、結局、フランスに持ち帰ってしまったようです（写真10）。

続いての自動車渡来は2年後の1900（明治33）年。後の大正天皇の御成婚の折に、サンフランシスコの日本人会より献上された電気自動車です(写真11)。宮内庁に残る当時の記録を調べたところ、確かに横浜港に到着し、赤坂にあった宮内庁の分厩に送っていますが、実際に走ったかの記録は無く、その後のことも分かりません。しかし、ようやく自動車への認識が、欧米からの情報や留学した人たちが持ち帰った自動車などによって、日本社会に広まっていきました。先ほどの吉田真太郎も、渡欧した有栖川宮が持ち帰った仏製ダラック号の修理を行い、懇意を得た有栖川宮からダラック号のような大きい自動車は日本の狭い道には不都合なので、もう少し小さい自動車を製作できないかとの御下命で、タクリー号を製作しています。もちろんまだ、お金持ちや上流階級の利用のための数台レベルですが、本格的に自動車の輸入や簡易的な車体製造が始まったのです。

1901（明治34）年4月には、米国人トンプソンが最初の蒸気自動車ロコモビルの自動車販売代理店を設立しています。ガソリン自動車

写真10：日本初渡来のパナール・ルヴァッソール自動車

写真11：ウッズ電気自動車

ではなく、蒸気自動車の代理店なのですが、20世紀初頭の米国には約８０００台、ニューヨーク、シカゴ、ボストンの三大都市に限れば、２３７０台の自動車があったそうです。そしてこの２３７０台のほぼ半数の１１７０台は蒸気自動車で、８００台が電気自動車、ガソリン自動車はわずか４００台に過ぎなかったそうです。実は米国でこの後にガソリン自動車が発展したいくつかの理由があります。その大きな一つが、１９０１（明治34）年にテキサスで大油田が発見され、石油の価格が下がり、大量に供給されるようになったことがあります。石油社会にとって自動車は、自身が使う輸送手段として、そして燃料の需要先として一挙両得の存在だったため、米国でガソリン自動車が一気に普及し、発展したのです。山羽さんが蒸気自動車を作った頃の日本はというと、明治20年代に新潟で石油が本格的に発掘されるようになりますが、まだ品質も悪く、石油製品の大半は輸入に頼っており、石油スタンドどころか扱い店も限られていましたから、蒸気でやったのは妥当な選択だったと思われます。

技術的に見ても、蒸気発生に多少の時間はかかりますが、蒸気量の調整だけで簡単に動かせる蒸気自動車や、現在まで課題となっているバッテリー以外は優れていた電気自動車と比べて、初期のガソリン自動車は、エンジン（内燃機関）を始動させるのさえ大変でした。今のようにセルモーター（電動スターター）は付いていません。人間が手回しのクランク棒を回してピストンを動かしてやる必要がありました。それは大の男でも筋肉痛になるような作業で、首尾良くエンジンが動き出したとしても、まだ安心はできません。エンジンの動力を車輪に伝えなければなりません。そのスムーズな接続は初めの頃、至難の業でした。当時の工場で、カウンターシャフトから機械に回転を伝えたと同じような段車ベルト掛け式では、おそらく乗員はドキドキして急発進に備えなければなりませんでした。

さらに首尾良く自動車が動き出したとしても、まだ安心はできません。初期の自動車はエンジン・パワーをうまく引き出すチェンジ・ギヤがありませんから、急坂ではエンジンが止まって滑り落ちたり、チェンジ・ギヤが付けられても、車輪側とエンジン側のギヤをチェンジしてうまく噛み合わせるのは、エンジン音や回転数、速度等を瞬時に判断する熟練の技が必要だったのです。しかし、先ほどの油田発見と利用拡大に合わせ、1903（明治36）年にガソリン自動車発展、普及の切っ掛けとなるT型フォードを製造するフォード社が誕生しますが、この当時のガソリン自動車は、まだ「じゃじゃ馬」の如くの代物だったのです。

対して述べたように、蒸気自動車は蒸気発生で始動時間がかかりますが、発進や速度調節はシリンダーに送り込む蒸気量をレバーで調節するだけで簡単でした。ワットの蒸気機関発明以来の実績を積んだ蒸気自動車は、使いやすさや実用性、信頼性でも、生まれたばかりの電気自動車やガソリン自動車にはるかに勝っていたのです

この蒸気自動車代理店から、ロコモビル蒸気自動車を買ったのが、当時横浜ドッグ会社の社長だった川田龍吉男爵です。1901（明治34）年9月に購入し、麻布の自宅から新橋駅まで自分で運転していたといいます。当時は専用の運転手が運転を行うのが普通でしたから、川田龍吉は日本最初のオーナードライバーということになります。その後1906（明治39）年に川田龍吉は函館ドッグ会社の社長となりますが、この蒸気自動車も函館に持って行き、大切に乗っていたようです。この蒸気自動車は、1979（昭和54）年に納屋にしまわれていたのを発見され、動くように修復され、現在、函館の方で展示されています（写真12）。

そして同時期の１９０１（明治34）年11月には、日本人による初の輸入自動車販売店「モータ商会」が東京銀座に開業しています。モータ商会は、松井民治郎という人が横浜にあったブルウル兄弟商会の販売代理店として設立したものです。ブルウル兄弟商会は、１９０１（明治34）年に米国製蒸気自動車ナイアガラ号を輸入していますが、松井民治郎の夫人が山県有朋の姪だった関係で、このナイアガラ号には山県有朋も試乗したそうです。このモータ商会の扱い車種は当時のカタログを見ると、オートバイ、ガソリン自動車、蒸気自動車、電気自動車、ガス電気自動車、これは驚くことに現代のハイブリットカーにあたりますが、全部で47台にもなります（写真13・14）。カタログにある自動車全部が輸入され、店頭にあったわけでは無いと思いますが、かなりの台数をそろえた販売店だったようです。そしてモータ商会社主の松井民治郎は、日本最初の自動車レースを行った人物でもあります。自動車の宣伝のため、１９０２（明治35）年４月５日に上野不忍池で、モータ商会が所蔵するガソリン自動車や蒸気自動車が競争を行っています。桜

写真12：川田男爵のロコモビル

写真 13：モータ商会＆カタログ写真

写真 14：モータ商会＆カタログ写真
（電気瓦斯のハイブリット自動車）

真っ盛りの上野公園ですから、多くの見物人が見ただろうと思います（写真15）。

博覧会を機に自動車が普及

そして我が国の初期の自動車普及に大きな影響を与えたのが、第5回の内国勧業博覧会です。内国勧業博覧会は、明治政府が進めた「殖産興業」政策により、欧米の万国博覧会を手本に行われた国内産業育成のための博覧会です。1877（明治10）年の第1回、1881（明治14）年の第2回、1890（明治23）年の第3回までは東京上野で開催され、第4回は1895（明治28）年に京都で、第5回が1903（明治36）年に大坂で開催されました。このような博覧会は、新たな時代の産業、経済振興を広く日本社会や人々に知らしめるということで、国や県、民間でその後も多数の博覧会が行われています。その影響ということでは、例えば第3回の内国勧業博覧会に出品された織機を豊田佐吉が見学、参考にして豊田式織機を考案したことは有名な話です。ちなみにトヨタ自動車は、この佐吉の息子の喜一郎が1933（昭和8）

写真15：上野公園で行われた日本最初の自動車レース

年に豊田自働織機製作所内に設立した自動車部が始まりです。

この明治期最後の国主催の博覧会となったのが第5回内国勧業博覧会で、特に、日本が特許に関するパリ条約に加盟したことで海外企業の出品が認められ、十数か国が参加しています。海外からの最新技術の冷蔵庫（建物）やカメラ等や、ウォーターシュート、メリーゴーランド、夜間のイルミネーション等の娯楽も多くあり、1903（明治36）年3月1日から7月31日の会期中に観覧者も530万人を数える万国博覧会規模の内国勧業博覧会になりました（写真16）。そして この博覧会で大きな注目を浴びたのが、海外3社が出品した8台の蒸気自動車やガソリン自動車とそのデモンストレーションで、行啓された天皇陛下もご高覧されています（写真17・18・19）。博覧会に集まった多くの人

写真16：第5回内国勧業博覧会

写真 18：アンドルイス＆ジョージ館・
トレド製インターナショナル蒸気自動車

写真 17:第５回内国勧業博覧会・
アンドルイス＆ジョージ館

アンドルス ヂョーヂ館

ANDREWS AND GEORGE BUILDING
PLAN OF ARRANGEMENTS OF EXHIBITS.

EXITS 出口

ミイツワイス 石油發動機
MIETZ & WEISS KEROSENE ENGINE AND DYNAMO

スコットランドウイスキー
JOHN ROBERTSON & SONS SCOTCH WHISKEY

アンソニヤ時計
ANSONIA CLOCK Co.

スタンダード石油會社出品
STANDARD OIL Co.

ペイント
INDURINE COLD WATER PAINTS

人力車
RUBBER TIRED JINRIKI

ミイツワイス石油發動機
MIETZ & WEISS KEROSENE ENGINES

孵卵器
INCUBATOR

酒
THE STANDARD DISTILLING & DISTRIBUTING Co. LIQUEURS SPIRITS

ラレイ自轉車
RALEIGH BICYCLES

クリーブランド自動車
CLEVELAND MOTOR CYCLE

グッドイヤス ゴム製品
GOODYEARS RUBBER Co.

UNION CASHREGISTER

CENTURY CAMERA
センチュリーカメラ

WESTFIELD & WINSTON BICYCLES
ウエストフィルド及ウインストン自轉車

HELVETIA MILK Co.
ヘルヴェシヤミルク會社

EXIT 出入口

ロジャー拾馬力發動機艇
LOZIER'S 10 H.P. LAUNCH

サニタリスチルス
SAMITARY STILLS

カリホルニヤ酒造會社出品
CALIFORINIA WINE ASSOCIATION

PIANO & PIANOLA

グリーブランド自轉車
CLEVELAND BICYCLES 10FT BICYCLE IN CENTER

ヴィクトル金庫
VICTOR SAFES

オールドワイボルグインキ
AULT AND WIBORG'S INKS

イーグル船用機械
EAGLE MARINE ENGINES

ナショナル自轉車
NATIONAL BICYCLES

イーグル自轉車
EAGLE BICYCLES

二十世紀洋燈
20TH CENTURY LAMP Co.

鈴
NEW DEPARTURE BELLS

カリホルニヤ果實罐詰會社
CALIFORNIA FRUIT CANNERS' ASSOCIATION

ピッツバーグタイプライター
PITTSBURG TYPEWRITERS

MUSIC BOX

バーロックタイプライター
BAR LOCK TYPEWRITERS

ロチエスターランプ
ROCHESTER LAMP Co.

ヂックス帶皮
DICKS BELTING

寫眞
T. D. MC. KAYS EXHIBIT OF R.R. & STEAMSHIP PHOTOGRAPHS

ジョーヂ エッチテー衛生用品
GEO. H. TAY'S SANITARY GOODS

メーソン靴墨
MASON'S BLACKING

メーソン靴墨
MASONS BLACKING

トレド自働車
TOLEDO AUTOMOBILES

出入口
MAIN ENTRANCE

写真 19：アンドルイス＆ジョージ館内配置図

たちの前で試走を行った自動車は、日本各地の事業家たちの起業心に火を付けました。輸入車を使った現在のバスにあたる乗合自動車営業や輸送業が企画され、応じる形で国産の自動車製造も始まったのです。この前後から百貨店の配送用やビール会社の宣伝用などに利用も増え、自動車が日本の街を走り回るようになっていきます（写真20）。

国産自動車の製造へ

岡山からも『自動車の岡山』（写真2）に「市外三蟠村の森房造、楠健太郎、萩原某、伊達某等」らが、この内国勧業博覧会を見学に行ったとあります。三蟠港は、江戸時代から明治時代にかけて備前岡山の主要港として栄えたところで、森さんらは地元の資産家仲間だったようです。そして会場で自動車のデモンストレーションをご覧になったのでしょう。岡山でも走らせたいということで、その自動車を購入しようとしたのです。ところが営業のために必要な予備車を含め3台分で8000円という高額を言われたため、国産でできないかということで、大阪の中根鉄工所に依頼して、国産の自動車づくりが始まったというかたちになります。

写真20：三井呉服店絵はがき（配送用クレメント自動車）

森さんらが最初に自動車製造を発注した中根鉄工所は、大坂西区立売堀南通2丁目明治橋南詰にあり、蒸気機関などの機械類の製造、工業用品の販売を行っていました。中根鉄工所には帝国大学を出た学士さんたちもいて、かなりの技術力を持った会社だったようです。岡山にも販売ルートがあったようで、1902（明治35）年当時の山陽新報に、山羽電機工場と隣り合わせで中根鉄工所の広告が出ており、そこには中根鉄工所製の陸用蒸気機関が「岡山三蟠港伊達芳太郎方ニ現存ス」とあります（写真21）。この伊達芳太郎は、森さんらと一緒に博覧会に行った伊達某かその親族らと思われますから、森さんらは以前から中根鉄工所とその技術力を知っており、蒸気自動車を依頼されたのだと思います。

山陽新報
明治三十五年四月十九日
陸用コルニッシ形汽罐公稱四馬力壹個
右物品岡山三蟠港伊達芳太郎方ニ現存ス
大坂市西區三軒家下町
汽機 汽罐 石油 發動器製造販賣ス
中根鐵工場
各種 電機
山羽電機工場
岡山市可眞町

写真 21：山羽電機工場広告

『日本自動車工業史稿』には、1903（明治36）年9月完成の約束で中根鉄工所が製作に取りかかったとありますが、4月から5月の発注として、約半年での製作は経験のある蒸気機関はともかく、初めてのシャシーやステアリング、伝達機構などの自動車部品の製作は相当難しかったと思われます。さすがに9月には間に合わなかったようですが、同年11月の「大阪朝日新聞」に中根式蒸気自動車のイラスト付広告が掲載され、「機械完全、能ク外国製ニ勝ル。価各最モ低廉ナリ。世ノ進歩ニ伴ヒ益々交通機関ノ必要ヲ生ズルニ際シ、我工場ニ於テ内地ニテ率先シ、蒸気自動車ノ製造設計中ノ処、幸ニ岡山ニ自働車会社設立シ、同社使用ノ分一切我工場ニ依頼ヲ受ケ、目下拾人乗製造中尚引続キ他ノ方面ヨリモ続々照会有之、大小共多数ニ設計致居候間、続々御注文アラズコトヲ乞フ」とあり、森さんらの注文による自動車製作が行われていたのは間違いないようです。

また同広告には、「当所ハ京都乗合自動車二井商会へ出資加盟致候ニ付、自今御便宜上同商会ニ於テモ同様御取引ヲ乞フ」とあり、中根鉄工所が京都の二井商会と関係していることが書かれています。二井商会は、京都西陣の織物屋の福井九兵衛と坪井菊治郎が博覧会後に設立した乗合自動車会社で、博覧会に出品していたアンドルイス社からロコモビル蒸気自動車2台を購入し、1903（明治36年）年9月19日に開業式を行って、翌20日に営業を開始しようとしました（写真22）。しかし京都府の警察から取締規則ができていないのでそれまで休業せよと口達され、妥協策として試運転として営業を行い、正式な営業許可がおりたのは1903（明治36）年11月21日になってしまいました。ところが、冬場で写真のようにむき出しの座席では寒くて仕方なかったでしょうし、物珍しさに近づ

写真 22：二井商会 ロコモビル蒸気自動車

く通行人らとの事故や補償金トラブルが絶えず、また2人乗りの自動車を6人乗りで使ったため、部品の破損、特にタイヤ、当時はまだソリッド・タイヤですが、そのヘタリがひどく、修理や交換には多大な経費がかかったようで、二井商会の経済状態は悪化し、12月に株式会社組織に改めて増資を図りました。中根鉄工所の広告にある二井商会への出資云々は、このことを言っているものと思います。

中根鉄工所としては、実際に蒸気自動車を運用している二井商会に出資することは、その修理を担当することや自身の自動車製作にも得になると考えたのでしょう。しかしちょうど日露戦争時だったこともあり、資金は集まらず、二井商会は不渡りを出して解散となってしまいます。中根鉄工所も、多少なりとも騒動に巻き込まれたでしょうから、9月以

山陽新報

明治三十六年九月十九日

特許

山羽式自動車

山羽電機工場

岡山市可眞町（電話一三一番）

写真23：山羽式自動車広告

●山羽電機工場

所在　岡山市天瀬九十八番地

電話　五一〇番

電信略號　ヤハ

創立年月　明治三十年一月

營業　電氣に關する諸機械製造販賣、山羽式「ガヤスリンモーター」製造、自轉車用小形「ガヤスリンモーター」製造、特許山羽式「アセツチリン」瓦斯水中燈

場主　山羽虎夫（岡山市天瀬可眞ノ町（電五一〇））

写真24：山羽電機工場
『電業者一覧（明治43年版）』

降となった完成予定もさらに伸び、中根鉄工所の自動車製作は遅々として進まなかったと思われます。そんな状況にしびれを切らした森さんらが、催促のために中根鉄工所を訪れたとき、仕掛品として部品を見せられたと言いますが、素人には何の部品か分かりません。そこで色々なところで経験を積み、知識のある山羽さんならと、白羽の矢が立った訳です。ちなみに、山羽さんが1905（明治38）年8月に特許を取ったオートバイ「山羽式自動車」（写真23）は、1897（明治30）年頃には製造されていたようで、『日本電業者一覧』（写真24）にも出ていますので、森さんらはそうした山羽さんの知識と研究を見込んで依頼したものだろうと思います。

また当時の山羽電機工場は、1903（明治36）年3月に岡山電報交換局が岡山市内に設立されて、電話の需要が急増して、広告にあるように自製の電話機製造、販売も含めて大忙しだったと思います（写真25）。それでも山羽さんが森さんらからの依頼を引き受けたのは、山羽さん自身の経歴が示すように、オートバイや自動車のような新しい機械への関心を抑えきれなかったのだと思います。

ちなみに国産の最初のオートバイは、島津楢造が1909（明治42）年に作ったと言われていますから、山羽さんのオートバイは今のところ新聞広告図と特許図（写真

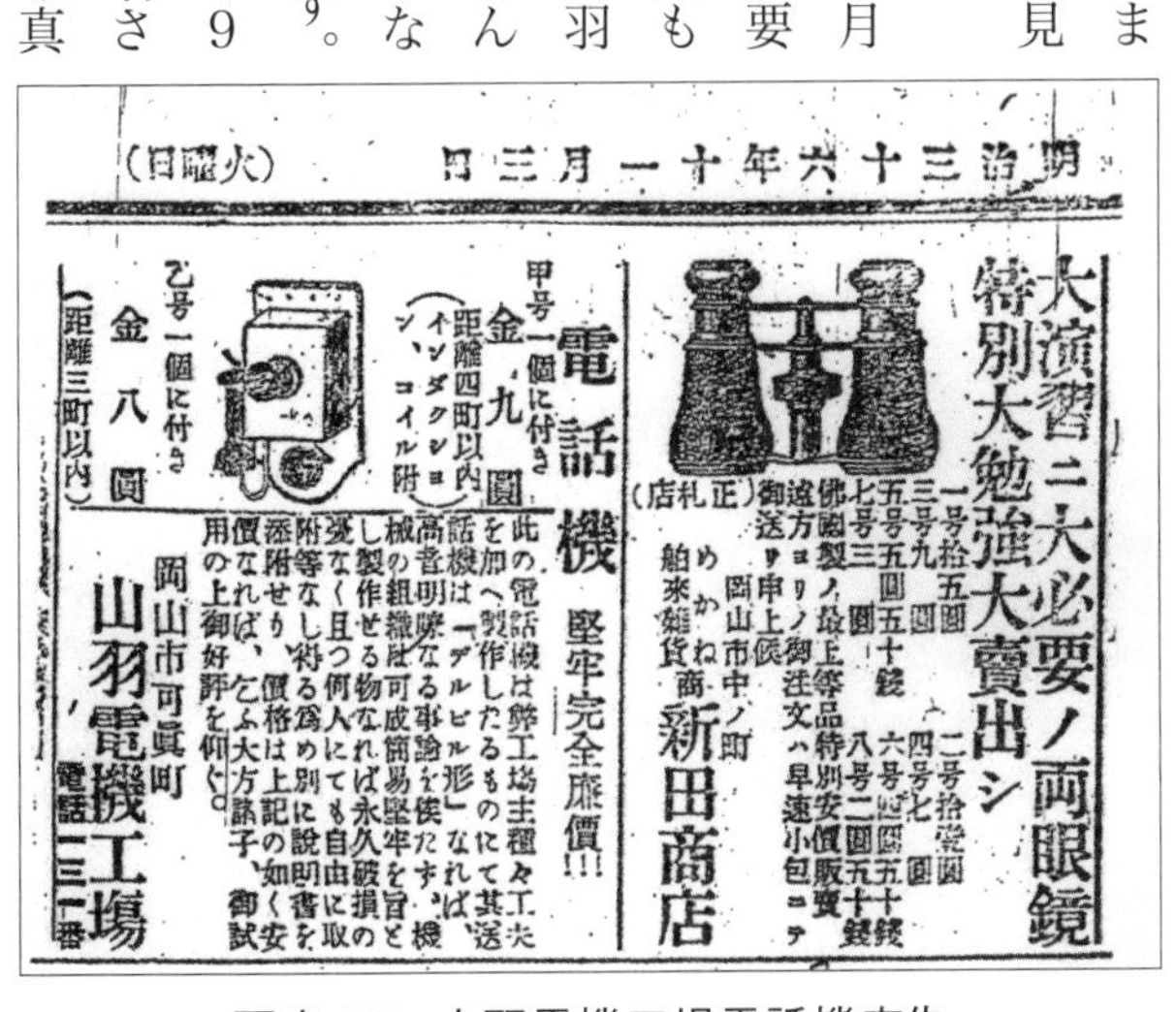

写真 25：山羽電機工場電話機広告

写真 26：
「第 9286 号 揮発油瓦斯機関」
特許明細 1 ページ目

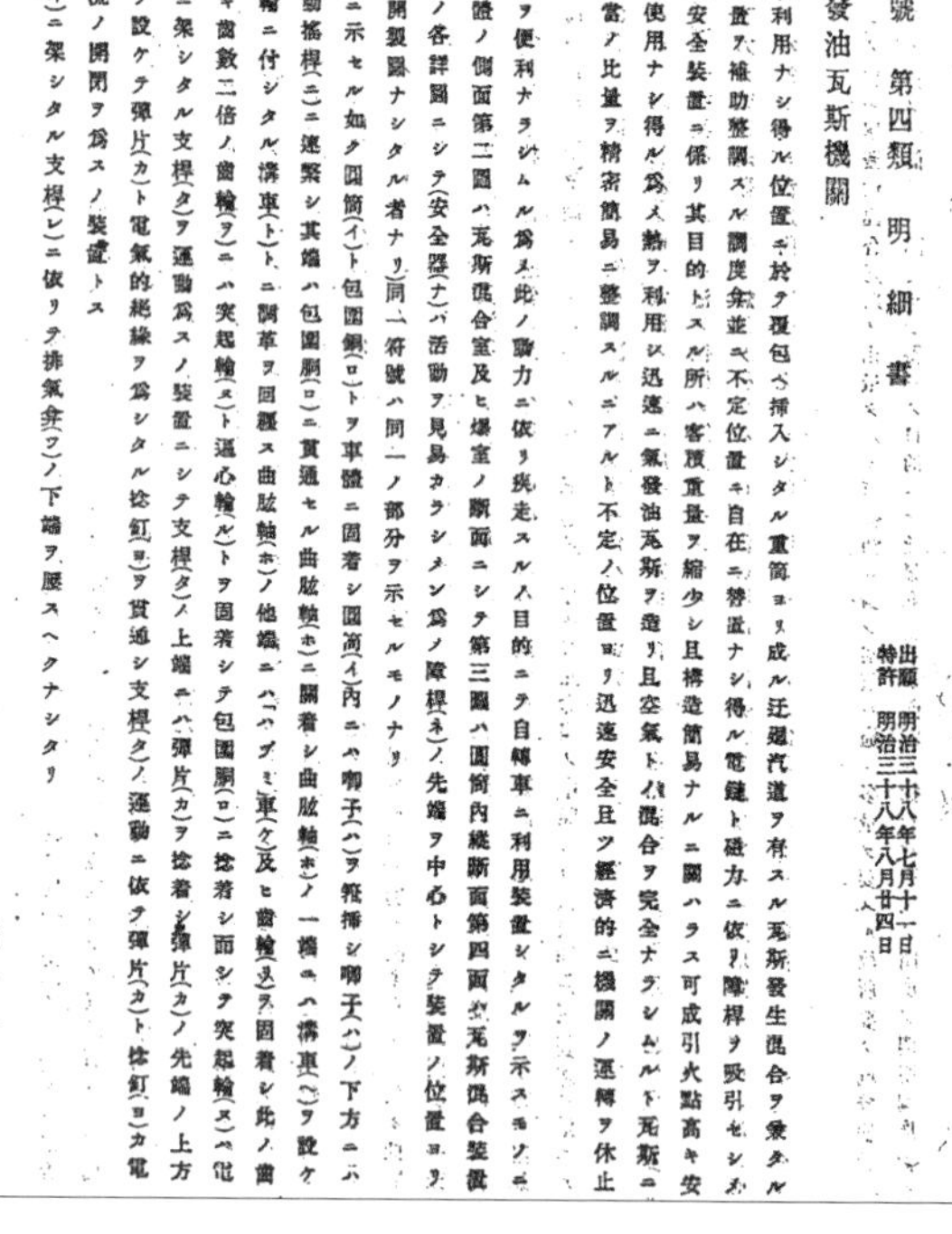

第九二八六號　第四類　明細書

流發油瓦斯機關

出願　明治三十八年七月十一日
特許　明治三十八年八月廿四日

本發明ハ排熱ヲ利用ナシ得ル位置ニ於テ覆包セル挿入シタル重筒ヨリ成ル迂廻汽道ヲ有スル瓦斯發生混合ヲ爲タル裝置ト空氣吸入量ヲ補助整調スル調度弁並ニ不定位置ニ自在ニ替置ナシ得ル電鍵ト磁力ニ依リ障桿ヲ吸引セシメテ動作ナス電磁安全裝置ニ係リ其目的トスル所ハ容積重量ヲ縮少シ且構造簡易ナルニ關ハラス可成引火點高キ安全ナル汽發油ヲ使用ナシ得ル爲メ熱ヲ利用以迅速ニ氣發油瓦斯ヲ造リ且空氣ト混合ヲ完全ナラシムルト瓦斯ニ對シテ空氣ノ適當ナ比量ヲ精密簡易ニ整調スルニアルト不定ノ位置ヨリ迅速安全且ツ經濟的ニ機關ノ運轉ヲ休止スルニアリ

別紙圖面ハ說明ヲ便利ナラシムル爲メ此ノ動力ニ依リ疾走スル人目的ニテ自轉車ニ利用裝置シタルヲ示スモノニシテ第一圖ハ全體ノ側面第二圖ハ瓦斯混合室及ヒ爆室ノ斷面ニシテ第三圖ハ圓筒內縱斷面第四面ハ瓦斯混合裝置第五圖ハ安全器ノ各詳圖ニシテ(安全器(ナ)ハ活動ヲ見易カラシメン爲ノ障桿(ネ)ノ先端ヲ中心トシテ裝置ノ位置ヨリ右方ヘ九十度展開製圖ナシタル者ナリ)同一符號ハ同一ノ部分ヲ示セルモノナリ

本機ハ別紙圖面ニ示セル如ク圓筒(イ)ト包圍銅(ロ)トヲ車體ニ固着シ圓筒(イ)內ニハ喞子(ハ)ヲ挿插シ喞子(ハ)ノ下方ニハ關節裝置ヲ以テ動搖桿(ニ)ニ連繫シ其端ハ包圍胴(ロ)ニ貫通セル曲肱軸(ホ)ニ關着シ曲肱軸(ホ)ノ一端ニハ溝車(ヘ)ヲ設ケ之レト後方ノ車輪ニ付シタル溝車(ト)トニ調革ヲ回羅ス曲肱軸(ホ)ノ他端ニハ「ハズミ」車(ケ)及ヒ齒輪(リ)ヲ固着シ此ノ齒輪(リ)ニ嚙合スヘキ齒數二倍ノ齒輪(ヲ)ニハ突起輪(ヌ)ト遍心輪(ル)トヲ固着シテ包圍胴(ロ)ニ捻着シ而シテ突起輪(ヌ)ハ從氣自動開閉器(ワ)ニ架シタル支桿(タ)ヲ運動爲スノ裝置ニシテ支桿(タ)ノ上端ニハ彈片(カ)ヲ捻着シ彈片(カ)ノ先端ノ上方ニハ少シク間隙ヲ設ケテ彈片(カ)ト電氣的絕緣ヲ爲シタル捻釘(ヨ)ヲ貫通シ支桿(タ)ノ運動ニ依テ彈片(カ)ト捻釘(ヨ)カ電氣的接觸シテ電流ノ開閉ヲ爲スノ裝置トス

遍心輪(ル)ハ圓筒(イ)ニ架シタル支桿(レ)ニ依リテ排氣弁(ツ)ノ下端ヲ壓スヘクナシタリ

四十九

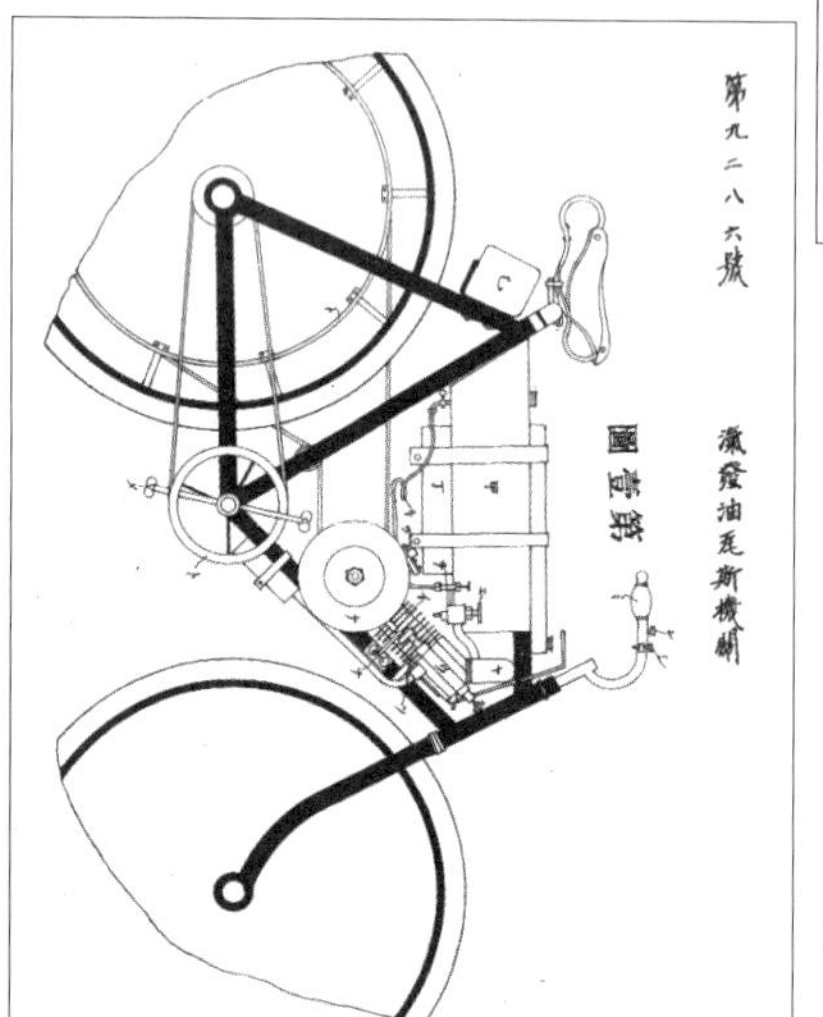

写真 27：「第 9286 号 揮発油瓦斯機関」
特許明細付図

26・27）だけですが、写真や実物が見つかれば、山羽さんはこれも日本最初の国産オートバイ製作者ということになります。

さて自動車製作を引き受けた山羽さんは、さっそく、自動車の調査を開始します。神戸に自動車があると聞いて、その実物を見に行っています。当時、神戸にはニッケル商会社主ニッケルが所蔵する米国製ガソリン自動車1台と、テレシング商会が所蔵する蒸気自動車1台があり、山羽さんはテレシング商会の蒸気自動車を見せてもらったようです。しかし「之れは実に精巧な物であって、これを真似て作ることは、当時の日本では絶対不可能であると察した」と『自動車の岡山』に書かれています。当時の日本で、欧米と同じような蒸気自動車の製作が技術的に難しかったというのは、尾崎氏も永田氏も佐々木氏も記述しています。

「山羽さんのような町工場で、本当に蒸気機関がつくれたのだろうか？」は、多くの方の疑問かと思います。確かに工作機械や鉄材料などの工業レベルがまだ低い日本で、欧米と同様の性能を持った蒸気自動車を製作することは難しかったかも知れません。しかし在来の、既存の技術で、そのギャップを乗り越えて、試作レベルではあっても作ろうとし、そして出来はともかく作れたということは、技術の発展において非常に重要なことです。そうした行為によって技術は発展するのです。

先進技術を持ち帰った山羽虎夫

この山羽さんの蒸気自動車と同様のことが、ちょっと話はさかのぼりますが、幕末の日本で行われています。この最初の蒸気機関、蒸気船への挑戦について紹介しておきたいと思います。写真をご覧ください。これはエックス線で撮った佐賀藩で幕末に作られた蒸気機関模型の透視写真になります(写真28)。この蒸気機関模型は、佐賀藩で前に紹介した田中久重らが、蘭書の知識や欧米の模型を見て、日本人だけで、在来の技術によって製作したものです。それぞれ40センチぐらいの模型で、一番下が蒸気車、真ん中と上が蒸気船模型です。蒸気車模型は、水を入れるタンク、ボイラーがあり、それを下からアルコールで火を焚いて蒸気を発生させ、蒸気機関に送り、車輪を駆動しています。上部に蒸気を溜めておくところがありますが、この方式だと蒸気の発生はあまり多くありませんから、動いてもすぐに止まってしまいます。

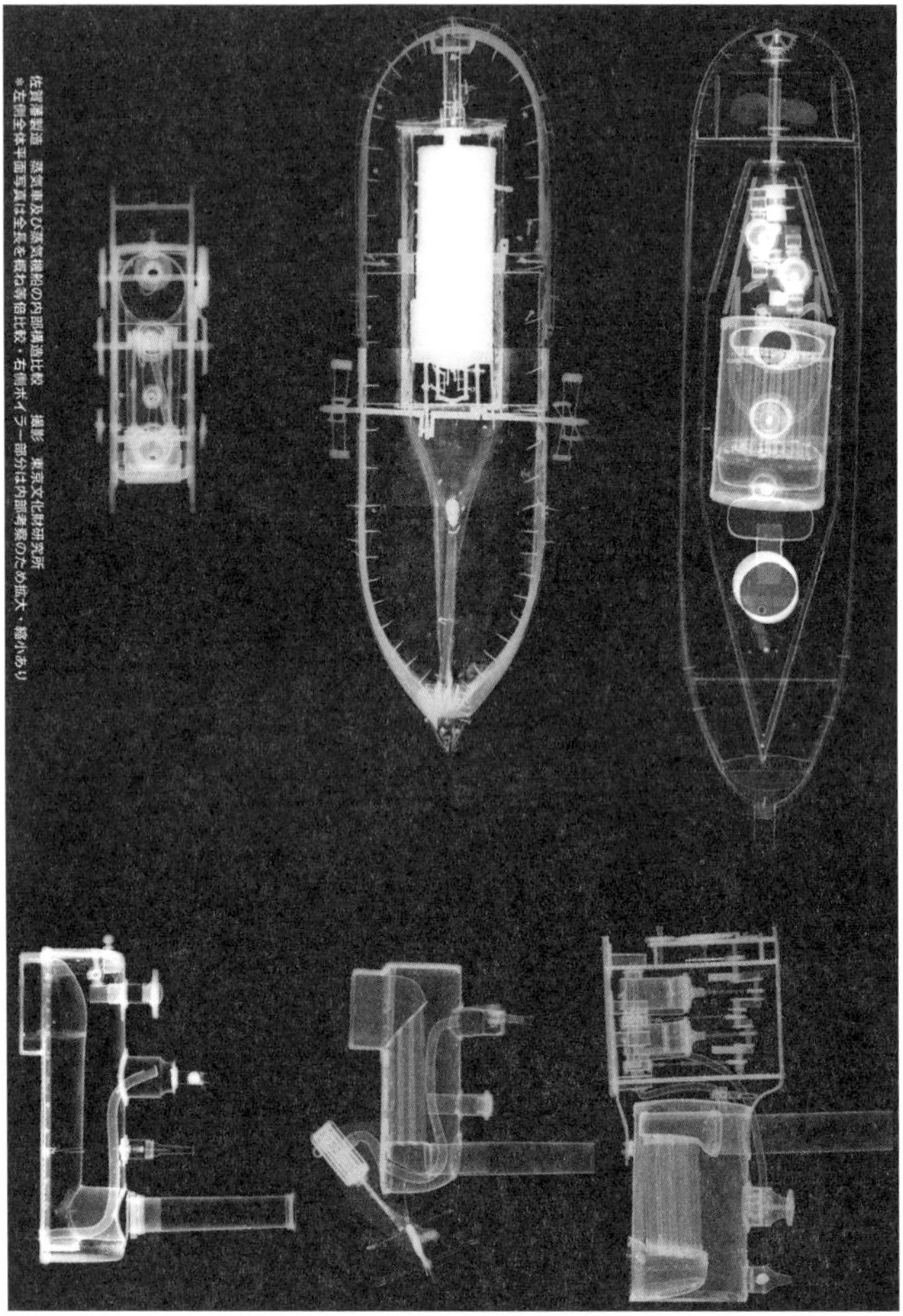

写真28：佐賀藩蒸気機関・X線透過写真

そこでその後に作った真ん中の蒸気船模型では、水管式ボイラーになっています。さらに上の蒸気船模型では、水管がさらに増えています。水管が増えれば、熱効率が良くなり、蒸発量が増えますから、継続的に蒸気機関を動かすことができるわけです。このように、ただ漫然と作っているのではなく、技術的な試行錯誤を行って、よりよい物へと進歩させています。

蒸気船模型では、真ん中の外輪式と上のスクリュー式、蒸気機関も横型、竪型が作られていて、いろいろな比較が行われたことも分かります。佐賀藩では、これらの模型製作、実験を通して、１８６３（文久3年）3月には10馬力の「凌風丸」の建造に取り掛かり、１８６７（慶応3年）3月には薩摩藩、長崎造船所（当時は長崎製鉄所と呼んでいました）についで3番目の国内蒸気船製造に成功しています。この外輪式蒸気船、凌風丸は明治まで実用で使用されていました。薩摩藩でも、蘭学者に翻訳させた文献を元に、１８５１（嘉永４）年には薩摩藩江戸藩邸内に設けた製造所で、職人らの手により蒸気機関の製作に着手し、１８５５（安政２）年に完成したサイドレバー式の外輪用機関を船に取り付けて「雲行丸」と称しました。後に鹿児島集成館でこの蒸気船を見た蘭人カッテンデーケは、今は2馬力ほどしか出ていないが、長崎に持ってくれば漏洩などを直して12馬力ほど出るだろうと述べ、翻訳による知識や簡単な模型や図面、在来の技術のみから実動の蒸気機関を作った日本人に感嘆の声を上げています。

このように江戸時代の知識や職人らの技術でも、精度や性能はともかく蒸気機関の製作に成功していたのですから、多少なりとも近代の知識や工作機械などが使用できる明治時代ならば、充分に蒸気機関を製作することが可能だったのではないでしょうか。実際に冒頭でも紹介した工部省工作局製の蒸気トレーラー（写真5）や1888（明治21）年の田中製造所の新聞広告（写真7）にあるように、蒸気機関は明治30年代にはかなり国産化され、広く日本中に普及していました。

そして市井の人々でも、明治の早い時期に近代化への挑戦が可能だったのは、江戸時代から続く日本社会の高い識字率が大きな理由になるかと思います。江戸時代から蒸気機関に関して少なからず翻訳書（写真29）が出ており、明治期には、さらに多くの日本語で書かれた蒸気機関に関する本が出版され、読み書きができれば誰もが蒸気機関などの近代科学技術について知ることができていました。江戸から明治時代頃の世界で、これほど一般社会の識字率が高く、多くの本が出版されていた国は日本以外無かったのではないでしょうか。

ちょっと話はそれますが、江戸時代のオランダ語の医学書を日本語に翻訳した『解体新書』は、皆さんご存じだと思います。それ以前から、中国に多くを学んできた日本は、漢文を日本語に直し、学者だけでなく、より多くの人々が読めるように翻訳していました。当時の世界では、文字が読めるのは一部の人に限られていました。しかし平和な江戸時代の日本では、殿様たちが領民の

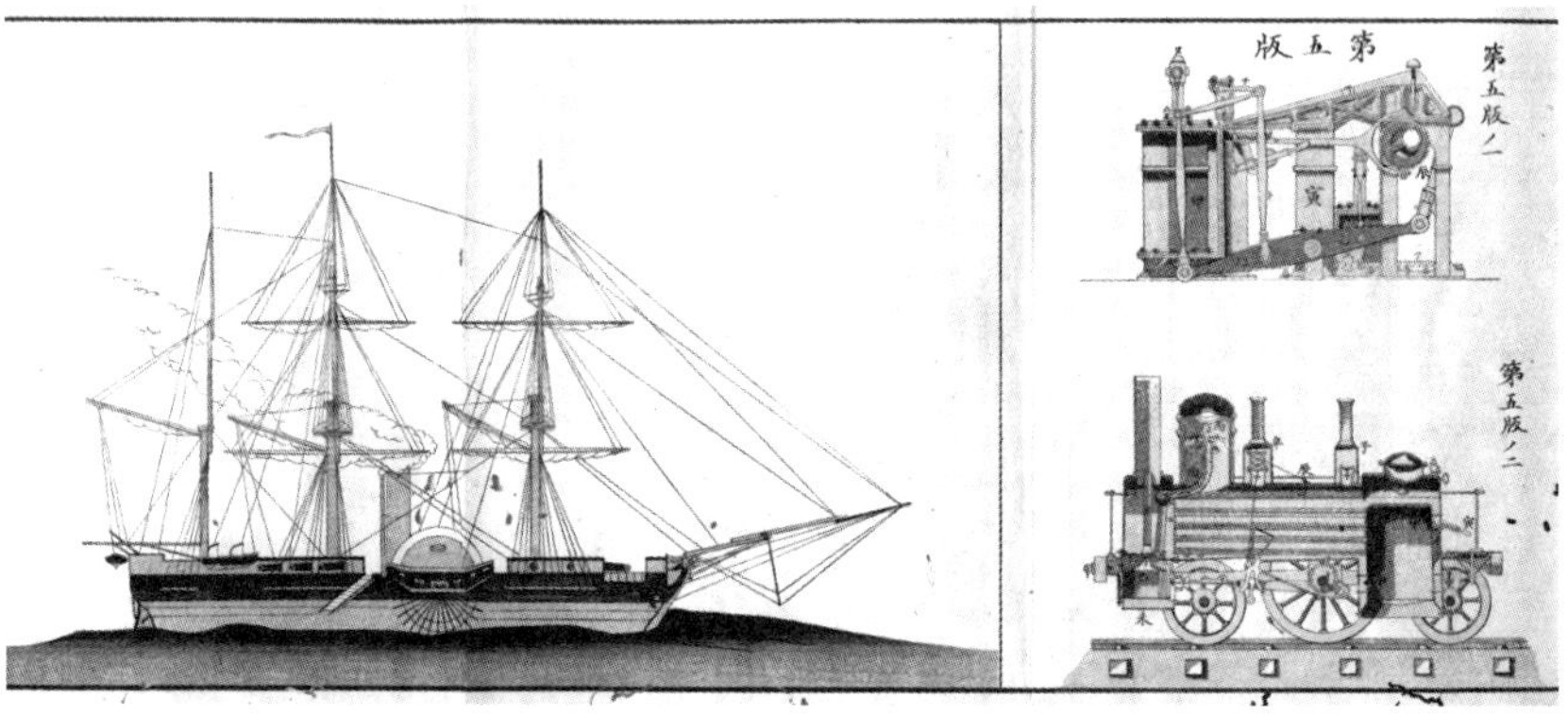

写真29：『遠西奇器述（蒸気図）』

自助努力で病気を治したり、耕地を開墾し、作物を栽培することができるように、さまざまな本を学者に書かせ、無償で配っていました。知識や技術が秘伝のように扱われ、教えなかったというのは間違いで、良い知識や技術は多くの人に共有されていたのです。読めれば得になる本があるのですから、文字を学ぶための寺子屋が数多く作られ、身分を問わず多くの子どもたちが通ったのです。徳川吉宗が禁書令を緩和して洋書の輸入を認め、青木昆陽らにオランダ語を学ばせて西洋知識の導入を奨励したように、殿様や学者たちは『解体新書』のような優れた知識や有用な知識を決して独り占めせず、多くの人に伝えようとしたのです。その伝統は、明治から現在まで、まだ続いています。日本人が、欧米以外でノーベル賞を多く取ることが不思議がられますが、欧米以外で最先端の科学技術を母国語で子どもでも、誰でも知ることができる日本社会だからこそ、なのではないでしょうか。

山羽さんが蒸気自動車を作ろうとしたときも、決して周りが理解できないものではなく、山羽さんのやろうとすることを手伝えたと思います。例えば、1893（明治26）年に出版された『富国全書蒸気機関篇』（写真30）には、山羽さんが製作したと言われているのと同じような竪型蒸気機関の詳細な図解があります。こうした本を大学に行かなくても、誰もが購入し、知識として知ることができました。これは農業用の簡易型蒸気機関で、当時既に国内のいろいろな所で利用されています。ボイラーの中に水を入れ、下部で火を焚いてボイラー内の水管を通し、熱を伝導して蒸気を発生させる構造です。田中の工場広告にあったように、国産ボイラーや蒸気機関を作る企業があり、それは全国で利用され、当然ですが修理などを行える地元の企業もあったはずです。

『日本自動車工業史稿』には、山羽さんの工場が「機械設備といっても山羽電機工場は足踏み旋盤2

台、あとは若干の工具ぐらいの貧弱な設備しかなく、大坂の明治鉄工場（中根鉄工所）には及びもつかなかった。従業員といえば自分のほかに徒弟1名だけで、工場とはいってもわずか6坪しかない土間であり、これで自動車という大それた乗物を作ろうというのであるから、まったくとんでもない話であった。後になって隣家の佐々木氏を頼んで旋盤士になってもらい、ほかに1人の手伝いを入れたが、最後になっても4人の頭数であった。」とありますが、1897（明治30）年の広告（写真24）には、営業品目として「電気に関する諸機械製造販売、山羽式「ガヤスリンモーター（注：ガソリンエンジン）」製造、自転車用小型「ガヤスリンモーター」製造、特許山羽式「アセツチリン」瓦斯水中燈」とあり、既に小型ですがガソリンエンジンの製造を行うなど、相応の工場でなければ出来ない製品が並んでいます。

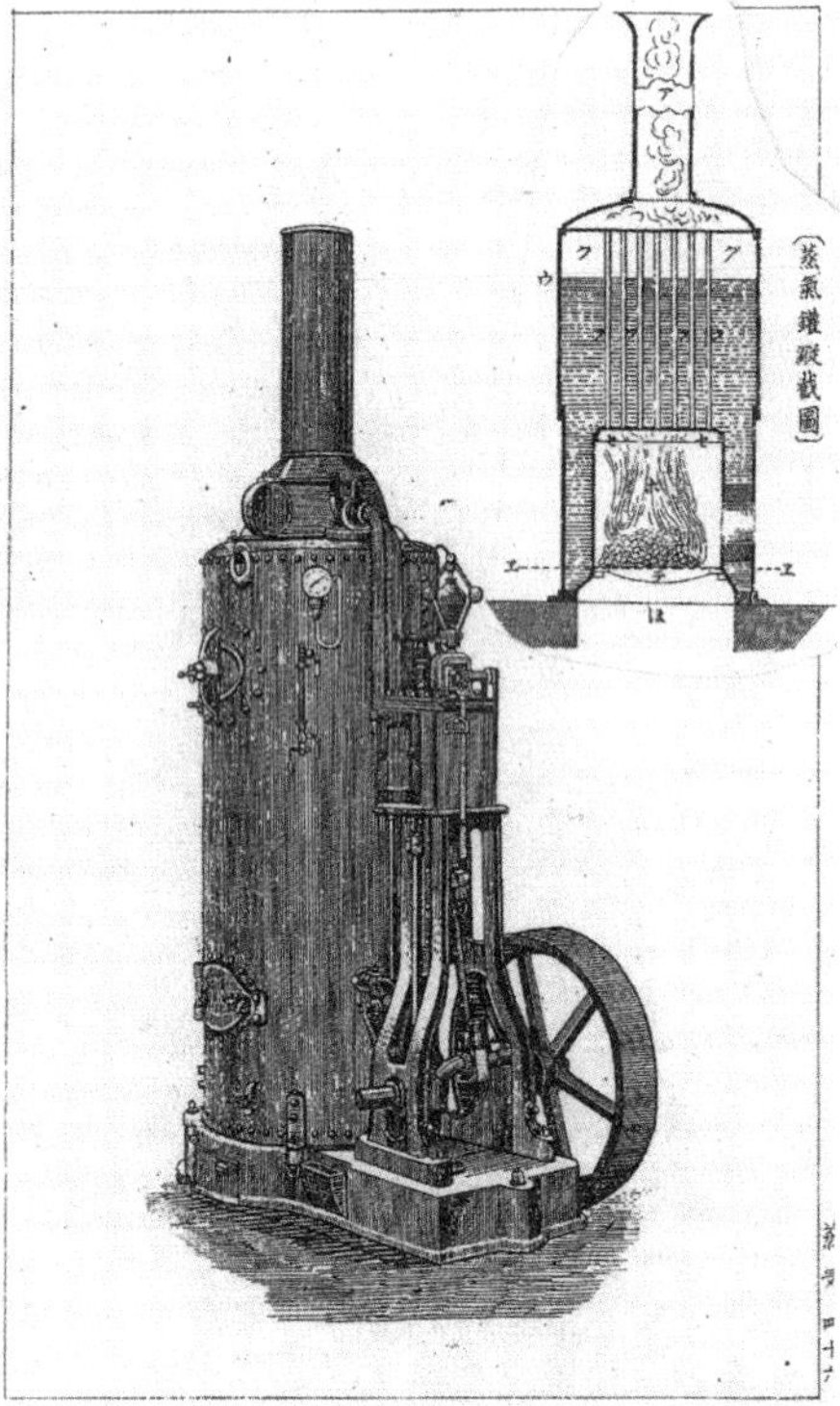

また蒸気自動車を引き受ける1903（明治36）年頃は、先に述べたように岡山電報交換所による電話通信も開始され、電話機や電気機械、電鈴などの製造と販売修理、その設置の需要で工場も人員

写真30：蒸気機関と構造
『富国全書 蒸気機関篇』

も拡大していたはずです。事実、１９０７（明治40）年版の『日本電業者一覧』によれば、「山羽電機工場、店主　山羽虎夫　岡山市字可眞ノ町98番地、事務員　太田昇　同、機械部主任　阪口安次　市天瀬町84番地、電気部主任　阪口清造　同、事務員　秋形完・石川芳成　98番地」とあり、本店と工場を別に持ち、機械と電気に専門の主任が記載されています。また主力製品の電話や通信器機の部品購入先、山羽さんの経歴からも、中根鉄工所だけでなく、必要な知識や技術を持った大阪や東京、日本各地の工場や技術者らとも交流を持っていたはずです。そう考えれば、間違いなく山羽さんと山羽工場では蒸気自動車を作れるだけの設備と人員、知識と技術が揃っていたと思います。

苦労の末の「山羽式」

さて、では山羽さんが作った蒸気自動車は、具体的にどのようなものだったのでしょうか。

『日本自動車工業史稿』に永田氏が二井商会を調べられたときに発見された「山羽式乗合蒸気自動車の仕様概略」が掲載されています。これは中根鉄工所で設計されていた中根式蒸気自動車の仕様概略書を京都の二井商会に渡したものかと思いますが、山羽さんはこの中根式蒸気自動車をベースにしているので、仕様はおそらくそう大きく変わらないと思います。それを見ますと「蒸気式竪型２気筒25馬力、ガソリン・バーナーにより蒸気を沸かし、駆動源とする。バーナーはシリンダー内の蒸気圧により自動的に調整される方式。寸法は、全長は15尺、全幅４・５尺。1本ハンドル、（駆動）チェン・ドライブ式、（タイヤ）ソリッド・タイヤ、（定員）10人乗り」とあります。山羽さんが森さんらから自動車製造を依頼されたのが１９０３（明治36）年末で、完成、試走が翌年5月7日のことですから、わずか半年ほどで蒸気自動車を作っています。それから考えれば、だいたいの部品やパーツは中根鉄工所の方でできていて、山羽さんが竪型蒸気機関だとか足りないパーツを改修したり、作ったのではないかと思われます。

その苦労と製作工程は『日本自動車工業史稿』に、「鋳物は市内東田町平山文平という鋳物師によって作りあげられた。その頃真鍮の鑞付は出来たが、まだ鉄板の溶接はなかった。したがって、気密を要する汽罐部をボルト締めとするほかになかったのであるから、今からみれば無茶な話であった。水管とか歯車などの工作とその取り付けをはじめ、いっさいが自己流の作業方法でやらねばならなかったので、製作は困難をきわめた。それにしても、ようやく苦心は実を結び、機関部は1904（明治37）年3月に組み立てを終わった。さっそく試運転をしてみると、以外の良い成績であった。そこで、いよいよシャシーを作る段階となったが、組立場もなかったので、旋盤士になってもらった燐家の佐々木氏が、義侠心から自分の

写真 31：山羽式蒸気自動車と森一家

家を取り壊して、組立工場に当ててくれたので大助かりとなったという。フレームとボデーは欅材を使って作り上げ、車輪のリムは鉄板を曲げて作り、スポークは８番線を切って作った。タイヤは大坂靱通の大石ゴム工場へ型代百数十円を支払ってソリッド・タイヤを作り、リムの四ヵ所でボルト締めとした。１９０４（明治37）年４月いよいよ最終的に組立を完成し、ここに国産第1号山羽式蒸気自動車は出現したのである。」と述べられています（写真32）。

ここに書かれているように鋳物は苦労されたと思います。１９３３（昭和8）年に日産自動車を創業した鮎川義介は、まず１９１０（明治43）年に渡米して学んだ鋳鉄製造を行う戸畑鋳物㈱を設立していますし、同時期に豊田喜一郎が創業したトヨタ自動車も、父である豊田佐吉の作っていた自働織機には優れた鋳物が使われており、その技術があったからこそ耐久性のあるエンジンや自動車作りが可能でした。山羽さんが自動車製作を行おうとした時代には、ようやく１９０１（明治34）年に

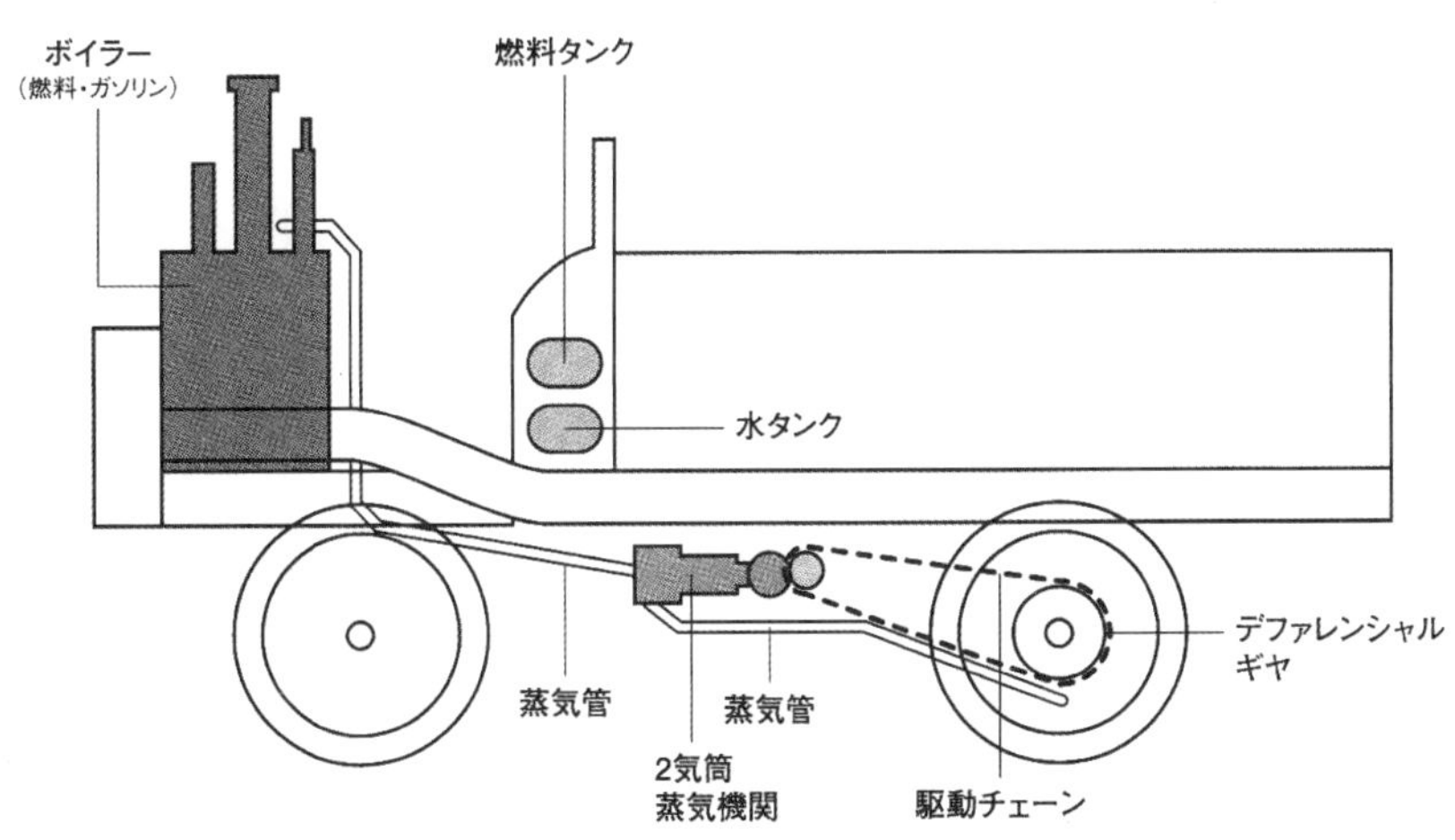

写真 32：山羽式蒸気自動車構造図

八幡製鉄所が操業を開始したばかりで、まだ国産では品質の良い鉄が手に入らない時代です。在来のたたら鉄を利用したかも知れませんが、エンジンのような高い圧力や衝撃に堪える鋳物を作る技術も含めて、本当に大変だったと思います。溶接も、日本では明治末頃に長崎造船所や東京砲兵工廠で、欧米からの導入で使用が始まっていますが、利用が広まるのは大正末~昭和初期頃からとされていますから、蒸気鑵製作もリベット止めかボルト止めしかなく、これでは水や蒸気が漏れてしまい、「以外の良い成績だった」とありますが、持続的な出力は出なかったのではないでしょうか。

フレームとボディーは木製とあります。仕様概略と写真（写真31）を見ますと、確かに木製の車体に、竪型蒸気鑵と車体下部に後輪チェーン駆動の蒸気機関（エンジン）、前輪サスペンションは車軸にリーフ・スプリング（板バネ）とコイル・スプリングの併用、タイヤはスポークリムにソリッド・ゴムタイヤ、方向舵（ハンドル）はバーハンドルなどが分かります。この図（写真32）はトヨタ博物館で模型を作るときに作った構造図なのですが、前部に竪型蒸気鑵があって、そこで発生した蒸気を蒸気エンジンに送って、チェーンで後輪を回して動かすというかたちになります。ちゃんとサスペンションもついていますし、ブレーキは確認できませんが、一応、自動車としての構造はできているとみて良いでしょう。

この図（写真33）は、現在、函館に残っている日本で最初に輸入されたロコモビルの蒸気自動車（写真12）のボイラー系統図になるのですが、山羽さんも大体これと同じものを作られたのではないかと思います。これは当時の米国スタンレーという蒸気自動車のエンジンです(写真34)。山羽式も2気筒ですから、これと同じ2気筒のエンジンがあって、これがボイラーで、このバーナーで水を沸かします（写真35・36）。ボイラーに穴がいっぱいあいていますが、この中を熱風が流れて、ボイラーに入っている水を蒸気に変えるわけです。実はエンジンよりボイラーの方が、技術的には難しいのです。ボイラーには、熱や蒸気の圧力が直接加わりますし、高い製作技術が必要で、蒸気機関の発明者と言われるワットでさえ、圧力のかかるボイラーの製造が難しく、蒸気圧ではなく大気圧機関として利用しているのです。

しかし汎用的な蒸気罐と蒸気機関を作ることは、先ほど言ったように明治30年代であればもうすでに、国内でもある程度の物は作れる状況にはあったと思います。ただ難しいのは、大きな力を連続的に出そうとすると、かなりの蒸気量や圧力を高めなければいけないので、強度も必要で大型化し重くなります。しかし自動車の場合は、人や荷物を載せなければなりませんから、エンジン自体はできるだけ軽く小さく作らなければなりません。おそらくそこに非常な難しさがあって、中根鉄工所でもな

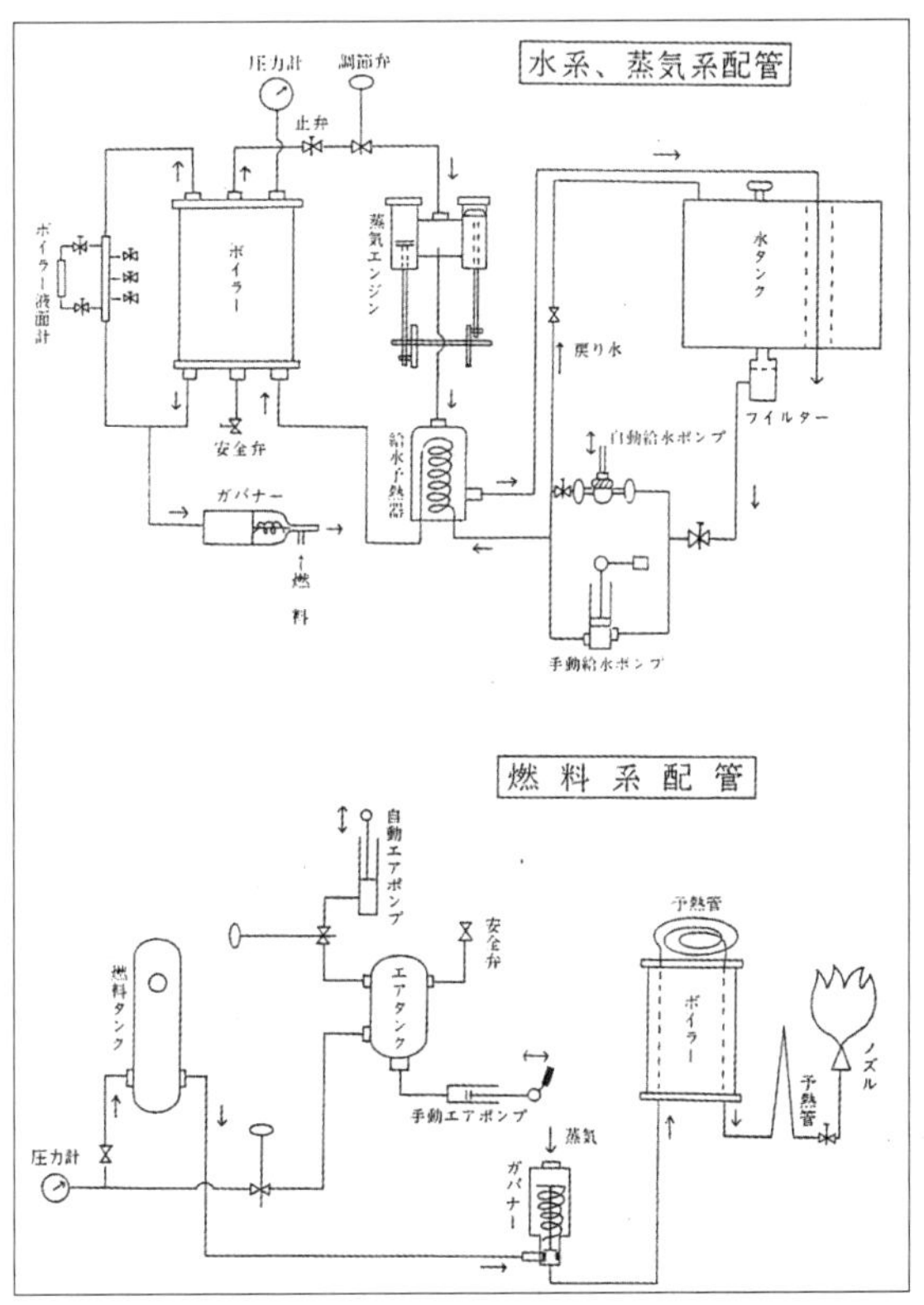

写真33：ロコモビル蒸気自動車フロー図

Stanley boiler. The shell and the lower head are of one piece of pressed steel. The upper head, the shell, and the ring are welded together by the oxyacetylene process. The tubes are reenforced at each end with steel bushings. The bands indicated in the cut are of thin brass, to hold in place the half-inch sheet asbestos insulation

写真 35：スタンレー式ボイラー

View of Stanley engine, obliquely from above. Showing main bearing, eccentrics, link motion, baffle-plate, "hooking-up" device. There are but thirteen moving parts in the Stanley engine

写真 34：スタンレー式蒸気エンジン

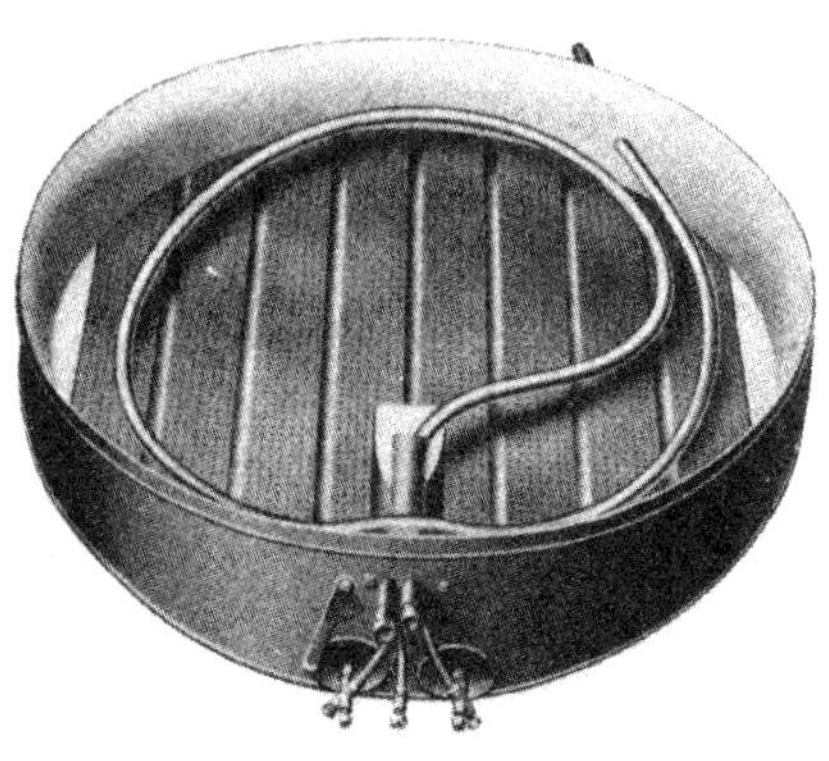

Stanley burner, showing vaporizer and mixing tubes. A drilled cast-iron plate completely encased. In effect a huge bunsen burner, giving perfect combustion

写真 36：スタンレー式バーナー

かなかうまくいかなかったのではないでしょうか。それを最終的に自動車としてまとめ上げたのが山羽さんだったのではないかと思います。

1904（明治37）年5月7日、完成した山羽式蒸気自動車の試運転が行われました。その様子を『日本自動車工業史稿』は、「予定の9時になると県の内務部長、同保安課の検査担当官光山宗義技手が立ち会いのもとに、製作者山羽氏の運転で轟音と共に、試運転のスタートが切られた。沿道の両側からは知らず知らずに拍手と歓声が湧き起こった。そうした中を自動車は荒神町を北に向かってゆるやかにすべり出し、次第に速度を増して群衆の立ち並ぶ街を西大寺町通に向けて疾走し、見る見るうちに自動車の姿は小さくなって行った。これこそ、日本で最初に作られネジ1本まで山羽氏苦心の汗がにじむ、記念すべき純国産の自動車であったのである。事業のスタートにおいて吉田、内山氏の自動車と話は前後するが、国産俗称タクリー号よりも早く、蒸気式ではあるが純国産の第1号である。これが郷土の人々にとって、どれほど感慨の深いものであったか今さらいうまでもない。やがて、その車は西大寺町を抜けると東に曲がって進み、旭川にかかる橋を渡って川東を南下して、川尻に当たる三蟠村までが当日の予

写真 37：晩年の山羽虎夫

定する試運転コースであった。しかし、車が旭川に達して京橋を渡りかけると、古い木橋のデコボコがひどく所々ふくれあがっていた。この自動車は山羽氏の考案でリムにソリッドタイヤを四ヵ所でボルト締めとしたのにもかかわらず、困ったことに走ればタイヤが伸びて波打ち、車輪からはずれかかるのをどうすることもできなかった。そんなぐあいでは川東へ抜けることすら困難であったが、休み休み時間をかけてやっと京橋を渡り終えた。さらに、川東を南下する道路も悪く、伸びて揉みくちゃになりがちなタイヤをいたわるように、山羽氏はのろのろと三蟠村江並まで約10キロの道をやっとの思いでたどり着くことができ、当日の試運転はなんとか終えたのである。江並には自動車を注文した森房造氏の家があり、同家の付近で森氏一家が乗車する記念撮影も終え、そのまま森家へ納入されたわけである。」と記述しています。

蒸気エンジンは、ガソリンエンジンのように爆発音はしませんから、「製作者山羽氏の運転で轟音と共に、試運転のスタートが切られた。」というのは違うかと思いますが、「日本で最初に作られネジ1本まで山羽氏苦心の汗がにじむ、記念すべき純国産の自動車である」のは、述べてきたように、その通りかと思います。そして一番の問題がソリッドタイヤだったとあります。しかしタイヤ以外にも問題があったかと思います。それは先ほど述べたように、簡単な構造の多管式ボイラーで、自動車に搭載するために小型化したものでは、自動車を動かすのに十分な蒸気を連続的に発生させるのがかなり難しいと考えられるからです。欧米では、自動車用に軽量なフラッシュボイラーのようなパイプに直接水を流して加熱し、瞬間的にたくさんの高圧の蒸気を発生できるようにしたものもありましたけれども、高圧化は製造技術的にも難しく、日本では作れません。「休み休み」とありますが、ボルト止めで作ったボイラーの漏洩もありますし、蒸気発生が追いつかず、圧力が低下してしまい、蒸気が溜まるまで自動車は動かなくなったということでしょう。しかしタイヤや蒸気の問題はあったとしても、山羽式蒸気自動車は間違いなく完成して走ったのだと、私は思います。山羽式蒸気自動車と森氏一家の記念写真が、その事実を伝えているのではないでしょうか（写真31）。

途切れることなく続いた国産自動車への挑戦

最後に、山羽さん以後の国産自動車製作について、少しお話ししたいと思います。1903（明治36）年の内国勧業博覧会で起こった自動車ブームは国内各地に広がり、明治末には山羽さんに続いて国産の自動車を製造しようという試みが始まりました。山羽さん以降の明治期の国産自動車製作について表にまとめてみました（表2）。前に述べた吉田真太郎と内山駒之助の「タクリー号」、林茂木の「国末1〜4号」（写真38）や「東京カー」（写真39）、宮田栄助（前述の政治郎で2代目の宮田栄助）の「旭号」（写真40）などが明治末に相次いで製作されています。すべてガソリン自動車で、タクリー号を除けばエンジンも含めて国産になります。その一つである宮田栄助の「旭号」についてご紹介しましょう。

日本で1917（大正6）年に万国博覧会を、という計画がありました。しかし万博ともなれば、諸外国より大勢の人がやってきます。その実現に奔走した第一生命保険相互会社社長の矢野恒太は、一流国としての評価を得るには、「運搬交通の機関として従来の人力車ではどうも不便であるし、また人が馬のように働く人力車ばかりでは外国人に対する面目上余り面白くない」（『自動車』1918年9

月号）ということで、自動車を使えないかと考えました。その実現の相談を受けたのが、東京高等工業学校（現東京工業大学）校長の手島精一です。ちなみに手島精一は、前職で現在の国立科学博物館の館長を務めていました。その彼が紹介したのが、宮田製作所です。宮田製作所は、１８８１（明治14）年に初代宮田栄助が江戸時代からの家業である鉄砲製造の宮田製銃所を東京に創業したことに始まり、１９０２（明治35）年に製銃の技術を活かした自転車製造を専門とするようになっていました。新しい乗物である自動車製作に興味を示した2代目宮田栄助は、同校教授の根岸政一を顧問として指導を仰ぎ、１９０９（明治42）年に空冷ホリゾンタル（水平対向）２気筒エンジンの２人乗り４輪小型旭号自動車を試作したのです。その後、１９１１（明治44）年に４人乗りの試作2号車を製作し、さらに１９１３（大正２）年末に東京高等工業学校出身の技術者により、水冷直立2気筒エンジンの４人乗り小型自動車を完成させました。この自動車を、翌１９１４（大正３）年に上野公園で開催された大正天皇ご即位奉祝の東京大正博覧会に出品し、銀賞を受賞しています。旭号以外の国内製造自動車の出品も、

写真 38：国末第１号車

諸元
12馬力水平対向2気筒エンジン、FRチェーンドライブ
空冷水平対向2気筒2人乗り
８馬力２気筒４人乗り
9馬力2気筒2人乗りと18馬力4人乗り・26馬力6人乗り4気筒
3輪自動車

表2：明治期国産自動車製造リスト

写真 39：東京カー

写真 40：旭号

岸一太（東京自動車製作所）の乗合自動車、嶺辰三郎の嶺式自動車、快進社のDAT号自動車、東京高等工業学校製自動車など、意外に多かったのですが、「然れども、其いづれもが低級の自動車」で、審査員の根岸政一もまだまだ嘆くレベルだったようです。しかし山羽さんのように、独力で自動車製造を行おうとしたレベルから、ようやくある規模を持った企業が専門知識を持った学者や技術者を動

年代	製作中心者	会社名	名称
明治40(1907)年	吉田真太郎・内山駒之助	東京自動車製作所	タクリー号
明治42(1909)年	山田米太郎・林茂木	山田鉄工所	国末第1号
明治42(1909)年	宮田栄助	宮田製作所	旭号
明治43(1910)年	林茂木	国末(築地)自動車製作所	国末第２～４号
明治44(1911)年	林茂木	東京自働車製作所	東京カー（8台製造
明治44(1911)年	桜井藤太郎	斑目鉄工所	小型軽便車
明治45(1912)年	嶺辰三郎		東洋自働車

員して、自動車に取り組む状況が出てきたのです。国も1918（大正7）年3月には「軍用保護自動車補助法」を出し、主にトラックの国内自動車製造を資金援助し、バスなどの民間交通輸送も各地で盛んになるなどの需要の追い風も吹いてきました。1922（大正11）年に開催された大正平和博覧会になると、国産自動車の出品は明確に企業中心となっています。石川島造船所深川分工場（現在のいすゞ自動車）の国産「ウーズレー」乗合自動車、東京瓦斯電気工業（日野自動車）のTGE自動貨車、快進社（日産自動車）のダット自動貨車、三菱内燃機（三菱自動車）の7人乗り自動車、実用自動車製造（日産自動車）のゴルハム実用自動車、白楊社のアレス乗用自動車などです。それら企業は、今日の自動車メーカーに直接的に繋がっていくことになります。

ところで自動車に関する専門的な知識や技術について、学問的には当時どのような状況だったのでしょう。実は、自動車が日本の大学などで学問として扱われるようになったのは戦後になってからなのです。昭和30年代になってやっと工科系を持つ大学に自動車工学の講座を開くための準備が始まっています（写真41）。今では信じられないかもしれませんが、長い間自動車は工場での現場作業の中で設計、製作されてきたのです。航空機が早くから学問体系化されたのとは対照的です。当時の学問上ではまだ蒸気機関が最も重要なものであり、ガス機関や石油機関のような内燃機関を研究する者はごくわずかだったようです。自動車の主要要素であるガソリンエンジン、内燃機関に関する講義は、『東京帝国大学学術大観』によれば明治40年頃から内丸最一郎教授が始めたとしていますが、それは1911（明治44）年に明治天皇の御料車選定の調査依頼があり、自動車が帝大のみならず各所で対応しなければならない存在になったことが大きな理由かと思います。とはいっても先生方にすれば、対象

自動車工学科・講座内容　（原案）

昭和３４年１２月　　　　東工大・日大・自動車工学科創設発起人会

1　自動車走行理論 ------------ 加速性，制動性，空力特性等の理論
2　自動車運動力学 ------------ 安定性，操縦性，運動性，人間工学等
3　自動車振動学 ------------ 振動理論，乗心地性，バネ及び懸架装置
4　自動車構造強度学 ------------ 構造力学，特にモノコック構造
5　自動車伝達機学 ------------ 変速機，トルクコンバーター差動歯車等
6　自動車原動機学第一（容積型） ------------ ガソリン機関，ディーゼル機関
7　自動車原動機学第二（流動型） ------------ ガスタービン機関
8　空気支持自動車工学 ------------ 空中自動車エアカー・ホーバークラフト・ヘリコプター等
9　自動車　設計学 ------------ 綜合性能，綜合構造，形態学等
10　自動車　艤装学 ------------ 保安機構，室内装備等
11　自動車　補機学 ------------ 電気装置，エレクトロニクス関係
12　自動車　工作学 ------------ 単作工作，塑性加工，ケズリ加工，熔接学等　鋳造
13　自動車　生産学 ------------ 多量製産方式，工場管理等
14　自動車　金属材料学 ------------ 構造材料，機関材料

（以上１４講座）

写真 41：自動車工学科 講座内容（原案）

は国産ではなく購入される欧米車でしたから、性能の把握や整備が必要なエンジンぐらいを研究すればよかったわけです。

実はその際に東京帝国大学で用いられたエンジンが国立科学博物館に残されています。英国クロスレー社製作のオットー・4サイクル・ガス・エンジン、英国トラステー社の4サイクル石油エンジン、英国ヘイワード・タイラー社のスターリング・エンジンの3台です。この3台のエンジンは1887（明治20）年前後に英国から輸入されたもので、2台は今日のガソリン・エンジンの原型であり、スターリング・エンジンは、内燃機関に対して外燃機関と呼ばれるものです。『明治工業史　機械編』に、「明治15年に工部大学校（現在の東京大学工学部）にオットー瓦斯機関が初めて購入され、実験に使用された。」とあるものです。欧米でも蒸気機関全盛の時代に、いち早く最新のガソリンエンジンが研究用に導入されていたのです。

このエンジンを使って、東京大学に残されている工科大学卒業論文中、内燃機関に関する論文で最も早いのは、1895（明治28）年の湯浅藤市郎の「Petroleum Engine」、1896年の横井実郎の「Practical Oil Engine」、1897年の城与三郎「On Gas Engine」、1900年の根岸政一「Some notes on Oil Engine」が散見されます。当時毎年40名前後の卒業生中、内燃機関を選択するものは1、2名で、まだ内燃機関は主流の蒸気機関学の補足であり、まして自動車工学など言わずもがなの状況だったようです。内燃機関を卒論に選んだ最初期のひとり、根岸政一は卒業後に東京高等工業学校（現東京工業大学）の教師となり、先ほどの宮田栄助の自動車作りを指導しています。また1922（大正11）年からは東京帝国大学でも内燃機関について教えています。その教えを受け、後を引き継いだのが、後にトヨタ自動車の副社長となった隈部一雄です。ちなみに隈部は豊田喜一郎の同級生です。1927（昭和2）年に隈部助教授は、帝大内に自身設計の自動車性能試験装置を設置し、当時の国産自動車4台の性能試験を実施しています。「TGE自動貨車」は今の日野自動車で、「ウーズレー」は今のいすゞ自動車、「ダット貨車」は後にいすゞと日産に引き継がれます。そして「オートモ号」を生産していた豊川順彌の白楊社は無くなってしまいますが、そこで育った技術者には後に「くろがね」を創業した蒔田鉄司やトヨタ自動車で最初の試作車を製作した池永羆らがおり、その国産化の意思は次へと引き継がれています。

おわりに

ご紹介してきたように、日本では山羽さんから始まって、明治、大正、昭和、平成、現在まで絶えることなく自動車作り、国産化への挑戦が行われてきました。その点から考えると、日本の自動車産業は山羽さんの1904（明治37）年から120年近くにもなるのです。これほど古くから自動車作りを行ってきた国は、欧米以外では日本だけになります。今、世界的に自動車大国日本と言われているのは、このような自動車作りへの挑戦が欧米と同様に長く続いてきたからこそと思います。その最初の一歩が山羽さんの自動車作りだったのです。

今日、講演をさせていただいているこの建物の名称は「イノベイティブ・メディアセンター」だそうですが、技術革新や創造性をどう実現していくか、世界的な競争の中で、今、私たちは大変苦労しています。しかし山羽さんらの事績を想えば、教育者で日本人の精神を著書『武士道』で世界に紹介

した新渡戸稲造の言う「古（いにしえ）の　先行く人の　跡見れば　踏み行く道は　紅いに染む」ではないでしょうか。先人たちの苦労があり、その先に今があるわけです。私たちの苦労の先にも、同じように希望が持てる未来があるのではないでしょうか。先ほど学生さんたちが作った山羽式蒸気自動車模型を、入り口ロビーで拝見しましたが、ぜひ山羽さんのように、いろいろな苦労に挑戦してみてほしいと思います。その先はきっと紅に染まっています。

先人の苦労や事績を知ることは、自分たちにとっては自信に繋がり、また他や日本を知らない海外の人たちの信頼を得る大きな手段になります。自分のことを語れない者を人は信用しないと思います。山羽さんのやられたことが、地元だけでなく広く顕彰されて、内外の自信と信頼、さらにその先に繋がっていくことを願っております。

講演を受けて

造形作家　山本よしふみ

国立科学博物館
産業技術史資料情報センター長　鈴木一義

司会
RSK山陽放送アナウンサー　奥富亮子

司会：皆様からご質問をお寄せいただいておりますので、お答えいただきます。恥ずかしながら、私も岡山に住んでいながら初めて聞くお話がたくさんありました。まず鈴木先生への質問です。「見たこともない自動車をよく作れたなと思うのですが」ということです。先ほどは技術に興味があるのではないかという話もなさっていましたが、技術者としての山羽さんの力量はどれくらいのものだったのでしょうか。

鈴木：山羽さんは、お話し致しましたように、小学校を卒業した14歳から20歳で岡山に戻るまでに、自分の意思で、横須賀造船所とか沖電機、電気試験所など、当時の最高の場所で、最新の知識や技術を学んでいます。その知識や技術、そして経験は、かなりのものだったと思います。そして自動車のような未知のものに挑戦した行為からは、商売よりも技術に心を引かれる山羽さんの性格が伺えます。歴史に「たられば」はないのですが、もし山羽さんが岡山に残らず、再度、東京に出ていたら、商才はもちろん必要ですが、田中久重や沖牙太郎のような起業家になっていたかも知れませんね。

司会：どちらかというと、商売よりも、技術者として力を究めておられた方と認識してもいいのでしょうか。

鈴木：そうですね。当時の地域の中心となる人たちの考え方として、高い道徳観や倫理観で地域や人々を守り、助けようとする武士道的精神があったかと思います。例えば「故郷に錦を飾る」ということは成功して帰って来るというイメージですが、山羽さんの場合は身につけた知識や技術を故郷に持ち帰り、それを故郷のために役立てることを選ばれたのではないかと思います。山羽電機工場を立ち上げ、技術で地元に貢献されたのではないでしょうか。

司会：全国的なレベルの技術を学んで、さらにそれを岡山で活かしたいという思いを持っておられたということなんでしょうか。

鈴木：明治期に殖産興業を推進した前田正名という人物がいますが、彼は「今日の急務は国是、県是、郡是、村是を定るにあり」と言っています。地域がしっかり地域のことを考え発展することが、国を発展させるというものです。グンゼという会社がありますが、この前田正名の言葉から設立された会社で、地域のために製糸産業の振興と人材の育成を社是として、今日まで続いています。山羽さんも持っている知識や技術を、岡山における自動車の利用や、先ほど山本さんがご紹介された片山儀太郎さんを初めとした電話の普及とか、地元の発展のために使われたということだと思います。

司会：そこには片山儀太郎さんともお互いにつながりがあったと……。

山本：それについては、先ほども楽屋でちょっと話していたことなんですよ。お互いにビックリして、ひょっとしたら本当にそうだったのではないかと。

鈴木：当時の新聞広告（75ページ参照）にもあるように、山羽さんは電話製品やそれを扱う技術を持っており、岡山で同じようなことができるところは多くはなかったはずです。その利用やメンテナンスなどを考えれば、岡山でも一番に電話を引いた片山儀太郎さんと山羽さんの面識はあったと思います。

司会：そうですよね。そこにつながりがあったということも、本日の新しい発見ということになりますね。

さて、それでは片山儀太郎について山本先生に伺います。これまで調査、研究をなさって、「片山儀太郎という人の人物像や性格はどうだったと思われますか」というご質問です。

山本：大変難しい質問ですが、儀太郎さんが大阪で過ごした時代には、頻繁に岡山に帰ってきておられます。長寿を全うされて先年にお亡くなりになったお孫さんの清子さんに、直接お話を聞きましたが、大阪から帰ってくるたびに、孫の自分のために非常に安物の玩具を買ってきたそうです。でも、それがおじいちゃんの愛だったのかもしれないと、話されていました。当

片山儀太郎似顔絵

時の玩具がどのようなものだったか分かりませんが、子どもの眼でもキラキラするだけのものなのに、それをわざわざ大阪から持ち帰ってくるところが、おじいさんとしての儀太郎さんの、金銭判断ではない愛情の濃さを感じましたね。

司会：今日のお話で、どんどん商売を広げていったということでしたので、「ザ・ビジネスマン」のようなイメージの方でしょうか。

山本：あまり長々とは話しませんが、義侠の人かなという気がします。当時の風俗として職人は背にクリカラモンモン（刺青）を入れ、それが職業上のステータスという一面もあって、ある種の気質というか、プライド、こだわりを持っていらっしゃる方が多かったようです。そういう方々とどう付き合い、どう導くか、幼い頃より気難しい水手や木挽き職人達と接し、そのあたりの加減をよくよく承知されていたのが儀太郎さんだったという気がします。厳しく接することもあるが、相手の面目も踏まえての、常に愛情が矢面にある交際術を持った人だったと思います。亜公園での地域への協調という点でも、その義侠的精神がよくはたらいて、自分の見解とともに他者の言葉も聞き入れられる、度量が大きい人物だったように思います。岡山銀行大阪支店の不祥事に際しても、責任を他者に押しつけず、御自身のなかにおさめられました。

司会：先ほどの相関図を見ても、いろいろな分野の方とつながっていて、人心を掌握するのが上手な方だったのかなと思われますね。

山本：そうですね。必ずしも派手な人ではなかったとは思うのですが、亜公園が出来上がって数年は、船着町の自宅から馬に乗ってポコポコと通っていたという話がありますから、ある種、同園の開設は誇らしい気持ちがあったのだとは思います。

司会：今日のお話で、少々アウトロー的な感じの素敵な方だったのかなという印象を持ちました。

それでは続きまして鈴木先生、「山羽虎夫さんは、日本の自動車の歴史上、どのように評価されているのでしょうか」というご質問です。

鈴木：現在、日本で最初の国産自動車は何かとなれば、まず山羽さんの蒸気自動車というのがほぼ定説になっていると思います。また講演でお話ししましたように、当時の日本の技術力で、民間で蒸気自動車を試作したということの意味

山羽自動車製作から50年
復元模型の製作を見守る山羽（中央）1954年

は、欧米と比較しても大きいと思います。欧米でも、民間の技術者であるダイムラーやベンツが、自作のガソリンエンジンを搭載した自動車を作り、それが社会的に受け入れられる中で今日まで発展した訳ですが、ガソリン自動車以前に仏国のキュニョーが三輪蒸気自動車を試作し、英国でトレビシックが実用の蒸気機関車や蒸気自動車を製作しています。しかしいきなりガソリン自動車が主流になるのではなく、蒸気自動車、ガソリン自動車、電気自動車の技術的競争が行われています。

日本ではこの競争に勝ち残ったガソリン自動車が輸入され普及したのですが、それは明治期の日本社会がきちんと選ぶべき物を選んで輸入、導入していたということで、その優劣に関して技術的な理解があったということでしょう。明治以前に蒸気機関を試作し、その理解が明治以降の近代化、技術導入に役立ったことをお話ししましたが、山羽さんの蒸気自動車製作も、ダイムラーやベンツに至る技術水準や社会的な利用認識が当時の日本にあった事を示している点で、日本のというより、欧米を中心とした世界の自動車史の中において、貴重な事実として評価できるかと思っています。

司会：先ほどのお話ともつながるのですが、「技術開発に対する情熱や思いはどのようにご覧になっていますか」との質問に対して、「故郷に錦を飾る」という言葉もありました。もっと評価されてもいいのではないかと岡山県人としては思うのですが、まずはもっと地元で顕彰するような場面があってもいいのではないかと思いますよね。今日のシンポジウムもそうなんですが、それについてはいかがでしょうか。

鈴木：日本は現在、国内外ともに認める世界有数の自動車大国です。しかしその発展の過程、歴史は驚くほど知られていません。申し上げましたように、日本における山羽さんの蒸気自動車試作は、世界の自動車史的にも評価できると考えています。その事実を内外に、世界に知らしめることは、自動車大国日本を言うのであれば必然のことではないでしょうか。まず何事も地元からですので、ぜひ岡山からもっと発信していただければと思っています。

山羽虎夫似顔絵

司会：鈴木先生が最後におっしゃっていた、先人の偉業に思いをはせ、さらに今の人たちも努力をしていくということにつながってくるのではないかと思います。

そのことと少し似た感じではありますが、山本先生、片山儀太郎さんは、「日本で初めてテーマパークを作られたということですが、これはすごいことではないでしょうか。岡山に日本初のテーマパークということなのに、なぜ、あまり知られていないのでしょうか」というご質問です。

山本：菅原道真をテーマにしたということを強くアピールしなかったことが挙げられます。例えば、今私が運営するならば、テレビ放送でCM等も流してPRをするのですが、そういうことはされなかったようです。当時の感覚では自明だろうという気分が濃くあったのだろうと思います。それが一点と、基本的に亜公園そのものが、短命でした。存続期間はたった13年しかなく、しかも多くの郷土誌には5年とか9年しか無かったとか書かれていたりしますから、私はそれが悔しくてこうやっていろいろなところでしゃべっているのです。でも、たった13年です。そして、その後に大きな戦争が起こり、激動の時代に入っていったので、天神山界隈は全部焼けてしまいました。そのため、片山家にも当時の資料は一切ありません。

そういったことなどで、多くの人たちから、亜公園の存在の記憶というものが散在してしまったというのが私の考えです。

司会：今のテーマパークやショッピングモールと寸分違わないものがあったのだということで、皆さんにも思いをはせていただき、学びのきっかけにしていただけると素晴らしいかなと思います。

このほかに多数の質問をいただいているのですが、お時間となりましたので、これで質問コーナーを終わらせていただきます。

鈴木先生、山本先生、今日は大変素敵なお話をお聞かせいただきました。本当にどうもありがとうございました。

図版所蔵・提供一覧　講演1

10頁　写真1：片山儀太郎　岡山古写真DB委員会蔵
11頁　図①：『岡山亜公園之図』を元にした復元模型　Apollonia Paper Model蔵
　写真2：岡山亜公園之図　岡山市立中央図書館蔵
12頁　写真3：岡山市　中央に亜公園の集成閣　宮内庁書陵部蔵
　写真4：集成閣　岡山県立記録資料館蔵
13頁　図②：南側左空白部に現在は甚九郎稲荷　Apollonia Paper Model蔵
　図③：県庁側から見た亜公園　Apollonia Paper Model蔵
15頁　図④：菅野家(想像復元)　Apollonia Paper Model蔵
　図⑤：菅野家正面　Apollonia Paper Model蔵
17頁　図⑥：天神座と汁粉屋・寿司屋　Apollonia Paper Model蔵
　図⑦：岡山初？　ショッピングモール　Apollonia Paper Model蔵
18頁　写真5：如水軒で撮った写真とケース(右)　個人蔵
　図⑧：券番処付近　左建物は如水軒(写真館)　Apollonia Paper Model蔵
19頁　写真6：『岡山亜公園之図』(部分)　岡山市立中央図書館蔵
20頁　図⑨：天満宮と集成閣　Apollonia Paper Model蔵
21頁　図⑩：集成閣から見た天満宮　Apollonia Paper Model蔵
　図⑪：天神茶屋　Apollonia Paper Model蔵
22頁　写真7：硯岩　山本よしふみ氏提供
　図⑫：園内商店の集積イメージ　Apollonia Paper Model蔵
23頁　写真8：岡山神社　宗教法人岡山神社蔵
25頁　写真9：『亜公園漫録』　国立国会図書館蔵
26頁　写真10：三好野花壇ホテル　岡山古写真DB委員会蔵
27頁　写真11：梅鉢紋灯籠　山本よしふみ氏提供
　写真12：三好野花壇付近に置かれた案内　山本よしふみ氏提供
29頁　写真13：片山邸(土庄町指定有形民俗文化財)　土庄町教育委員会提供
　写真14：片山愛樹園のソテツ(香川県指定天然記念物)　土庄町教育委員会提供
30頁　表1：片山儀太郎関連年譜　山本よしふみ氏作成
32頁　写真15：開業間もない山陽鉄道　DOWAホールディングス株式会社提供
　写真16：山陽鉄道岡山停車場の図(山陽新聞、1891年3月24日付)
33頁　写真17：『岡山懸地主録』　岡山県立図書館蔵
34頁　写真18：中上川彦次郎　国立国会図書館蔵
　写真19：渋沢栄一　国立国会図書館蔵

写真20：大倉喜八郎　国立国会図書館蔵
35頁　写真21：岡山貯蓄銀行本店　『中国銀行50年史』より
36頁　写真22：大洪水で壊れた堤防（岡山市石関町）　岡山市立中央図書館蔵
37頁　写真23：当時使われていたガワーベル電話機　西日本電信電話株式会社提供
39頁　写真24：岡山銀行の貸借対照表（１９００年）　岡山県立図書館蔵
40頁　写真25：山陽商業銀行の定款　岡山県立図書館蔵
42頁　写真26：岡山警察署　岡山古写真ＤＢ委員会蔵
43頁　写真27：岡山警察署のレンガ遺稿　山本よしふみ氏提供
写真28：岡山県立戦捷記念図書館　岡山県立記録資料館蔵
44頁　写真29：岡山県議会議事堂　岡山市立中央図書館蔵

図版所蔵・提供一覧　講演2

47頁　写真1：山羽虎夫胸像　鈴木一義氏提供
48頁　写真2：『自動車の岡山』　岡山県立図書館蔵
50頁　写真3：若い頃の山羽虎夫　個人蔵
写真4：「東京名所従京橋銀座通煉瓦石附汐留蒸気車遠景図」　個人蔵
51頁　表1：山羽虎夫関連年譜　鈴木一義氏作成
53頁　写真5：赤羽工作局製造機械品目（蒸気トレーラー）　国立国会図書館蔵
55頁　写真6：「横須賀港一覧絵図」　個人蔵
57頁　写真7：時事新報第千八百号付録（１８８８年1月11日）
59頁　写真8：タクリー号（大日本ビール）　日本自動車工業会蔵
60頁　写真9：可真町山羽工場跡地　鈴木一義氏提供
63頁　写真10：日本初渡来のパナール・ルヴァッソール自動車（「LA FRANCE AUTOMOBILE」誌　１８９８年４月16日号）　トヨタ博物館提供
写真11：ウッズ電気自動車　『古河潤吉君傳』より
66頁　写真12：川田男爵のロコモビル　THE DANSHAKU LOUNGE蔵
67頁　写真13：モータ商会&カタログ写真　個人蔵
写真14：モータ商会&カタログ写真（電気瓦斯のハイブリット自動車）　個人蔵
68頁　写真15：上野公園で行われた日本最初の自動車レース　個人蔵
69頁　写真16：第5回内国勧業博覧会　個人蔵
70頁　写真17：第5回内国勧業博覧会　アンドルイス&ジョージ館　個人蔵
写真18：アンドルイス&ジョージ館　トレド製インターナショナル蒸気自動車　個人蔵
写真19：アンドルイス&ジョージ館内配置図　個人蔵

71頁　写真20：三井呉服店絵はがき（配送用クレメント自動車）　個人蔵
72頁　写真21：山羽電機工場広告（山陽新報　1902年4月19日）
73頁　写真22：二井商会・ロコモビル蒸気自動車　日本自動車工業会蔵
74頁　写真23：山羽式自動車広告（山陽新報　1905年9月19日）
　　　写真24：山羽電機工場　『電業者一覧（明治43年版）』より　国立国会図書館蔵
75頁　写真25：山羽電機工場電話機広告（山陽新報　1903年11月3日）
76頁　写真26：第9286号揮発油瓦斯機関」特許明細1ページ目（1905年8月24日）
　　　写真27：第9286号揮発油瓦斯機関」特許明細付図（1905年8月24日）
78頁　写真28：佐賀藩蒸気機関・X線透過写真」　鍋島報效会蔵・東京文化財研究所撮影
80頁　写真29：『遠西奇器述（蒸気図）』より　個人蔵
82頁　写真30：蒸気機関と構造『富岡全書 蒸気機関篇』より　個人蔵
84頁　写真31：山羽式蒸気自動車と森一家　日本自動車工業会蔵
85頁　写真32：山羽式蒸気自動車構造図　『100年前の自動車』トヨタ博物館1998
87頁　写真33：ロコモビル蒸気自動車フロー図（「蒸気自動車ロコモビルS2」『自動車工業』1980.6-1981.5、日本自動車工業会、伊丹政太郎）
88頁　写真34：スタンレー式蒸気エンジン『THE STORY OF A STANLYEY STEAMER（1950）』
　　　写真35：スタンレー式ボイラー『THE STORY OF A STANLYEY STEAMER（1950）』
　　　写真36：スタンレー式バーナー『THE STORY OF A STANLYEY STEAMER（1950）』
89頁　写真37：晩年の山羽虎夫　個人蔵
92頁　写真38：国末第1号車　日本自動車工業会蔵
　　　表2：明治期国産自動車製造リスト　鈴木一義氏作成
93頁　写真39：東京カー　日本自動車工業会蔵
　　　写真40：旭号　日本自動車工業会蔵
95頁　写真41：「自動車工学科 講座内容（原案）」　個人蔵

図版所蔵・提供一覧　講演を受けて

104頁　山羽自動車製作から50年　復元模型の製作を見守る山羽（中央）1954年　個人蔵

海と山を変えた男　藤田傳三郎

藤田傳三郎　（ふじた・でんざぶろう　1841〜1912）

長州・萩の酒造家の四男に生まれた藤田傳三郎。1869年大阪に出て、軍靴製造や人夫を調達する用達業、トンネルや橋梁などの土木建築事業を興す。小坂鉱山（秋田）を技術革新によって日本有数の鉱山に成長させる。岡山では、1899（明治32）年、児島湾干拓事業を手掛け、「泥の海」での難工事を克服して3000haの新しい大地を生み出し、山陽鉄道や柵原鉱山も手がけた。

藤田は関西を中心に鉄道、紡績、電気、新聞など近代化を象徴する日本の基盤事業に取り組み、関西財界に重きをなした。一方で藤田は、明治維新を機に歴史的な仏教美術品の多くが海外に流出していることに危機感を覚え、私財を投じてこれらを収集するなど文化振興にも尽くした。

扉／DOWAホールディングス株式会社提供

講演1

児島湾干拓の大恩人・藤田傳三郎の事績
〜開墾は生涯の基業

松陰神社宝物殿至誠館館長
樋口尚樹（ひぐち　なおき）
山口県萩市出身。山口大学文理学部文学専攻科を修了。専門は日本近世史。萩市文化財保護審議会委員、史都萩を愛する会理事を務める。著書に『日本の近代を拓いた萩の産業人脈』『藤田美術館の名宝』など。共著に『萩市史』など。

はじめに

樋口尚樹と申します。今日はよろしくお願いいたします。吉田松陰を祭神としてまつっている山口県萩市の松陰神社からまいりました。

それでは早速お話に移らせていただきます。今日は「児島湾干拓の大恩人・藤田傳三郎の事績」という演題でお話しします。

藤田傳三郎は先ほどの紹介でもありましたように、萩の出身です（写真1）。しかし、今は萩の中で傳三郎の名前を知っている方は、残念ながらほとんどおりません。一方、岡山では児島湾干拓を行った人ということで有名ですよね。私は中学校時代の地理の授業で、「児島湾干拓」というのを初めて知りまして、興除村、藤田村という二つの村の名前を、今でもしっかりと覚えています。でも、この藤田村というのが藤田傳三郎とつながりがあるというのは、その時には全く思いもつかず、分かりませんでした。

写真1：藤田傳三郎

私は、今は松陰神社に勤務していますけれど、その前は萩博物館で学芸員をしておりました。私が傳三郎と出会ったのは、今から9年前に傳三郎の生誕170年記念で、「日本の近代を拓いた萩の産業人脈―藤田傳三郎とその時代―」という展覧会をいたしました。傳三郎だけではなくて、傳三郎のおいの久原房之助、彼はJX金属（旧日本鉱業）の創業者です。それとこれもおいの田村市郎、彼は日本水産の創業者です。それから久原房之助の義理のお兄さんの鮎川義介は、日産自動車の創業者です。この4人を取り上げた展覧会を開催しまして、このときに岡山の児島湾干拓の紹介をしました。またその明くる年は、今度は傳三郎の没後100年を記念して、藤田美術館から貴重な美術品をお借りしまして、「藤田美術館の名宝―大茶人・藤田傳三郎の夢―」展を開催いたしました。傳三郎関係の展覧会を2年続けて開きました。今日はその成果を皆さんにご披露しようと思っています。

傳三郎の出身地・萩

この写真は1911（明治44）年6月29日に写された写真です（写真2・3）。銅像の除幕式のようです。だれの銅像かというと、藤田傳三郎の銅像の除幕式です。明治44年ですから、傳三郎が明治45

写真2・3：藤田傳三郎銅像の除幕式

年に亡くなる前の年です。除幕式の様子を写した写真です。傳三郎の銅像は、萩で初めて建てられた銅像で、長沼守敬という当時著名な彫刻家が制作しました。傳三郎は除幕式には病気で出られなかったので、奥さんの喜多さんと、長男夫婦の平太郎・富子が出席しました。今は萩市ですけれども、当時の萩町の全町内から、シャギリという踊り車などが出まして、本当にお祭り騒ぎの除幕式だったようです。なぜ町をあげて傳三郎銅像の除幕を祝ったかと申しますと、傳三郎は１９０６（明治39）年に、３万円（現在の数億円）のお金を萩町に寄付しました。萩町は、これを藤田慈恵金として基金で積み立てて、教育・福祉・土木事業に使ったということで、萩の人々にとっては傳三郎は大恩人だったのです。今で言うと、名誉市民になるような存在の人だったわけです。

傳三郎の銅像が建てられた所は、傳三郎の号・香雪にちなんで「香雪園」という公園になって、萩の人々の憩いの場となりました。今は銅像はありませんが、当時とほとんど変わらないかたちで残っています。この傳三郎の銅像があった場所は、実は藤田家の屋敷の跡で、今では「藤田氏旧宅地」と刻まれた石碑が立っております。

傳三郎は１８４１（天保12）年に萩城下の豪商（酒造業）の家に生まれました。初代総理大臣となった伊藤博文と同じ年で、奇兵隊を創設した高杉晋作の二つ下です。では藤田家の屋敷がどこにあったかというと、これは幕末期の萩の城下町絵図（写真４）で、これが萩城です。外堀内の萩城三の丸は、萩藩の重臣たちの屋敷があった区域です。傳三郎の屋敷地はここですから、重臣の屋敷のすぐ近く、外堀を隔てた一等地にありました。この辺りは豪商たちの屋敷が建ち並んでいたところです。高杉晋作の屋敷がここです。明治新政府の参議となった桂小五郎（後の木戸孝允）の屋敷も近くにありました。

藤田傳三郎は、1869（明治2）年大阪に出て、主に軍隊で使う靴の製造業を営みました（表1）。1877（明治10）年に西南戦争が起こり、この時に傳三郎は巨額の富を得たということです。西南戦争には、例えば三菱会社の岩崎弥太郎も、軍事物資を船で運んで巨額の富を得ています。藤田家は軍事物資を陸送したということで、「陸の藤田、海の岩崎」というように言われています。

傳三郎は藤田家の四男で、長男は幼くして亡くなっています。次男が藤田鹿太郎（写真5）、三男が久原庄三郎（写真6）です。この兄弟と1881（明治14）年に「藤田組」を立ち上げます。社主頭取には傳三郎、取締には鹿太郎、庄三郎がそれぞれ就任しました。この藤田組が今のDOWAホールディングス（旧同和鉱業）や、椿山（ちんざん）荘（そう）・太閤園・ワシントンホテルなどを経営されている藤田観光の礎となりました。DOWAホールデ

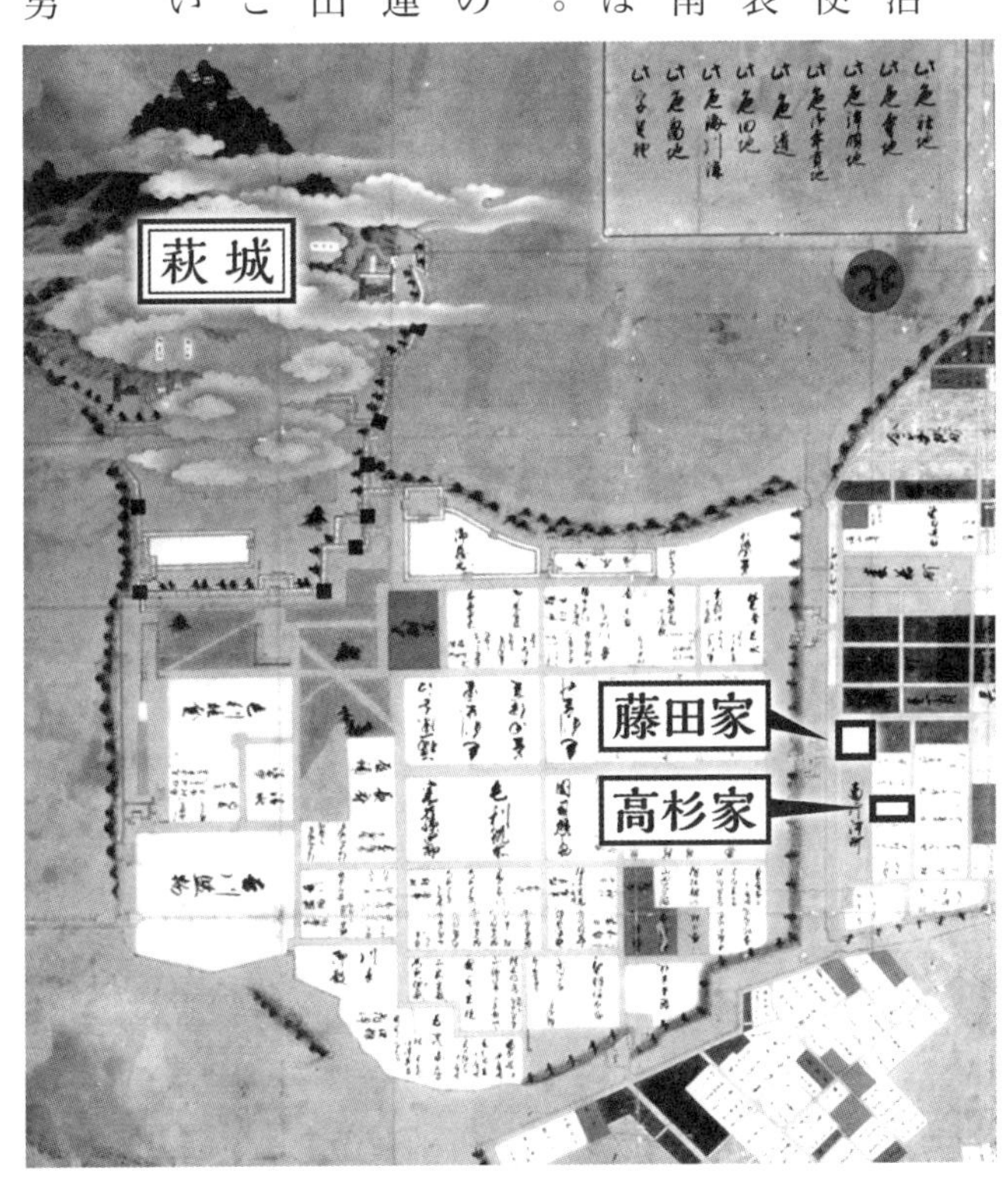

写真4：幕末期の萩城下町絵図

表1：藤田傳三郎関連年譜

西 暦	和 暦	関連事項	社会の動き
1841	天保12	長州·萩の酒造家の四男として生まれる	
1869	明治2	この頃大阪に出て軍靴製造業を営む。藤田組創業の端緒	秋田·小坂鉱山　官営となる
1873	6	京都～大阪間 鉄道建設工事に人夫供給·管理を請け負う	
1876	9	先収会社（井上馨が設立）大阪支社の事業引き継ぐ	西南戦争起こる
1877	10	製革場を開業（西南戦争により軍靴の需要増大）	
1878	11	五代友厚らと大阪商法会議所を設立（2代目会頭） 逢坂山トンネル（我が国初の山岳トンネル）を日本人のみで施工	
1879	12	硫酸製造會社設立（民間硫酸製造の始まり） 藤田組贋札事件起こる。傳三郎ら8人が拘束、のちに無罪釈放	
1881	14	社名変更　藤田組となる（傳三郎は社主頭取）	
1883	16	渋沢栄一らと大阪紡績会社（現、東洋紡績）を設立	
1884	17	組合による児島湾干拓を岡山県に出願 秋田·小坂鉱山の払い下げを受ける 日下部虎治が柵原·福田鉱区を買収。柵原鉱山と命名	阪堺鉄道会社（現、南海電気鉄道）設立
1886	19	山陽鉄道会社設立発起（地方有志と企画） 琵琶湖疏水工事を請け負う	東京電灯会社開業
1887	20	島根·大森鉱山全鉱区を買収。鉱山業を主業とする 単独で児島湾干拓を出願（組合から切替え）	フランスに銅シンジケート
1889	22	児島湾干拓許可され、岡山出張所を設置	
1897	30	事業縮小。小坂鉱山の埋蔵量の減少等による	
1899	32	児島湾干拓工事に着手	
1900	33	柵原褐鉄鉱山　採掘を開始	アメリカ、金本位制採用
1901	34	山陽鉄道 神戸～馬関（のち下関）間 全通	八幡製鉄所開業
1905	38	児島湾干拓第一区工事竣工	
1906	39	柵原褐鉄鉱山を採掘中、硫化鉄鋼床に到達	
1907	40	干拓工事進行に伴い、約600㌶に我が国初の直営機械化農場を開設	
1909	42	犬島製錬所完成し、買鉱製錬開始 この頃、網島で「本邸」等の建築が始まる	
1911	44	傳三郎　男爵の爵位を授かる	柵原鉱山　村瀬鉱床を発見
1912	45	児島湾干拓第二区工事竣工、藤田村誕生 重要文化財「交趾大亀香合」を入手 傳三郎死去　72歳	明治天皇崩御、大正と改元
1913	大正2	児島湾干拓第三·五·六·七区起工許可 岡山県の帯江鉱山、犬島製錬所を買収	
1951	昭和26	財団法人藤田美術館設立。1954（昭和29）藤田美術館開館	

写真6：久原庄三郎(三男)　　写真5：藤田鹿太郎(二男)

写真7：大阪商法会議所

イングス傘下の会社は岡山にもありますが、このもとになったのが藤田組です。

図1：藤田傳三郎・久原房之助・鮎川義介・田村市郎系譜略図

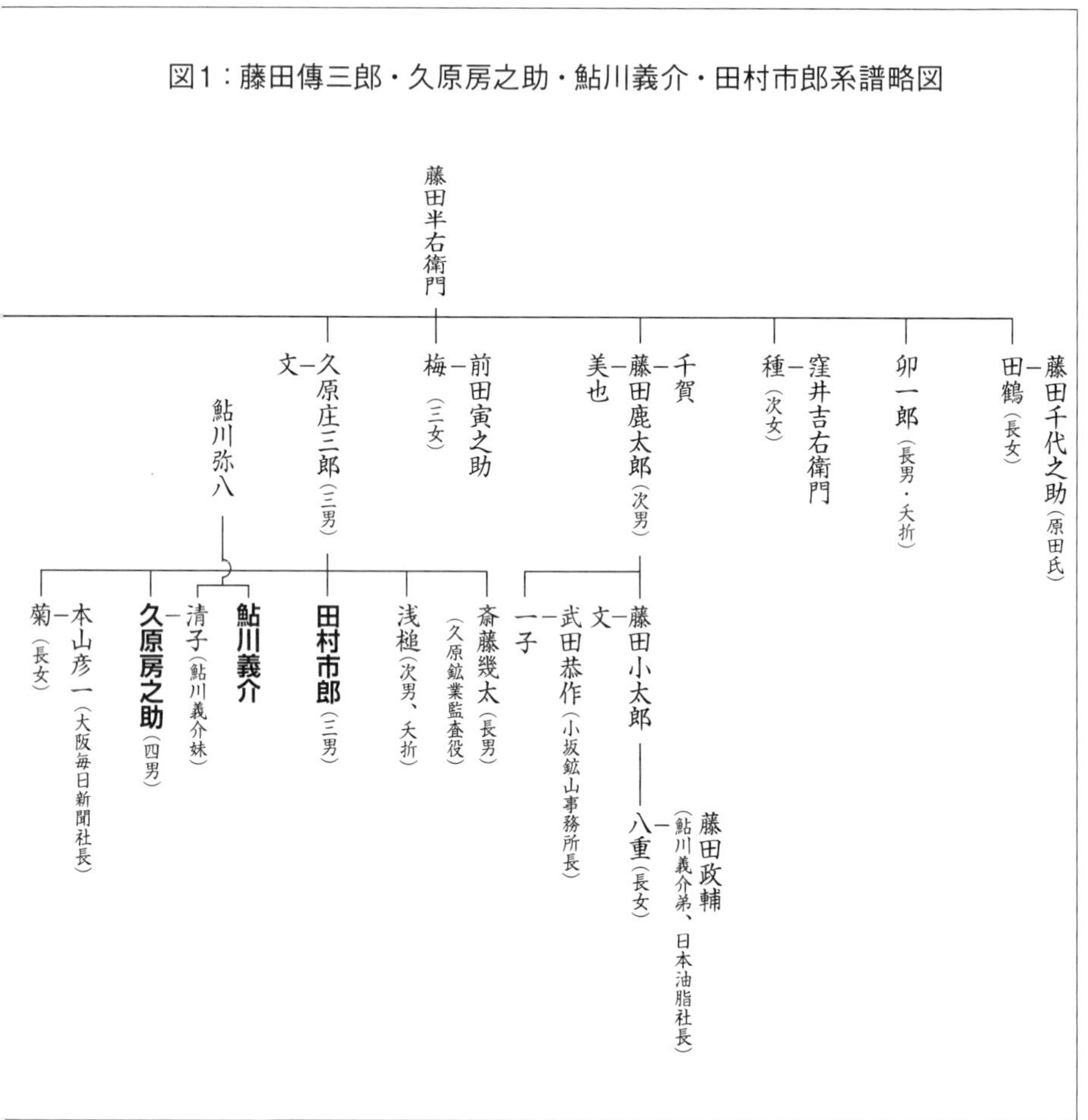

傳三郎の興した各種事業

傳三郎の興した事業ですが、いろいろと行っています。まずは大阪紡績の工場を建設して初代の頭取になっています。これが今の東洋紡績になります。阪堺鉄道は今の南海電気鉄道です。また日本土木会社を立ち上げまして、琵琶湖から京都へ水をひく琵琶湖疏水工事（インクライン）を行っています。日本土木会社は今の大成建設の前身です。それから大阪毎日新聞を再生させました。これは今の毎日新聞です。さらに宇治川電気を設立しました。これは関西電力になります。その他には、企業だけではなくて、薩摩藩出身の五代友厚（１６４ページ参照）と大阪商法会議所を設立し、二代目会頭になっています(写真7)。これは大阪商工会議所になります。また五代友厚と一緒に立ち上げた大阪商業講習所は、今の大阪市立大学になりました。さらには秋田鉱山専門学校を設立しました。これは近くに藤田組が経営した小坂鉱山があった関係だと思いますが、今は秋田大学の国際資源学部になっ

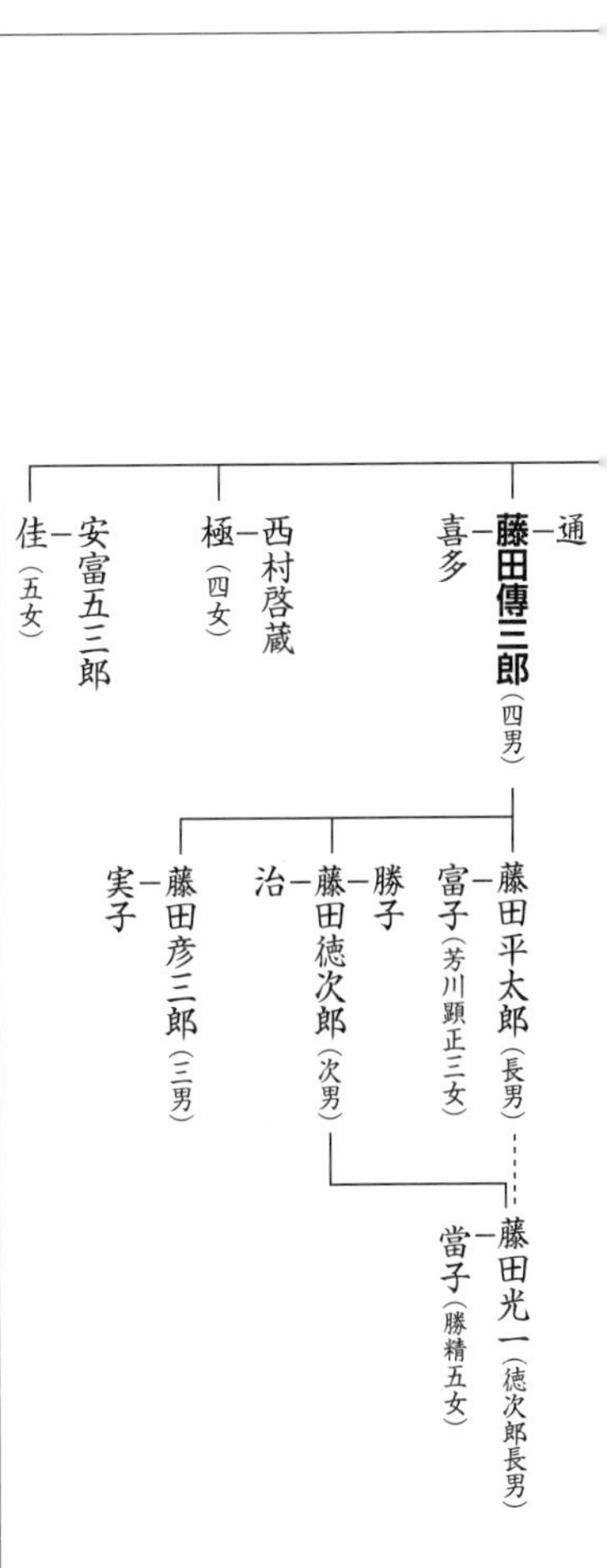

ています。このような教育施設も作っています。

藤田組の主な事業として、まずは秋田県の小坂鉱山の経営があります（写真８）。これはおいの久原房之助によって銅山として再生して、今は最先端の都市鉱山として、いわゆるリサイクル精錬を行っています。島根県の大森鉱山（石見銀山）も経営しました。今は世界遺産となっています。石見銀山は中国地方を領有した毛利氏が一時期持っていて、そのあと徳川幕府の直轄地になります。それから、岡山県の児島湾干拓と農場経営です。ここは、今は岡山の大穀倉地帯になっています。また、これも岡山ですが、柵原（やなはら）鉱山の経営です。東洋一の規模の硫酸の原料となる硫化鉄鉱を掘り出していました。これも藤田組のドル箱と言えるような鉱山です。

さらに、１８７８（明治11）年には、京都―大津間の鉄道建設も藤田傳三郎が請け負いました。逢坂山（おうさかやま）トンネルの工事を日本人のみの手で施工して、１８８０（明治13）年に竣工します

写真８：小坂鉱山（秋田県）

（写真9）。実は、このときの鉄道局長官が井上勝で、旧萩藩士です。ひょっとしたら、同じ萩という結びつきから傳三郎が工事を請け負った可能性もあります。

1882（明治15）年に大阪紡績会社の三軒屋工場の建設を請け負いまして、翌年に渋沢栄一、松本重太郎らと大阪紡績会社を設立します（写真10）。また、1885（明治18）年には大阪と堺間を結ぶ鉄道の建設工事を請け負いまして、1888（明治21）年に全線開通しました。実はこれはわが国最初の私鉄の鉄道で、今の南海電鉄です。ちなみに、南海電鉄の社長室には傳三郎の肖像がかけられているということなのですが、私は見たことはありません。

こちらは琵琶湖疏水です（写真11）。京都の南禅寺の境内にある赤

写真9：逢坂山隧道（1880年開通）

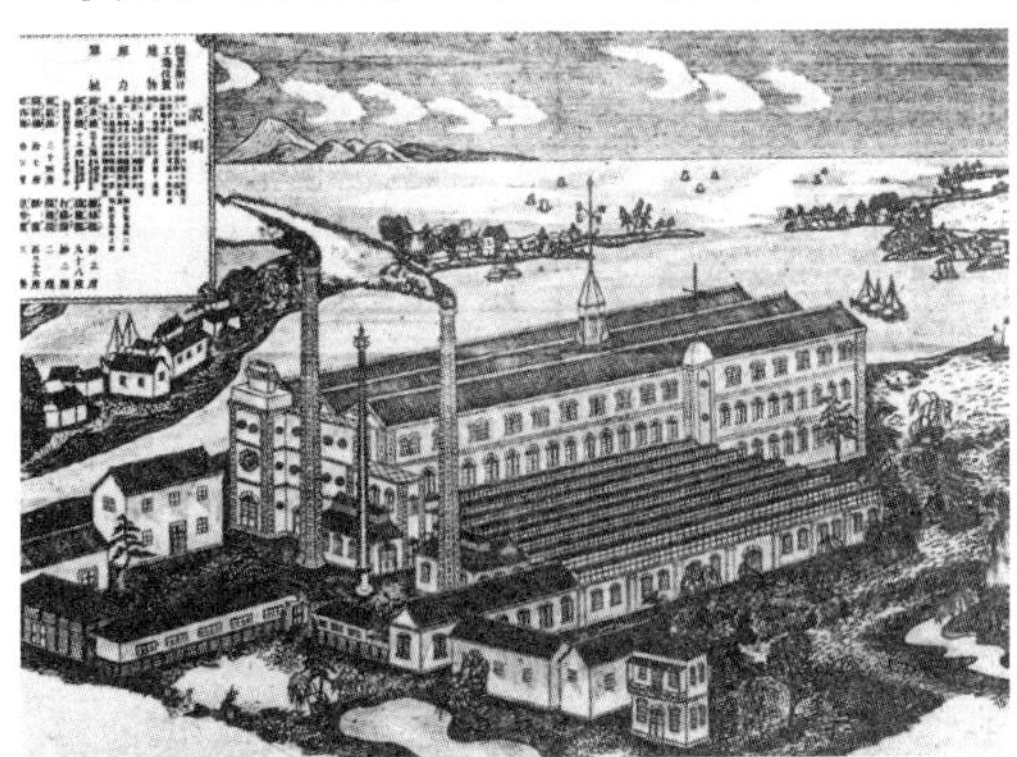
写真10：大阪紡績会社三軒屋工場（錦絵）

写真11：琵琶湖疏水

煉瓦造りの巨大な構築物ですが、この上を水が走っています。琵琶湖疏水工事は、藤田・大倉両組が共同で請け負いまして、のちに日本土木会社が継承しました。これは後に大成建設になりました。このような大工事を行っております。

藤田組の主要な事業ですが、まずは小坂鉱山があげられます。1884（明治17）年に国から払い下げられまして（写真12）、先ほ

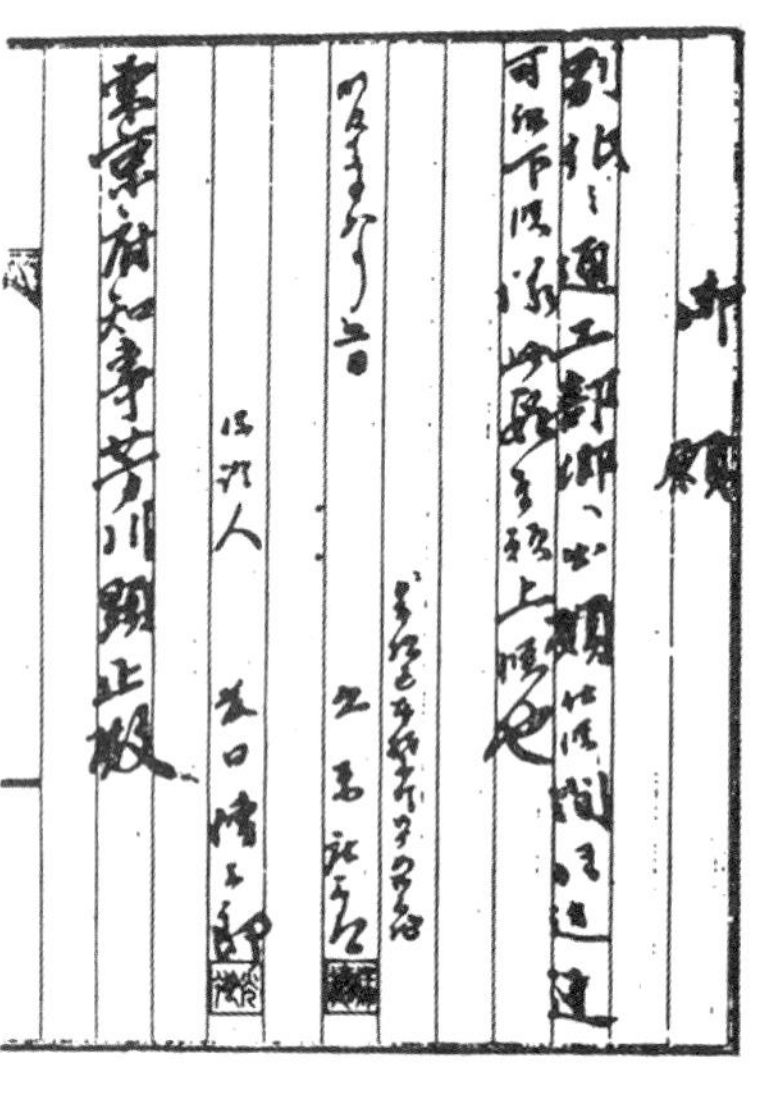
御願

東京府知事芳川顕正殿

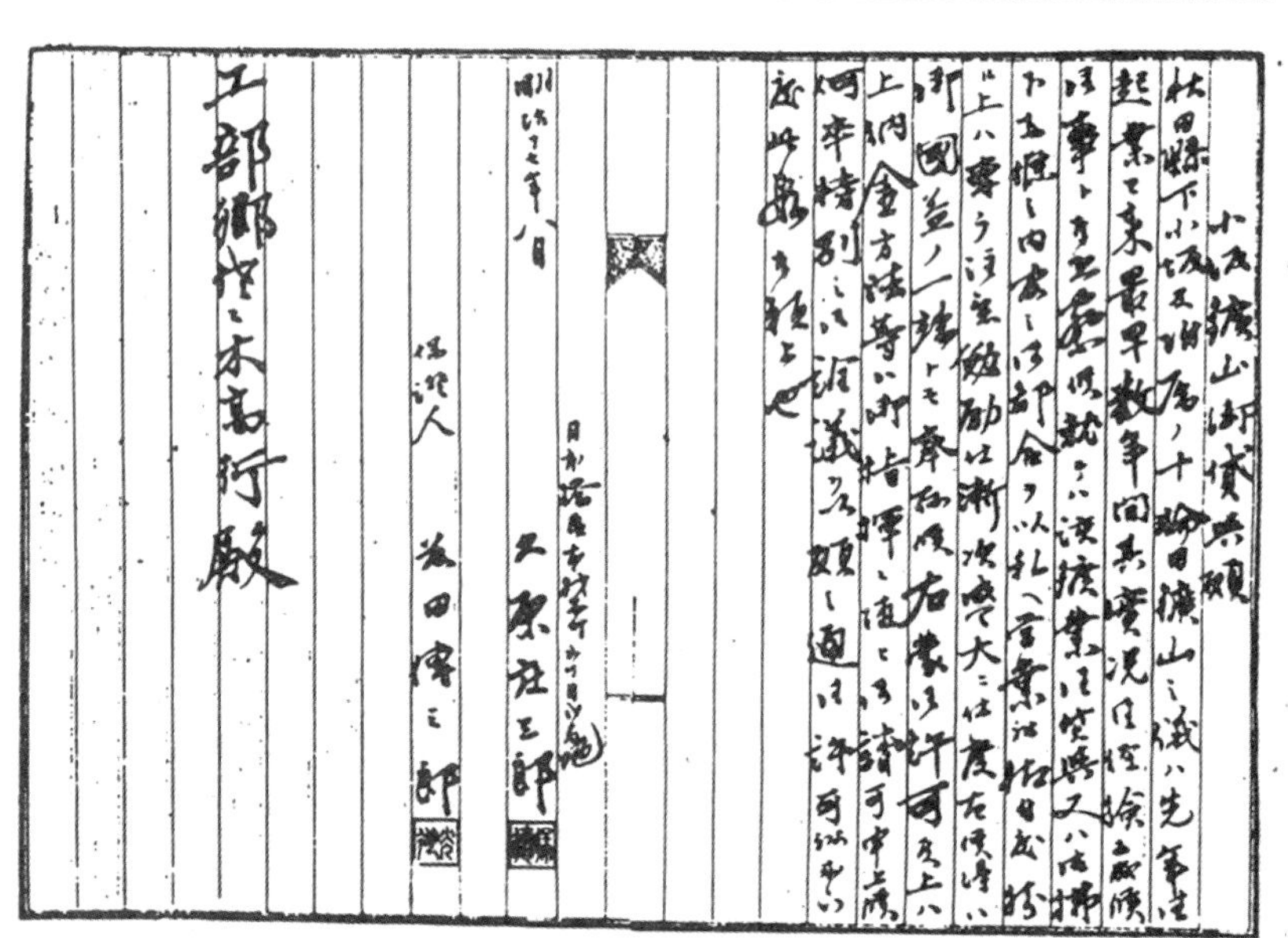
小坂鉱山御払下願

久原庄三郎

保証人 藤田伝三郎

工部卿佐々木高行殿

写真12：小坂鉱山払下げ請願書（久原庄三郎名で申請）

ど申し上げましたように、最初は銀山だったのですが、精錬の方法を変えて銅山に転換します。小坂鉱山では、黒鉱（くろこう）というなかなか製錬しにくい鉱石がたくさん産出されるので、久原房之助によって自熔製錬という精錬法が開発されました。これによって銅山として再生され、足尾・別子とならぶ日本三大銅山に発展していきました。

　こちらは現在の小坂精錬所です（写真13）。ＤＯＷＡホールディングスのグループの中にありますけれど、１９９０（平成２）年に鉱石採掘を終了しまして、今はリサイクル製錬所となっています。有価金属を製品化する複合リサイクル製錬所として、今は操業しています。実はこの中に藤田組の明治時代の建物も残っていまして、「富士」に「田」の藤田組の社章が赤煉瓦造りの建物に入っています。この建物は、実はまだ工場として使われています。まさに現在も稼働している産業遺産と言えるのではないでしょうか。小坂鉱山に行ったら、最先端と昔のものが融合して稼働しているということに本当に驚きました。

写真 13：現在の小坂精錬所

写真 14：大森鉱山の法被

こちらは島根県の大森鉱山（石見銀山）です。１８８７（明治20）年に藤田組が全鉱区を買収して銅山として復興させますが、１９２３（大正12）年に採掘を中止しました。それ以降もＤＯＷＡホールディングスが鉱業権を持っていたのですが、２００６（平成18）年に島根県に譲与して、今は世界遺産になっています。実はこの大森鉱山には法被が残っておりまして、「富士」に「田」の藤田組の社章が入っています（写真14）。１９０７（明治40）年に後に大正天皇となる東宮殿下（嘉仁親王）が行啓したときに、この鉱山の関係者が着用したという法被です。

児島湾干拓の経緯

それでは、いよいよ児島湾干拓の話です（写真16）。これは藤田組の主力事業で、傳三郎が最も力を入れた事業です。１８８９（明治22）年に起工の許可が下りますが、水利権や漁業権の問題で地元住民が反対して、そのために工事が遅れまして、10年後の１８９９（明治32）年に干拓工事にようやく着手することになります。

最初に、児島湾干拓の経緯を簡単に追って話していきます。江戸時代には児島湾の干拓は岡山藩士の津田永忠が行っていますが、明治以後の児島湾干拓の経緯です。まず１８８０（明治13）年に、地元出身で当時岡山県勧業課職員の生本伝九郎が、開墾を当時の岡山県令の高崎五六（２４０ページ参照）に進言します。高崎県令は国に働きかけますが、国は予算がないので地元で実施せよということになりました。そこで国が雇ったオランダ人技師のムルデル（ムルドル）が児島湾を調査して、復命書を提出します(写真15)。これは干拓の工事方法などを記載した書類です。ムルデルの復命書が児島湾干拓の基礎になります。どういうふうにして工事を行うかということの基本になって、これをもとに藤田組はいろいろな手法を使って干拓工事を実施します。

写真15：ムルデル

当初は地元岡山の、特に旧士族たちがこの事業を行いたいということで手を挙げるのですが、資金面でなかなか難しいところがあって、生本伝九郎が奔走しまして、藤田傳三郎や鹿島組の鹿島岩蔵らを保証人として、児島湾の干拓を出願します。これが1884（明治17）年のことです。最初は連名で出願しましたが、1887（明治20）年に藤田傳三郎の単独事業に名義を変更します。そして、2年後にようやく傳三郎に児島湾の開墾許可が下ります。しかし、このあと、反対運動が地元で起きます。ようやく1898（明治31）年に起工が許可されて、翌年に第一区、第二区の起工式が行われます。実はこの年に、旧萩藩主の毛利家と藤田家の間に契約書が締結され

写真16：児島湾干拓工事

ます。これがどういう内容の契約書かは後でお話しします。そのあくる年に、藤田組と地元関係者の間で調定契約承認證書が取り交わされて、水利権の問題や漁業権の問題が解決して保証がなされます。起工してから6年後の1905（明治38）年に第一区が竣工して、1907（明治40）年に藤田組が農場経営を開始します。そして、1912（明治45）年に藤田傳三郎が亡くなったあとに、第二区の工事が竣工して、藤田村が創設されます。つまり傳三郎は、藤田村を見ることなく亡くなったということになります。

皆さんのお手元には、児島湾干拓関係の史料を年を追って印刷したものを配布しておりますので、お帰りになってゆっくりご覧ください（144ページ～159ページ）。

では、先ほど申しました児島湾干拓と毛利家とはどんな関係があったのかというお話をします。干拓工事には膨大な資金が必要なので、藤田組は毛利家から約100万円の融資を受けます。今で言うと何百億円という金額になります。これを仲介したのが井上馨です（写真17）。井上馨も旧萩藩士で、この頃、毛利家の財産管理の一翼を担っていました。ちなみに1863（文久3）年に、長州は5人の藩士たちをイギリスへ留学させました。井上馨・井上勝・伊藤博文・山尾庸三・遠藤謹助の5人で、彼ら5人を「長州ファイブ」と呼

写真17：晩年の井上馨

んでいます。その井上馨の仲介によって、毛利家から100万円を融資してもらうということで、1899（明治32）年に毛利家と藤田組との間で契約が結ばれます。いろいろな条項がありますが、その中に、第一区および第二区の完成耕地全部を毛利家に譲渡せよという条項があります。もし借金が返済されなかったら、おそらく第一区と第二区は毛利家に渡っていただろうと思います。しかし、干拓が完工する前の1903（明治36）年に、無事に藤田家は毛利家に借金を返済します。つまり毛利家の監督下から離脱したわけです。

では、どうやって借金を返済したかと申しますと、小坂鉱山（写真18）が銅山として再生したことが大きな要因ではないかと考えられます。この当時、小坂鉱山ではかなりの高収益があって、それによって返済資金が生み出されたのではないかと言われています。つまり、この小坂鉱山のおかげで、第一区・第二区は毛利家に渡らなかったということになるのではないかと思います。

ついで、大正以降の干拓の経緯です。1913（大正2）年に三、五、六、七区の起工許可が下り

写真18：小坂元山露天掘り（最盛期）

まして、１９１７（大正６）年に藤田神社ができます。昭和になって、三、五区が起工して、１９３９（昭和14）年に六区が起工します。１９４１（昭和16）年に三区と五区が竣工して、１９４４（昭和19）年に第七区が起工します。第二次世界大戦後は、１９４７（昭和22）年に農地改革によって藤田農場は解放され、１９４８（昭和23）年に農林省が六区の残りの工事を引き継ぎます。そして、１９５０（昭和25）年に三区と五区が竣工します。１９５１（昭和26）年には児島湾の締め切り工事に着工します。この年に藤田傳三郎翁頌徳碑が建立され、明くる年にも藤田傳三郎翁顕彰之碑が建立されます。これについては後でお話しします。１９５５（昭和30）年に第六区が竣工して、藤田村に編入されます。現在の都地区や錦地区の辺りでしょうか。１９５９（昭

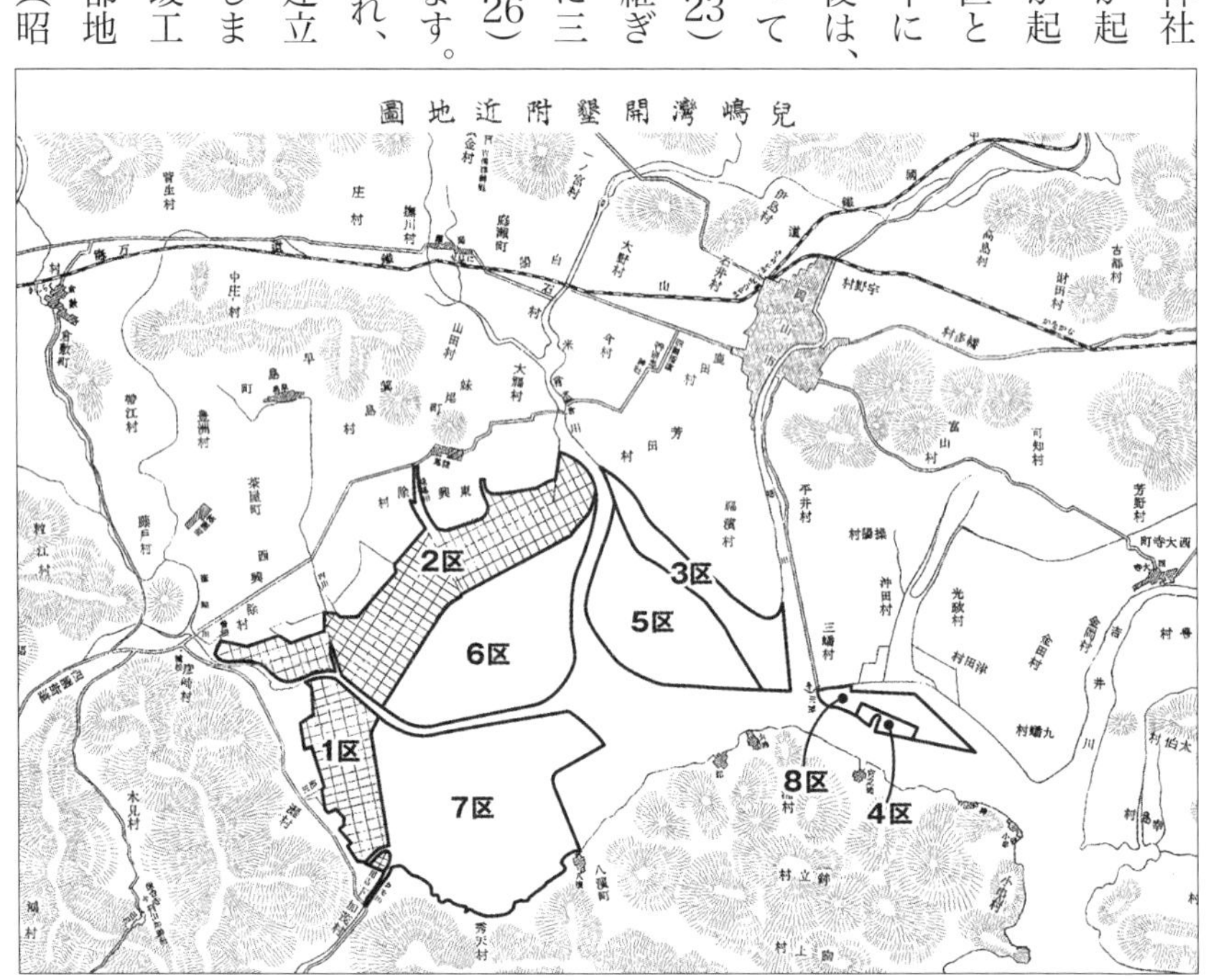

図２：児島湾開墾平面図

和34）年に堤防の締め切り工事が完了します。こうしてようやく１９６３（昭和38）年に第七区が竣工して、これで児島湾干拓が一段落するということになります。そして、１９７５（昭和50）年に藤田村は岡山市に合併します。ちなみに、四区と八区は結局着工しませんでした。

これが児島湾干拓の平面図（図２）で、計画図のようなものです。この図面は明治時代に作られたもので、第一区は灘崎村（後の灘崎町、岡山市に合併）高崎地区、第二区は藤田村になります。第六区も藤田村に編入されます。第三区と五区は、今の岡山市南区あけぼの町の辺りでしょうか。七区は灘崎町と玉野市に編入されます。そしてここが、着工しなかった四区と八区です。ここが児島湾の締め切り堤防です。高崎地区第一区、藤田村となった第二区、第三区と五区、藤田村に編入される六区、最後にできたのが第七区になります。

児島湾干拓と傳三郎及び藤田組

これは、藤田傳三郎が井上馨にあてた手紙です（写真19）。１８８９（明治22）年に児島湾の開墾が許可されまして、その年、９月20日付けの手紙です。ここに「開墾之事ニ付てハ松方伯及芳川君へ御噺置被下候由」と書いています。つまり、児島湾開墾のことについては、井上馨が薩摩出身の松方正義と阿波出身の芳川顕正に話してくださったということです。当時、松方正義は大蔵大臣兼外務大臣です。芳川顕正は、傳三郎の長男平太郎の奥さんの父親で縁戚関係にある人物です。続けて、「野生ハ相当之手順ヲ誤ラサレハ万一之時ニハ毛利公も御分担被下候由、彼是御厚情之段奉深謝候」と記しています。つまり、開墾の手順を誤らなければ、万一のときには、旧萩藩主の毛利家がお金を貸してくれるということなので、非常に感謝しているということです。そしてこの手紙の最後のところで、傳三郎は次のように言っています。「児島開墾之大望アリ、鉱山之利益よりも開墾ハ生涯之基業と奉存候」。傳三郎は、とにかく児島湾干拓に大望を持っている、鉱山の利益よりも、開墾は自分の生涯をかけた基になる事業だという意気込みを述べているのです。傳三郎にとって児島湾干拓は、まさに命をかけた大事業だったということになります。

そして、干拓資金として、井上馨を仲介にして毛利家から約１００万円の融資を受けました。これも傳三郎が井上馨にあてた手紙ですが、ここに「毛利家之御保助を蒙り、我家ハ家業継続成候事ニ付、毛利家及井上伯爵之命令ハ仮令犯ストも背ク事不能」と書いています。毛利家からお金を借りて、私の家の事業は継続している。したがって毛利家と井上馨の命令は、犯しても背くことはできないというわけです。意味がよく分かりませんが、とにかく傳三郎は毛利家と井上馨に対して、篤い感謝の念を持っていたことが伝わります。先ほど申しましたよう

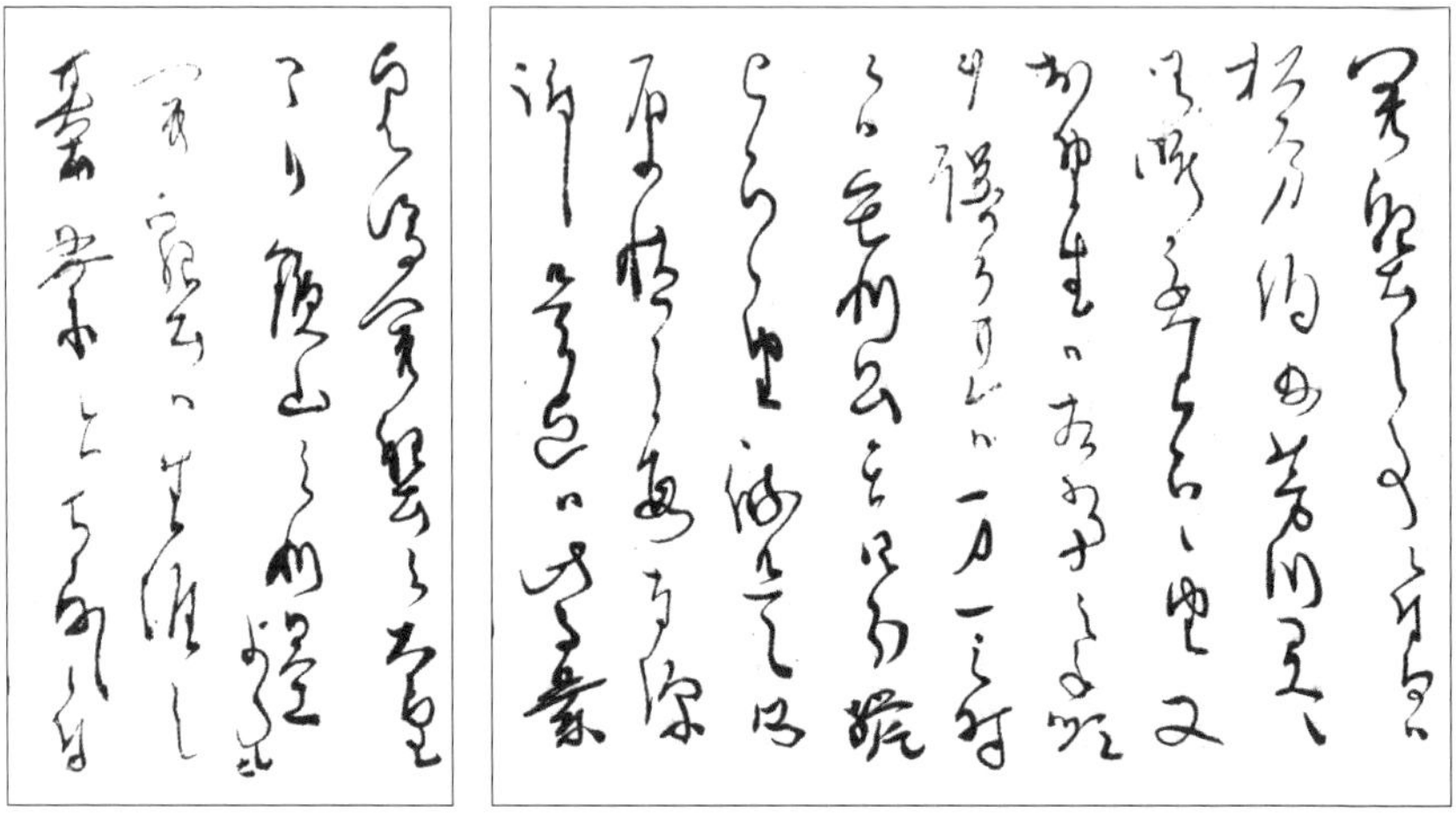

写真19：井上馨宛藤田傳三郎書簡（部分）　1889（明治22）9月20日付

に、１９０３（明治36）年に全額負債を返済しまして、毛利家の監督から離脱することになります。

こちらは児島湾周辺の地元民と交わした調停書（萩博物館所蔵）です（写真20）。これは写しですけれど、当時はたくさんの写しがあったと思います。１８９９（明治32）年に第一区、第二区が起工しまして、翌年に地元選出の貴族院議員野﨑武吉郎と衆議院議員田辺為三郎の調停によって、地元関係者と藤田組との間で調停書を交わしました。この調停書によって、地元の漁業権や水利権が保証されました。

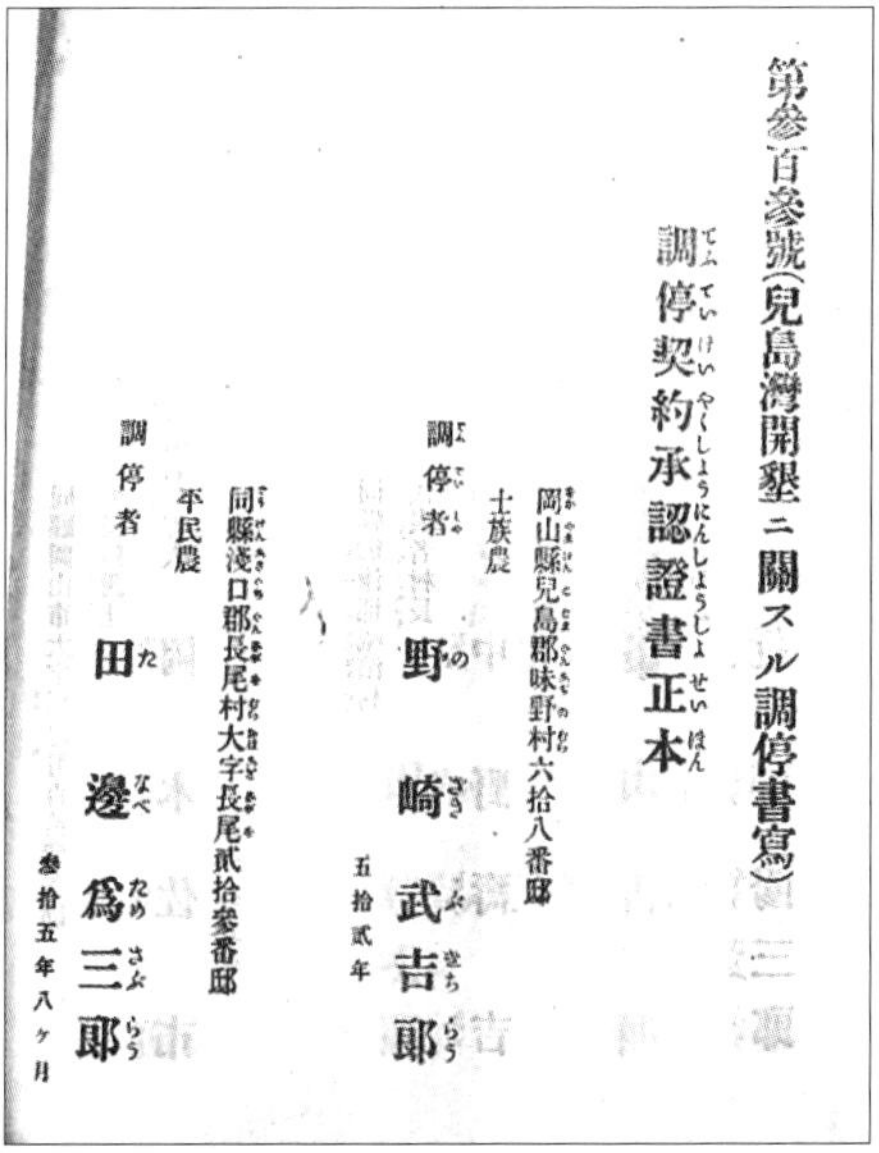

干拓工事の実施設計を行ったのは、藤田組の技術顧問技師の笠井愛次郎で、特に堤防工事に手腕を発揮したようです。これはたらい船に乗って児島湾を視察している写真（写真21）です。非常に面白い写真だと思いますが、児島湾の自然環境の特質をよく表しています。満潮時には海水面が上昇する湾内では、たらい船に乗らないとうまく移動できなかったのです。この先頭にいる人物は本山彦一といいます。彼は熊本出身で、藤田組の総支配人になります。１８９４（明治27）年に岡山に赴任して、児島湾の干拓事業を担当します。児島湾干拓の事業を行った後、１９０６（明治39）年に藤田組を退社します。彼は大阪毎日新聞の社長をつとめ、東京日日新聞を合併し、毎日新聞の礎を作りました。

第參百參號（兒島灣開墾ニ關スル調停書寫）
調停契約承認證書正本
岡山縣兒島郡味野村六拾八番邸
士族農
調停者　野崎武吉郎　五拾貳年
同縣淺口郡長尾村大字長尾貳拾參番邸
平民農
調停者　田邊爲三郎　參拾五年八ケ月

写真 20：開墾調停書（写）

これは堤防工事と潮止め工事の様子です（写真22・23）。特に堤防工事が大変だったようです。やはり堤防は重いから沈んでしまうのです。いかに強い地盤を作るかということで、砂をまいて、6～9センチの層を作って、潮の干満によって砂の間に泥がたまっていきますので、それを充填します。こうして何回も層を重ねることによって固い地盤を作ることに成功しました。この工法は笠井愛次郎の発案です。三区以降は、本工事の着工20年前から砂をまいて堤防工事を行ったということで、本当に気の遠くなるような大工事を児島湾干拓では実施しているというのが分かります（写真24・25）。

それからこれは樋門の工事と用水路の工事の様子なのですが、特に第二区の大曲の樋門は１９０４（明治37）年に完成します（写真26）。この設計は、笠井愛次郎と藤田組技師の渡辺弁三という人物が

写真 21：たらい舟

写真 22：児島湾干拓埋立工事

写真 23：堤防工事

行いました。

　1907（明治40）年に藤田組による農場経営が開始されまして、わが国初の会社直営の大規模機械化農場が誕生します。米国製のトラクター（写真27）を1920（大正9）年に導入しますが、地盤が軟弱で、重いトラクターだと沈んでしまいます。そこで機械化の初期には丈夫号（ますらおごう）という小さな耕運機が活躍します。

　こちらは脱穀・もみすり作業の様子です（写真28・29）。藤田農場技師の渡辺卓二が、脱穀機を取り付けた脱穀船というのを考案しました。児島湾干拓地には水路が縦横に張り巡らされており、船で移動して脱穀したほうがより効率的なので、脱穀船を建造したのでしょう。非常

写真 24：用水路と干拓地

写真 25：田植え

写真 26：大曲樋門（第二区）

にユニークな試みです。さらに、渡辺ゴムもみすり機というのも考案します。「ＢＷ」と書いてあるのが渡辺弁三のイニシャルです。

脱穀・乾燥作業の様子です（写真30）。明治40年代に、アメリカ製あるいはイギリス製の脱穀機を４台輸入しますが、故障が多くて、結局、藤田組技師の山根省三が大改造して、この脱穀機が大正末期まで使用されることになります。山根省三の画期的な大発明は火力乾燥機で、１９１３（大正２）年に発明されます。これは、乾燥用の熱源を石炭からもみ殻に切り替え、焼却炉で生じたもみ殻の炭は陸苗代（おかなわしろ）の被覆に利用するという、非常にエコでリサイクルな乾燥機をつくり出しました。現在のライスセンターのもとになったようなものです。実は、この山根省三は萩の出身だということなのですが、

写真 27：米国製のトラクター

写真 28：脱穀船

写真 29：渡辺ゴムもみすり機

私も素性はまだよく分かりません。皆さんご存じの方があればぜひ教えてください。

さらに藤田組は、農場試験場も設置します（写真31）。これも画期的なことで、農場経営の調査研究、あるいは適応作物の栽培試験や、用水・土壌の塩分の鑑定も行いました。

海の干拓地にできた農地ですので、塩分に強い稲の品種を改良していかなければならないということでその研究を行います。傳三郎は、「想フニ此開墾工事ニシテ悉皆落成ノ暁ニハ、整地、潅水ノ方法ハ新創ノ自営農法と相俟ツテ、特種ノ模範農場トシテ、我国ノ農業界ニ貢献スル所尠カラザルベシ」と断言しておりまして、藤田農場は模範農場として日本の農場経営におおい

写真 30：近代的な乾燥調整施設

写真 31：藤田農場試験場

に貢献するだろうと言っています。藤田組は、当時としては最先端の農場経営を行ったことが分かります。

1912（明治45）年にようやく第二区が竣工して、藤田村が誕生します。この写真は米の積み出しの様子で、舟積みしています（写真32）。左上の建物が藤田組の農場事務所で、今の岡山市南区役所の藤田地域センターの所です。その裏に妹尾川三連樋門があって、この港から積み出していました。これが藤田農場で働く人々の写真です。

今に伝わる傳三郎の足跡

これが藤田翁の頌徳碑（写真33）で、1951（昭和26）年に建立されます。文章を書いたのが当時の西岡広吉岡山県知事です。実は、その翌年にも藤田傳三郎顕彰之碑というのが建立されまして（写真34）、この文章を書いたのが当時の横山昊太岡山市長です。最前列の右側のお子さんは、私の話のあとに講演される藤田美術館の藤田清館長のお母さんだそうです。右端の人物が藤田傳三郎の次男・徳次郎の長男で、藤田の本家を嗣ぐ藤田光一です。和装姿の女性が、傳三郎の長男・藤田平太郎の奥さん（富子）で芳川顕正の娘さんです。岡山には藤田傳三郎の顕彰碑が二つもあるのです。普通は一つなのですが、二つもあるという

写真 32：妹尾川三連樋門と米の積出風景

のは非常に珍しいことで、驚いています。岡山の人々が、傳三郎を児島湾干拓の大恩人として認めていた証拠でしょう。

この地区に藤田神社があります。傳三郎の長男の平太郎が境内地と社殿の建設費・維持費を寄付しました。境内には傳三郎のレリーフが入った石碑が建てられています。ほかに本山彦一が寄進した灯ろうもあります。本山彦一は実際に児島湾の干拓を担当した藤田組の支配人です。いろいろな農機具を発明した藤田組の技師の渡辺弁三が、やはり灯ろうを寄進しています。ふたりの児島湾干拓にかけた思いが伝わる石造物です。

現在、児島湾の干拓地では農業が盛んに行われています。特に米は、朝日・アケボノ・ヒノヒカリといった塩分に強い品種だそうです。品種改良によって、このような米の品種ができたのだと思います。あとは酒米の雄町、ビールの原料

写真 33：藤田翁頌徳碑

写真 34：藤田傳三郎翁顕彰之碑

となる二条大麦、野菜のレタス、ナスのハウス栽培も盛んに行われています。

傳三郎は、まさに「まち」を作った大恩人であります。これはもう10年くらい前の写真なのですが、「傳三郎みち」というのは今もあるのでしょうか。妹尾川の三連樋門（写真35）の上の道路に「傳三郎みち」と記された標識が立っていました。

児島湾干拓地には、今も樋門や水門あるいは堤防など、多くの土木遺産が残されています。これらは、2006（平成18）年に土木学会選奨の土木遺産に認定されました。また、「傳三郎太鼓」は今も演奏されているのでしょうか。2012（平成24）年に萩博物館の前庭で演奏していただきましたが、非常に勇壮な和太鼓演奏で、たいへん感動しました。

写真 35：現在の妹尾川三連樋門

写真 36：買収当時の柵原鉱山

また、「傳三郎一代」という歌も作られています。「児島平野の　稲穂は育つ　傳三郎一代　男ど根性
男ど根性の　花が咲く」という歌詞の一節が歌われています。

これは柵原鉱山です（写真36）。傳三郎が亡くなったあと、1916（大正5）年に藤田組が買収して鉱山を経営します。1991（平成3）年に閉山しましたので、今は柵原ふれあい鉱山公園となり、敷地内には当時の柵原鉱山の様子を展示した資料館もあります。片上鉄道は、柵原鉱山の鉱石を運ぶために藤田組によって敷設された鉄道です（写真37）。片上港から柵原まで全通するのが1931（昭和6）年です。この鉄道も鉱山の廃鉱と同時に廃線になりました。これは1936（昭和11）年の岡山県の地図ですが、片上から和気、柵原まで鉄道線路が走っ

写真 37：片上鉄道開通祝賀（1923年）

写真 38：旧片上鉄道 吉ケ原駅舎（登録有形文化財）

ています。これが往時の片上駅です。片上鉄道の吉ヶ原の駅舎は、今は登録有形文化財になっています（写真38）。また使われていた車両は、柳原ふれあい鉱山公園内に保存されています。

おわりに

それではいよいよまとめですが、藤田組の主力事業は小坂鉱山と児島湾干拓です。この児島湾干拓は、藤田傳三郎が人生をかけた「生涯の基業」でした。傳三郎の一生をかけた大事業だったということです。その種をまいた人物は、地元出身の生本伝九郎と、オランダ人技師のムルデルです。このふたりを忘れてはいけないと思います。そして、児島湾干拓の総仕上げをした人物が傳三郎で、まさに不屈の精神でもってこの事業を成し遂げたと言えるのではないかと思います。あとはやはり、現地で干拓工事や農場経営にかかわった藤田組の人々も忘れてはならないと思います。まずは本山彦一です。彼は現地で干拓工事の陣頭指揮にあたった事務長のような人物です。それから顧問技師の笠井愛次郎、技師の渡辺弁三・山根省三も忘れてはならない人物です。本山彦一には伝記がありますが、笠井愛次郎・渡辺弁三・山根省三は、どういう人物か詳しいことはよく分かっていません。これからこういう人たちも、調べていく必要があると思っています。そして、やはり干拓地で実際に農業に携って農地を作り上げた人々を忘れてはならないと思います。

最後に、私は藤田傳三郎のもとに多くの人たちが力を結集して産み出された広大で豊穣な土地が、この児島湾干拓地だと思います。5年ほど前に瀬戸大橋線でこの辺りを通ったときに、ここを干拓工事し広大な大地に変貌させた人々と、この大地を農地に変え営々と農業に携わってきた人々に思いを馳せ、感慨深いものがありました。

ご清聴ありがとうございました。

史料① 児島湾起工についての伺　明治十四年（一八八一）

（岡山市百年史編さん委員会『岡山市百年史　資料編Ⅰ』）

（略）

児島湾起工之義に付伺

（略）

御雇工師ムルドル氏出張、実地に就き夫々点検の上、今般右工師復命書の写回送相成り、篤と熟閲候処、当初本県の見込みたる該湾口を〆切へき計策は、却て費用多く治水上にも不良の関係有之趣にて、更に之に換ふるに該工師の計画あり、蓋し此計画たる前に述るか如く詳密正格の調査に依り、其学識経験と算術上の比例を以て起業したるものなれは、実地に徴し、既往将来に鑑るも、毫も疑なき確実の画策と信認致候間、此上は右計画に基き速に着手致度

然るに政府に被為在候ても右等事業に充つへき〇〇無之段、予め御内諭の趣も有之候処、嘗て人民該湾開墾志願の者の内負担成功可致見込の者も有之候条、右計画と別紙命令書を遵奉し、其資力に堪へ成工の見認あるものを撰み、免許人と定め、負担起業せしめ候様致度、収穫十五万石内外の国産を増殖し、且旭、吉井、米倉川等の吐口改良、現今岡山市街へ出入船舶の為め海陸交通の便利も胚胎し、実に国家経営の美挙のみならす、其竣功は十年に渉り、資金も百万余円の巨額を要し、不容易遠大の工事にして、元来国益増進の為め官設を以て調査計画相定め候

土工を負担成功せしむる儀に付、之れか免許人たるへきものは、屹度此土工を全成するに差間なき充分の資力

と着実忍耐にして、中停の恐れなき者を確定するは、目下最も主要の儀に付、種々調査の都合も有之候、先以前顕御許可相成度、則命令書及ひ絵図面とも相添此段相伺候也

明治十四年　　岡山県令　高崎　五六

内務卿　山田　顕義殿

（略）

史料②　児島湾開墾許可願　明治十七年（一八八四）十二月五日

（岡山県史編纂委員会『岡山県史　第十巻　近代Ⅰ』）

備前国児島郡字児島湾開墾許可願

御県下備前国児島郡字児島湾開墾の儀は、嘗て御庁に於て夫々御計画相成、地質の良否地盤の高低より潮水の干満緩急に至る迄詳細御取調、其工事方法等御既定相成、該事業適当の資力を有したる者へ御許可相成るべき趣に、就ては今般大阪東京に於て資力を有したる数名の同志を得資金支出の途確立仕候に付ては右事業特別の詮議を以って私儀へ御許可被命度願意御聞届の上は御庁に於て御目論見の通諸事御命令尊奉必ず成効可仕候、依て組合約定書添へ保証人相立此段奉懇願候也

明治十七年十二月五日

岡山県下備前国岡山区片瀬町一番地
願　人　生本伝九郎
東京府下深川区島田町九番地
保証人　鹿島岩蔵
大阪府下東区高麗橋一丁目一番地
同　藤田傳三郎

岡山県令　高崎五六殿

(『児島湖発達史』)

史料③　児島湾開墾願書の名義変更　明治二十年(一八八七)八月二日

(岸田　崇『生本伝九郎の生涯』)

児島湾開墾事業の義に付御願

御県下備前国児島郡児島湾開墾事業に付、明治十七年十二月中生本伝九郎より藤田傳三郎外一名の保証人相立、猶外数名との組合起業約定書相添へ御庁へ上願仕、別紙写之通御指令相成居候処、今般右関係の者一同熟議の上該事業に関する一切の権利を藤田傳三郎へ譲渡し、同人に於て着手成効候様仕度候間此段御聴済被成

下度、仍て前願人及保証人組合人等一同連署を以て奉願候也
追て起業着手願書並に着手順序等は本文願意御聴済の上藤田傳三郎より上呈可仕候

明治二十年七月

大阪府東区高麗橋一丁目一番地

起業者　藤田傳三郎

岡山県岡山区片瀬町一番地

当時神戸下山手通七丁目

前願人　生本伝九郎

前願人保証人

及組合人　鹿島岩蔵

東京府京橋区南紺屋町拾番地

組合人　阿郎浩

大阪府西区靭上通三丁目八番地

同　田中市兵衛

大阪府東区南久太郎町二丁目六番地

同　杉村正太郎

岡山県知事　千阪高雅殿

書面起業者名義換之義、聞届候条最前指令の通該事業着手の順序並工費額等詳細取調可願出事

明治廿年八月二日

岡山県知事　千　阪　高　雅

（『訂正増補児島湾開墾史全』）

史料④　藤田傳三郎児島湾開墾演説要旨　明治二十年（一八八七）

（明治史料研究連絡会『明治史料　第六号』）

明治二十年七月ヲ以テ、従前組合各人ノ連署ヲ以テ、名義変更ノ願書ヲ県庁ニ差出シ、同年八月二日附ニテ聞届ケノ指令ヲ得タリシカバ、自ラ岡山ニ出張シテ、児島湾ノ実況ヲ視察シタリ。其際予ハ此事業ニ関係アル官民数十名ヲ同地ノ観楓閣ニ招待シ、席上一場ノ演説ヲ為シヌ。

其要旨ヲ叙スレバ左ノ如シ

児島湾開墾事業ハ一己営利ノ目的ニ外ナラザルモ、其性質国家ノ公益ニ属シ、起業者ハ幾百万ノ資本を投ジ、数十年ノ後ニ至リテ僅ニ其資本ト利益ヲ回収スルニ過ギズ。況ンヤ海面ノ事業ニテ其損失ノ如キ、事業大成ノ上ニアリラザレバ、未ダ容易ニ之ヲ予言スベキニアラズ。之ニ反シテ地方人民ハ此事業資本放下ニ依リテ、起業中ハ勿論、竣功後ニ於テモ直接、間接ニ利スル所蓋シ尠少ナラザルベシ。故ニ予ハ信ズ、地方人民ハ

必ズ此事業ノ企画ヲ歓迎スルナラム。余モ亦地方人士ト共ニ永ク慶福ヲ享ケンコトヲ望ム云々。

史料⑤　児島湾開墾起業許可　明治二十二年（一八八九）五月二十三日

（岡山県史編纂委員会『岡山県史　第十巻　近代Ⅰ』）

児島湾開墾ノ儀ハ従来詮議中ノ処、今般大阪府下藤田傳三郎へ起業許可候条、此旨心得ノ為メ告示ス

明治二十二年五月二十三日

岡山県知事　千　阪　高　雅

史料⑥　井上馨宛藤田傳三郎書簡　明治二十二年（一八八九）九月二十日

（「井上馨関係文書」国立国会図書館憲政資料室蔵）

（略）

開墾之事ニ付てハ松方伯及芳川君へ御噺置被下候由、又野生ハ相当之手順ヲ誤ラサレハ万一之時ニハ毛利公

も御分担被下候由、彼是御厚情之段奉深謝候
（略）
漁民及兼業者都て千七百戸有之内、千四百戸ハ開墾賛成書ヲ差越居候得とも、着手遷延之為少数不良民及大同派代言等より攻撃ヲ受ケ迷惑不少ニ付、賛成取消ヲ申越候者も在之候
（略）
児島湾開墾之大望アリ、鉱山之利益よりも開墾ハ生涯之基業と存候
（略）

史料⑦　児島湾開墾起工許可　明治三十一年（一八九八）九月二十六日
（同和鉱業社史編纂委員会『創業百年史』）

大阪府大阪市北区網島町
藤田傳三郎代理
本　山　彦　一

児島湾開墾起工の義、明治二十九年五月十二日岡山県指令第二七五号を以て及指令置候処、明治十四年五月十

七日付を以て当庁へ差出せしムルドルの計画に基きたる設計書中、差向き第一期事業に属する第一区及第二区の起工を認可す、但彦崎川・米倉川・妹尾川及丙川等の吐口に対しては、特に指示する所に従い設計を訂正し、且認可区域全体の工費予算は現今の状況に応じ更に取調差出すべし
第三区は設計を変更し更に差出すべく、第四区以下に対しては、追て何分の義指令に及ふべき義と心得べし

明治三十一年九月二十六日

岡山県知事　高　崎　親　章

（『訂正増補児島湾開墾史全』）

史料⑧　毛利家・藤田組契約書　明治三十二年（一八九九）七月一日
（明治史料研究連絡会『明治史料　第六巻』）

契約書

公爵毛利元昭の代表者財産主管男爵毛利五郎と合名会社藤田組及び其社員藤田傳三郎、久原庄三郎及び藤田小太郎との間に於て金銭貸借及び児島湾開墾地譲渡に関する契約をなすに方り、財産主管を甲とし藤田組社長及び社員を乙とし双方協議の上締結する条項左の如し

第一条　乙は別紙児島湾開墾事業に関する岡山県庁命令書に記載せる第一区より第八区迄の内、今回起工認

可を得たる第一区第二区の事業に限り之を起工するに付、甲は下条に記載せる各条件を以て、其事業の為めに必要なる資金を貸付することに対し、乙は其条件に従つて之を返済し、且つ此契約締結前に於て甲より乙に貸付たる金額も該事業区域を完成耕地と為すべき期間内に於て併せて返済することを約諾す。

第二条　第一条記載の目的を達せんが為の双方協定したる条件の概要左の如し

一、第一条に記載の起工区域に就きては乙は本契約の日より起算し、小作鍬下年限を併せて五ヶ年と六ヶ月以内に全く其事業を畢へ、本条第一項第八号記載の各分区画竣功するに従ひ、直ちに右期間内に於て漸次小作米を附し、而して其年より起算し八ヶ年内に該第一区第二区の全部を漸次に完成耕地と為すべき義務あるものとす。（略）

二、本開墾地起工区域面積は堤防道路溝渠其他公共の用地を控除し、耕地宅地等総段別凡一二四八町歩を得べき予定にして各分区画の完成耕地となるに従ひ漸次甲に譲り渡し、本条第一項第一号但書及び第七条第一項第四号に記載せる期間内に於て第一区及び第二区の完成耕地全部を甲に譲り渡すべきものとす。

（略）

明治三十二年七月一日

公爵毛利元昭代表者

財産主管男爵　毛　利　五　郎

合名会社藤田組

社　員　藤　田　傳三郎

社　員　久　原　庄三郎

（略）

社　　員　藤　田　小太郎

史料⑨　品川弥二郎宛藤田傳三郎書簡　明治三十三年（一九〇〇）一月六日

（尚友倶楽部品川弥二郎関係文書編纂委員会『品川弥二郎関係文書６』）

（略）

開墾工事上御注意被下奉謝上候。技師は初発関係致居候笠井愛二郎と定め、御示諭之長七氏之法を以相談致置候に付、堤防着手に到れは同氏へ相談致候事可有之候、其節は更に願上度奉存候。此業発起之当初は成工之上其半は従来国家に尽されたる先輩諸君之不動産に願度覚悟に有之候処、其後不手□□候而打過又実地着手之場合にも不到由、豈図近来又大に方略を誤り毛利家之大保護を蒙り候義は御承知之通り、為に成功之上毛利御家へ御引受を願度次第に相成申候。併大恩借金は元利御迷惑を懸け申間敷と兼而心に誓居候処、是は望を達し候様相成可申候に付、御放慮奉願上候

（略）

史料⑩　児島湾開墾に関する調停書　明治三十三年（一九〇〇）七月二十五日

（「児島湾開墾ニ関スル調停書写」萩博物館蔵）

調停契約承認書正本

（略）

右調停者野﨑武吉郎・田辺為三郎両名ノ委任状ヲ所持シタル代理人岡本佐市ト、福浜村長中野寿吉・芳田村長近藤陽三郎・今村長亀山吉郎・大野村長福田猿次郎・伊島村長難波重直・白石村長河内芳左・一宮村長浅野真尺・平津村長児島□二郎・横井村長益田富次郎、及ビ委員蜂谷丈太郎・児島□二郎・浅野真尺・難波重直・岡崎柾次郎・中野寿吉拾壱名ノ委任状ヲ所持シタル代理人河本嘉三郎ト、起業者藤田傳三郎及起業継続約束者合名会社藤田組支配人本山彦一両名ノ委任状ヲ所持シタル代理人上野藤太郎ハ、明治参拾参年漆月弐拾伍日公証人横田長二郎役場ニ於テ安田福太郎ノ立会ヲ以テ左ノ調停契約ヲ承認ス

第壱款

藤田傳三郎ニ於テ予テ其筋ノ許可ヲ受ケ、岡山県下児島湾ノ開墾ニ着手セシニ、福浜村外捌ヶ村ハ其設計ニ関シ異議ヲ唱ヘ紛議中ノ処、今般野﨑武吉郎・田辺為三郎ノ両人双方ノ間ニ立入リ左ノ條項ヲ定メテ之ヲ調停シタリ

第壱條　福浜村外捌ヶ村ハ、藤田傳三郎ガ明治弐拾弐年岡山県庁ヨリ下附セヲレタル命令書ニ基キ調整シタル児島湾開墾設計書及ヒ其図面（設計書及ヒ図面ハ別冊ノ通リ）ヲ認定シ、尚現ニ藤田傳三郎ガ起工為シ居ル第壱区及ヒ第弐区中、該設計書及ビ図面ニ比シ変更セル箇所ハ、実際止ムヲ得ザルニ出テ、若クハ前設計ヨ

リハ寧ロ完全ナルコトヲ認定スベキ事

（略）

第参條　上流諸村潅漑用ノ余水ハ十分ノ好意ヲ以テ、藤田傳三郎ノ開墾地ヘ流通セシムベク、且ツ漏レ水棄リ水等ハ其関係諸村ト藤田傳三郎ト協議ノ上、藤田傳三郎ノ費用ヲ以テ水路ヲ修繕若クハ改築シ、其他利導ノ方法ヲ設クル事ヲ得セシムベキ事

（略）

第五條　該開墾地地続町村ト藤田傳三郎トノ間ニ於テ協議ノ上、設計ヲ変更シタル部分ノ工事ハ地続以外ノ諸村ニ於テモ之ヲ承認スヘキ事

第六條　藤田傳三郎ハ第壱條乃至第五條記載ノ事項ヲ福浜村外捌ヶ村ニ於テ承認シタルヲ以テ、金肆阡円ヲ福浜村外捌ヶ村ニ寄贈スベキ事

第七條　藤田傳三郎ハ前條ノ外、開墾設計書中第五区築立竣工ノ上ハ、同区内ニ於ケル成功地拾参町歩ヲ無代価ニテ福浜村外捌ヶ村ヘ寄贈スベキ事

（略）

但右調停條項第六條ニ掲ゲタル金肆阡円ハ、当日双方間ニ其授受ヲ完了シタリ

（略）

※□は活字がない。偏は「言」、旁は「謇」で、読みは「けん」。

史料⑪　児島湾開墾工事予算概要　明治二十二年（一八八九）・明治三十五年（一九〇二）

（同和鉱業社史編纂委員会『創業百年史』）

最初の予算は明治二十二年を以て編成したるものなるが、爾後一には労働賃銀若しくは諸材料の騰貴に由り、又一には工事設計の変更に由り予算を変更増加すること数回にして、同三十五年に訂正せるものを最後の予算として工事を進行せり。（略）

明治二十二年編成　児島湾開墾自第一区至第八区全体予算

総費金六拾四万九千六百参拾壱円参拾八銭四厘

（拘泥堤費、閘門費、放水溝費、道路費、橋梁費、築堤費等）

（略）

明治三十五年編成　訂正予算（三十五年調査）

工事費総額金六拾八万五千四百七拾九円拾参銭参厘

（築堤費、閘門費、溝渠及道路費、橋梁費、非常防禦費、澪付替費、予備費等）

注　以上の費用は直接工事費のみにして工事監督費及び事務所費の如き間接費を除きたるものとす。尚此外に創業費其他損害補償等数拾万円を要したりといふ。

（『児島湾干拓沿革資料拾集録』）

史料⑫　井上馨宛藤田傳三郎書簡　年月日不詳

（「井上馨関係文書」国立国会図書館憲政資料室蔵）

（略）

初発御恩借を給りし已来、其恩義心魂ニ徹し、妻子ハ素より職員下人等迄ニも毛利家之御保助を蒙り、我家ハ家業継続成候事ニ付、毛利家及井上伯爵之命令ハ仮令犯ストも背ク事不能と申聞、又小生ハ従来神仏ニ立願セシ事ナキニも不拘、此恩借之義務を果す迄ハ我命を保障なし玉へと神仏祖先へ立願シ、日夜念頭を去ル不能、如此恩義を重ンジ居候間、何事ニよらず毛利家筋之一語一書ハ肺肝を貫き感服ニ徹シ申候

（略）

史料⑬　「藤田翁頌徳碑」碑文　昭和二十六年（一九五一）三月

（岡山市藤田地区地域振興推進協議会『藤田の生い立ち』）

わが藤田傳三郎翁は天保十二年五月十五日長州萩に生れ、幕末の頃は郷土にあって尊攘のことに奔走、明治二年大阪に出でて実業に志し、六年藤田組を興して鉄道築港鉱山開墾林業等を経営するなど大阪実業界の重鎮として盛名を博した。四十四年功によって男爵を授けられ従四位勲三等に陞叙せられ、四十五年三月三十日七十

二歳をもって歿したのであるが、ここにもっぱら児島湾開墾のことを叙して翁が不滅の偉業を偲びたいと思う。顧みるに明治十五年頃翁が児島湾において六〇〇〇町歩の開墾を思いたち、爾来三十二年五月十五日起工式をあげるまでの間は漁業及び治水上の見地から激しい反対を説得すると共に、各種の障害を克服するなどもっぱら事業と準備に腐心し、それ以後翁の逝去に至るまでの間は専心その成功を期し、現在の藤田開墾完成の基礎をほぼ確立せしめたのであるが、其の間翁は終始この事業が必ずや世に益する国家的事業であるとの不動の信念のもとに、不世出の手腕と強靭な意思と、加うるに進歩的な着想とをもって、あるいは事業の進歩に、或は巨額の調達に、更には大規模機械化農法の実施等に向って、不撓不屈、文字どおり言語に絶する努力を払って、拮据経営されたのであって、こんにち翁及び嫡子平太郎、嫡孫光一の三代にわたる経営により、児島湾地帯に約四〇〇〇町歩の土地が造成せられ、その中央部の地域をもって明治四十五年四月一日藤田村を創立し、周辺部の地域はこれを灘崎村・興除村及び岡山市に編入し、かつこれらの土地は現在数千にのぼる農家に完全に譲渡せられ、其の生業を確保し、かつては高潮荒れ狂うた蒼海も、いまは豊かに稔る穂波と化し、年々莫大な五穀を育成し、地方の開発はいうに及ばず、日本産業のうえに寄与した功績ははかり知れないものがある。まことに藤田翁の偉業は炳乎として日月と共に輝いていると言うべきである。翁逝いて四十年、沢に浴する幾千の景慕欽仰おのずからあつまって、碑のなるにあたり、ここにいささか感恩の情を録して、無窮に伝える次第である。

昭和二十六年三月

岡山県知事　西岡広吉撰

広島大学教授　井上政雄書

史料⑭　「藤田傳三郎翁顕彰之碑」碑文　昭和二十七年（一九五二）五月

藤田傳三郎翁は天保十二年長州萩に生れ気宇闊達夙に公共事業に志し明治二十二年児島湾干拓の大事業を興し苦心経営子孫三代に亙り遂に四千町歩の国土を造成せり、岡山市浦安本町外十ケ町一千二百町歩の地は一部にして昭和二十五年竣工す、西部は本市最大の穀倉地帯として米麦年産一万数千石に及ぶ、東部は工業地帯として岡山港の築造臨港鉄道の敷設幾多工場の設置更に施工中の児島湾淡水湖化締切堰堤は岡山玉野を結ぶ道路並に鉄道の実現を確実ならしめる等臨港工業都市開発逐年進捗し地方産業発展上本地域の使命益々増大しつつあり、翁逝いて既に四十年今や国民は狭小なる国土に在りて殖産興業に渾身の努力を要するのとき翁の偉業を景仰し感恩報謝の念愈々切なるものあり茲に同志相謀り碑を建て以て翁の遺徳を無窮に伝へんとす

昭和二十七年五月　　岡山市長　　横山昊太撰

桂南　大原専次郎書

◎参考文献

故本山社長傳記編纂委員會『松陰本山彦一翁』大阪毎日新聞社・東京日日新聞社、1937年
大江志乃夫「「政商」藤田組をめぐって」「藤田組関係史料」(『明治史料 6』)明治史料研究連絡会、1961年
楫西光速『政商』筑摩書房、1963年
大島 清・加藤俊彦・大内 力『人物・日本資本主義3』東京大学出版会、1976年
岡山県立興陽高等学校農業研究部『児島湾干拓および干拓地農業発達史』岡山県立興陽高等学校、1977年
『岡山伝記文庫 郷土にかがやく人々Ⅲ』日本文教出版、1978年
宮本又次『五代友厚伝』有斐閣、1981年
武田晴人「明治前期の藤田組と毛利家融資」(『経済学論集 第48巻 第3号』)東京大学経済学会、1982年
蓬郷 巌「児島湾干拓―藤田傳三郎の業績―」(『農業土木学会誌 第53巻 第4号』)社団法人農業農村工学会、1985年
笠原英彦「藤田組事件の一考察」(『日本歴史 第448号』)吉川弘文館、1985年
社史編纂委員会『創業百年史』同和鉱業株式会社、1985年
岡山県史編纂委員会『岡山県史 第十巻 近代Ⅰ』岡山県、1986年
小林正彬『政商の誕生』東洋経済新報社、1987年
岡山市百年史編さん委員会『岡山市百年史 上巻』岡山市、1989年
大國晴雄『石見銀山歴史散歩』石見地域デザイン計画研究会、1992年
岡山市百年史編さん委員会『岡山市百年史 資料編Ⅰ』岡山市、1993年
藤田地区地域振興推進協議会『藤田の生い立ち』藤田地区地域振興推進協議会、1993年
砂川幸雄『藤田傳三郎の雄渾なる生涯』草思社、1999年
佐田昌弘「児島湾開墾許可をめぐる民権運動と政商藤田傳三郎」(『地域史における自治と分権』)大学教育出版、1999年
藤田錦干拓100周年記念事業実行委員会・岡山県立興陽高等学校郷土芸能同好会・藤田学『藤田錦干拓100周年記念誌「蒼海から田園都市」』藤田錦干拓100周年記念事業実行委員会、2004年
斎藤實則『あきた鉱山盛衰記』秋田魁新報社、2005年

赤井克己『瀬戸内の経済人―人と企業の歴史に学ぶ24話』吉備人出版、２００７年
佐藤英達『藤田組のメタル・ビジネス』三恵社、２００７年
吉川廣和「地域活性の源へ　ＤＯＷＡグループと石見銀山」（『別冊太陽　石見銀山』）平凡社、２００７年
岸田　崇『生本伝九郎の生涯』吉備人出版、２０２０年

講演2

傳三郎と美術館

公益財団法人藤田美術館館長

藤田　清（ふじた　きよし）

1978年藤田傳三郎から数えて5代目にあたる藤田家五男として神戸市に生まれる。

大学卒業後2002年に藤田美術館に入館。2013年館長に就任した。

現在は2022年の美術館リニューアルに向けて準備中。

改めまして、こんにちは。藤田美術館の藤田清でございます。美術館を開館している頃は何かと人前でお話をさせていただく機会があったのですが、休館期間が数年ありまして、久々に人前で話すということで、今日はものすごく緊張しております。今回は「傳三郎と美術館」ということでご紹介できればと思っておりますので、よろしくお願いいたします。

本日2番目になりますが、最後にお話しするのは非常に難しくて、私がお話ししたいことは大体、先ほどの樋口先生に詳しく教えていただきましたので、簡単にではあるのですが、まず藤田傳三郎（写真1）がどういう人だったかというところからご覧いただこうと思います。

傳三郎は1869（明治2）年頃長州、山口の萩から大阪に出て、事業を始めます。まずはじめは軍隊の物資の卸をやって、そのあと軍靴の製造、つまり軍隊の靴を作って、それから土木をやったり、電鉄をやったりというふうに続いていきます。先ほども出てきた名前が、たくさん挙がっていると思います。鉱山業としては、現在のDOWAホールディングスさん。軍隊の靴を作った会社というのは、後にいろいろな会社とくっついたりして、靴のリーガルさんになっていたりだとか。それから南海電鉄さん。先ほど東洋紡さんとありましたが、つくった当時、傳三郎が携わった大阪紡績というところは、確か、民間では日本で最初に、電灯を使った夜間の工場の稼働をした会社だったと思います。それから関西電力さんですとか、先ほど出た大阪商法会議所、現在の商工会議所です。傳三郎は二代会頭を務めています。初代会頭が五代友厚さん（写真2）。3年ほど前にNHKの朝の連続テレビドラマで『あさが来た』という番組がありました。ちょうど明治を舞台にしていて、日本女子大学を設立した人がモデルになっていましたけれども、五代友厚さんが出てきて「大阪商法会議所」のところで実は、藤田傳三郎も登場するんじゃないかなと思っていたんです。藤田は一緒にくっていますし、広岡浅子さんが寄付を募った

写真1：藤田傳三郎

中には藤田も入っていて寄付をしていますからね。今、日本女子大学の中には「香雪館」という建物の名前が残っています。これは藤田の号「香雪」からきているのですが、テレビには一切出てこなかったですね。最後まで出てこなくて、結局、五代さんを演じたディーン・フジオカさんがすごく売れたというドラマでした。なぜかほとんど、そういう表舞台には出てくることが少ない人です。一つは大阪にあった自宅が空襲で焼けてしまって、そのために資料が非常に乏しいということもあるのかなと思います。

写真２：五代友厚

美術品を集め文化の再興

事業のところは先ほど詳しくご覧いただいたと思うのですが、この藤田傳三郎、一方で美術品の収集にすごく注力しています。なぜそうなったかというと、明治というのは「廃仏毀釈運動」といって神社仏閣が打ち壊されていた時代です。例えば、有名な五重塔が、わずか数円で売りに出されたりしました。その売りに出された数円というのは何の値段かと言うと、薪です。つまり燃やすために売っているんです。結局それは売買が成立しなくて、塔はちゃんと残っているのですけれども、それぐらい日本の仏教美術だとか美術品、文化に対して関心が薄くなっていた時代なので、傳三郎は、これはいけないと考えた。当時の言葉なので、読むのがすごく大変だと思いますが、「予は当時この状態を見その美術志向は国富の増進と共に崇高に赴くべし／さればこの際に於いて　大いに美術品を蒐集し　傍ら国宝の散逸を防がば他日の悔いを遺さざる事を得べしと／依って資を傾けてその蒐集に努めぬ」と。どういうことを言っているかというと、美術とか文化というのは自分の国のアイデンティティー、自分たちが自分たちであるための非常に大事なものであると。今このタイミングでそれを手離してしまうときっと後で後悔する。だから自分はこれを集めて何とか守るのだということを言っていたのです。

そうして美術品を集めて自分は何をしたかというと、大阪の都島に邸宅を作って、能舞台を設置したり、それからお茶室を造ったのです。いわゆる茶道です。明治というのは抹茶だけではなく、お煎茶がすごく盛んな時代なので、煎茶だとか抹茶を含めると、大体邸宅一つに10ぐらいの茶室を造った。つまり、大阪の都島、網島という場所には邸宅が3つ並んでいたので、あのエリアだけでも30近くの茶室があったと言われています。それぐらい、お茶や能を自分でも楽しんだのです。コレクションをする人にとっては、単に集めるだけではなくて、より理解するために自分もやってみるというこ

写真3：旧藤田美術館

とがすごく大事なのです。

ただ一つエピソードでいくと、例えばお香、「香道」というのがありますが、明治というのは、廃仏毀釈と同時にお茶の世界も、能の世界も、それからお香の世界も、非常に疲弊している時代なのです。それを当時の実業家が、何とか再興しよう、興そうとするのです。本人が語ったそうなのですが、この香道だけは、家元が女性で何か気が合わなかったようで、すごくややこしいからこれはもう諦めると言って諦めたそうです。それ以外の茶道なんかは、自分も茶室でお茶をやって、武者小路千家でしたが、最後の免許皆伝まできっちりとやり遂げて、たびたびお茶会を開いていたようです。

そうして集めた美術品をもとに、藤田美術館（写真3・4）というのが造られています。傳三郎が亡くなったのが1912（明治45）年で、その後、長男の藤田平太郎も次男も、昭和の初期には他界していますので、実際に美術館ができたときは、長男・藤田平太郎の妻（傳三郎からすると長男の奥さん）、それから次男・藤田徳次郎の妻、つまり平太郎と徳次郎の両夫人がこの美術館を設立します。藤田平太郎、徳次郎をはじめ藤田家の人間というのは、普段から「かかる国の宝は一個人の私有物

写真4：旧藤田美術館展示室

（として秘蔵する）にあらず」と、ものを持って自分で囲ってしまっていても、それは何の意味もないと考えていました。傳三郎は国のアイデンティティーとか、日本人が日本人であるためのアイデンティティーだから守ろうと言っているのに、それを囲ってしまってはいけない。公開しないといけない。だから一般的に外に出せる施設を作ろうということで、１９５４（昭和29）年に、空襲で焼け残った蔵をもとに建てた美術館です。

昔の蔵なので空調が何もありません。窓から入る風。今、普通の美術館で窓から風が入るなんていうと怒られますが、本当に外の風や光が入ってくるので、すごく開放感がある。その一方、蔵なのでしっかりとしていて、中は柔らかい空間という、すごく面白い、ちょっと変わった美術館だったのですが、空調がないことによって春と秋しか開館できなかったんです。そのために開館するのは春と秋で、夏と冬は休館していて。収蔵庫も蔵なので、とてもじゃないですけど入ってしまうと、それこそ10分もいると汗だくになるぐらいだったのです。建てられた当時は、こんなに暑い日が続くとか、寒い日が続くということはありませんでした。今は38度とか40度とかよくニュースに出ていますけれども、明治の頃はここまで気温が上がることがなかったので大丈夫でしたが、今はそうはいかないので建物を新しくしようということで、２０１６年の展覧会を最後に藤田美術館は休館になりました。

藤田美術館のコレクション

では、その藤田美術館にはどういったものがあるかというところをご覧いただきたいのですが。これは、「挾軾（きょうしょく）」といいます。「脇息（きょうそく）」は皆さんも聞いたことがあるかもしれません。時代劇でお殿様が肘を置いて、「近う寄れ」と言うときに横に置いてあるものです。あれは、だんだん時代をさかのぼって昔に戻っていくと、体の横にあったものは、実は体の前に置いて使うものだったのです。体の前に置いて、真っすぐの横の棒のところに両肘をついて使うもの。両肘をついて、こうやって顎を載せて喋るのです。すごく失礼に見えますが、それこそ昔の偉い人というのはそうやって使っていたそうです。それが「脇息」ではなくて、「挾軾」なのです。国宝の「花蝶蒔絵挾軾」（写真5・6）。これがなぜ国宝に指定されているかというと、9世紀の蒔絵の作品なのです。

蒔絵は皆さんの家にも食器があったり、例えば美術館さんに行くと古い蒔絵の作品がありますけれども、蒔絵というのは日本で作られた技法で、もともと日本古来のものですから、海外では「蒔絵」を指して「ジャパン」と呼ばれたりします。ですが、いつからできたかというのはすごく曖昧です。これよりも前、正倉院にもいくつか蒔絵の作品が残っています。ただ、今私たちが知っている、もしくは今ここにある挾軾の蒔絵の技法とはちょっと違っているので、蒔絵という技法が出来上がっていき、完成するまでの過渡期にあたる作品なのです。この9世紀の蒔絵というのは非常に少ないので、貴重なものだということで、今は国宝に指定されています。

写真5：国宝「花蝶蒔絵挾軾」

見ていただくと、このように模様がちゃんと花と蝶、こういったものが散りばめられているのですが、これが古い作品なので照明が当たらないとほぼ見えないもので、もう本当に真っ黒な、ただの台に見えるのです。一度、海外の方をご案内した時に、昔の展示室でしたが国宝なので真ん中の一番いいケースに置いていました。そうすると海外の方がこれを見て、「これは今、展示替えをしているところだろう」と。「なぜですか？」と尋ねると、「まだ上に物を置いていないじゃないか。これは台だろう」と言われるのです。この台が国宝なんですと言っても、「なんでこんな黒い台が国宝になるのだ」と言うのです。言われてみれば、確かに照明が当たってこういうものが見えなければ本当に真っ黒に見えるのですが、蒔絵としてはすごく貴重な作品です。後でご覧いただきますが、藤田美術館は建て替えをして今度はちゃんと照明が当たるようになっていますので、次に展示する時はきれいに見ていただけると思います。

写真6：国宝「花蝶蒔絵挾軾」（部分）

続いて出てくるのもちょっと地味に見えますけれども、これは「経箱」、お経を入れる箱です。「仏功徳蒔絵経箱」（写真7）といいます。先ほどは9世紀でしたが、これは11世紀の作品です。この作品はすごく暗く見えていますが、よくよく見ると面白くて僕はすごく好きな作品です。これは何の場面か分かりますか？　ふっと見て「雨」だと分かると思います（写真8）けれども、実はこれ11世紀の作品です。今から約千年前の人が描いたものを見ても、僕たちが「雨」だと分かるんです。つまり千年前から雨の表現は変わっていないのです。でも海外には雨の表現というのはなくて、雨を線で表現するというのは、ここ100年〜200年の話です。そう考えると日本人というのは、すごい昔から意識とか感覚は全く変わっていないんだというのが分かります。ちなみに、この「雨」

写真7：国宝「仏功徳蒔絵経箱」

写真8：国宝「仏功徳蒔絵経箱」（部分）

は法華経を表しています。中に法華経を入れる箱なので、法華経が雨のように降り注いで地面に染み込むように人々に浸透するといいなということを表現しています。このように、この経箱に描かれている場面というのは、いろいろな法華経の教えを文字で読まなくても絵で見て分かるように描かれています。

さらにこちらの絵はよく分からないですよね。ほとんどファンタジーに近いのですけれども、法華経をちゃんと毎日唱えていれば、たとえ山の中で鬼に追いかけられても雲が来て、その雲に乗ってシュッと逃げることができる（写真9上）ということのようで、鬼に出会う機会があるのかは分かりませんが、そうやっていろんなことから救ってくれる。つまり、どんな困難も法華経が救ってくれるのだということを表現しているのだと思います。

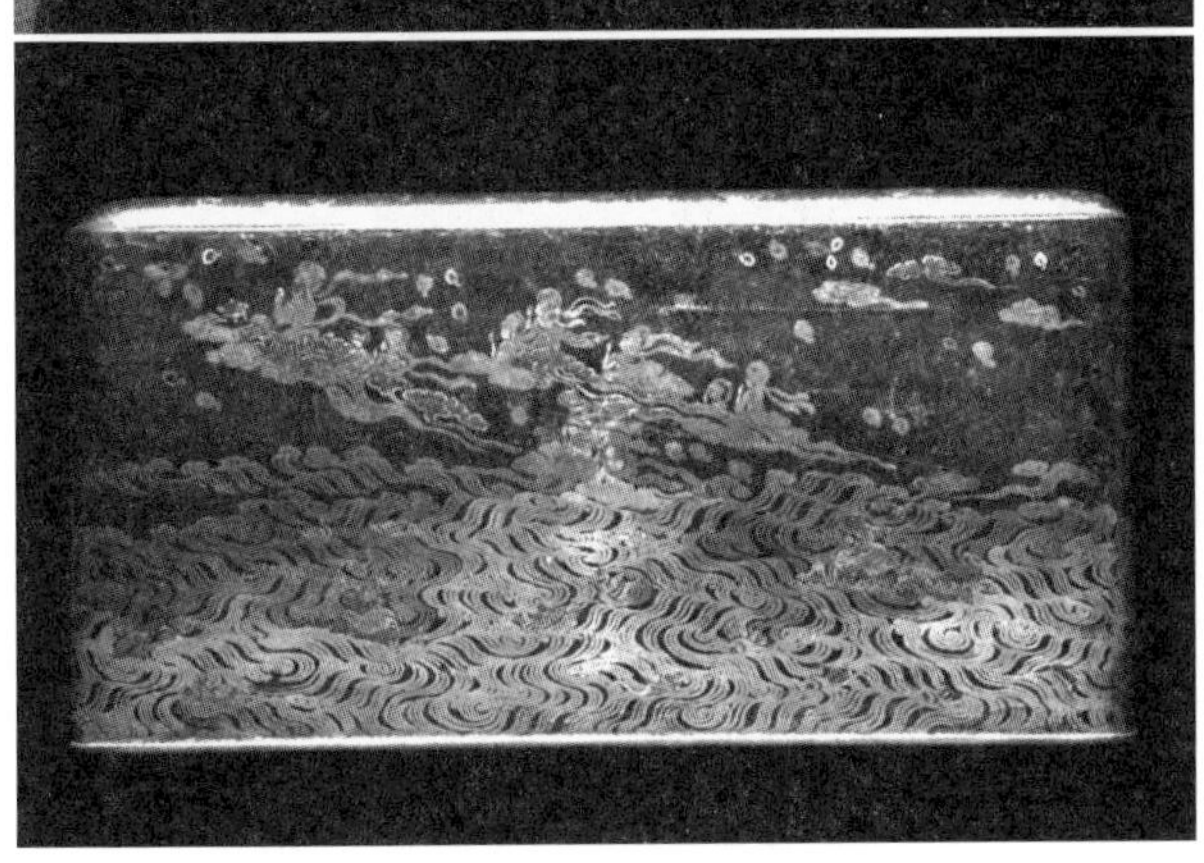

写真9：国宝「仏功徳蒔絵経箱」（部分）

それから、この場面が紹介されることが一番多いのですが、海の波の上を、雲に乗った人たちが何人かフワーッと飛んでいっているのが分かるでしょうか（写真9下）。ちょっと暗いのですが、この人が先頭です。これは今何をしているかというと、成仏しているんです。亡くなって天に昇っていくところです。なぜこの場面がすごく重要で有名かというと、この作品が作られた平安時代は（今なら社会問題になると思いますが）女性は亡くなったあと成仏できないと言われていました。法華経は、女性も成仏できないことはない。亡くなったら、その瞬間、男性に生まれ変わって成仏するのだと。当時、法華経が流行したのは、この一度生まれ変わることで女性も成仏できるとされたために、平安時代の女性、特に貴族の女性を中心に人気があったのです。この経箱もこれが描かれていることで、おそらくは貴族の女性が自分の功徳のために、これを誰かに発注して作らせたのだろう、そして、中に法華経を入れて納めたのではないかと言われています。

写真10：国宝「仏功徳蒔絵経箱」（部分）

ちなみに、先ほどの「台」を説明した海外の方もこの作品を見ていたのですが、私が今の説明をすごく熱心にしたら、通訳の方がパーッとワード3つ4つで説明を終えたんです。そんなに短かったかなと思って、「何て説明したの」と聞いたら、「この人はトランスジェンダーだ」って言うのです。つまり、性を変えた人なんだと言うので、そうじゃない、生まれ変わるのだと言ったのですが、やはりそこは通じないいんです。現代において理解してもらい難い思想なので仕方ないのですが、あの方は多分、いまだに「日本には平安時代からトランスジェンダーがいるんだ」と思っているかも知れないです。

これは先ほどの経箱ですが（写真10）、上の方には鬼から逃げる場面とか、ちょっと右下がゆがんでいて見にくいのですが、ここですね。ここでは犬と仲良くしていますが、この横にもっと犬に囲まれている場面があります。野犬に襲われても、その野犬を手なずけることができる。野犬を追い払わずに仲良くなれるというのが、ある意味すごく優しいお経なのです。そういった作品が収蔵されています。

快慶の仏像にまつわるエピソード

こちらは藤田美術館の中でも、特に人気がある仏像です。教科書なんかによく出てくる鎌倉時代を代表する運慶・快慶のうちの快慶が作った「木造地蔵菩薩立像」（写真11）で、もともと興福寺にあったものということが分かっています。何よりも鎌倉時代とは思えないぐらい非常にきれいに色が残っていて、「截金（きりかね）」という金箔を細く切って貼っていく技法があるのですが、これも全部きれいに残っています。そして足のところには、ちゃんと「法眼快慶」と署名があります（写真12）。

ですが、これには実はすごくストーリーがあって、私の父が美術館に携わっている頃、昭和40年代とか50年代だったと思いますが、一度、重要文化財になりかけたんです。国の指定品というのは、審議会があって、出席している人全員が賛成となると、そこで初めて重要文化財に指定されます。もちろん、それまでにいろいろな方が調査をして、これは間違いないだろうというものが審議会に来るのです。ただこの作品、その審議会の一番最後に、染織品、いわゆる布のご専門の方おひとりだけが、快慶かどうか疑問が残るとおっしゃったのです。その方は、「快慶」の署名だけで作者を快慶と決定づけていいのかということだったんです。そのために結局は指定品にならずに、ずーっと時代が流れて、つい10年ほど前にやっと、新しく重要文化財に指定されました。実は指定の会議を落ちると二度とそのステージには上がれないので、このようにもう一度審議されて重要文化財に指定されるというのは異例なことなのです。

写真11：重文「木造地蔵菩薩立像」

なぜそんなことになったかというと、1904（明治37）年ごろ、興福寺からいろいろな仏像や仏具が売却されます。これは、先ほどの廃仏毀釈のあおりを受けて、お寺や神社が非常に疲れていたときに、国がもう売却していいですよ。ただし破損したもの、使わないもの、新しく購入したなどで以前使っていてもう使わないというものに関しては売っていいですということで、この仏像を含む仏像数百体と仏具などかなりな数を売却するのですが、この売却のときの古い写真が出てきたのです。そこに、なんとこの地蔵が、本当に顔半分と光背だけが写り込んでいて、これは興福寺に伝来

写真12：重文「木造地蔵菩薩立像」（部分）

したもので間違いないだろうということで、新しい事実がわかったので重要文化財に指定する審議をしましょうとなったのです。もちろん色がきれいで、快慶ということも間違いないとされた作品です。

ちなみに、截金は金を貼っていきます。細かい作業であるのと、金は非常に希少価値があるので、その模様をつけることは当時としては高価です。ですから、表は線が4本ずつ引いてありますが、背中側は3本ずつに減らされているのです。というのは、後ろは普段見えないので。ただ、模様を入れないというのではなく、減らしてでもちゃんと描いている。そこまで丁寧にしている仏像というのはなかなかないので、これはすごく重要な作品ですし、珍しい作品です。

「玄奘三蔵絵」はアニメの原型!?

ここまで見ていただくと、仏教美術がすごく多いことがお分かりかと思います。なぜかといいますと、当時、廃仏毀釈で神社仏閣が非常に疲れていて、そこに寄付をしたり、建て直しの資金を出すことによって、使わないもの、いらないものとして、貴重なものを譲っていただいて、それを自分たちが保存して次の時代に残そうとしていました。これは藤田だけではなく、三井物産をつくった益田孝さん、益田鈍翁（どんのう）と言われていますが、その益田さんたちとちゃんと話をして、自分たちで何とか守れるものは守っていこうということで、そのスタートが、おそらく仏教美術だったのではないかと思います。

これも仏教美術のひとつです。「玄奘三蔵絵（げんじょうさんぞうえ）」という鎌倉時代の絵巻です（写真13）。玄奘三蔵というとピンとくる方はピンとこられると思いますが、『西遊記』に出てくる三蔵法師のモデルになった人で、実在したお坊さんです。ちなみに皆さん、三蔵法師というとパッとイメージするのは夏目雅子さんですよね。ちょっと華奢で、きれいな顔立ちで、馬に乗って。自分では力仕事をしないで、というかできないので、堺正章さんとか、左とん平さんなんか、いろいろな方が出演されていたのですけれども。

実はここに描かれている玄奘三蔵は全然違うのです。史実で言っても、非常に背が高く、筋肉ムキムキの20代の男性というふうに書かれています。中国海外の人の玄奘三蔵のイメージもそうです。中国を3万キロぐらい歩いて旅する、そんなことは華奢な人にはできないので、実際大柄な男性だったのだろうと言われています（写真14上）。この絵巻の最初に、玄奘三蔵の大きさは書かれてないのですが、お父さんの身長が書かれていて、2メートル60センチぐらいあるのです。絶対2メートル60センチもないと思うのですが、おそらく大柄だっ

写真13：国宝「玄奘三蔵絵」（鎌倉時代）

たのでしょう。それに、この絵巻を描いたのは日本人ですから、描いた人が中国に行ったことはないんです。ですから想像の中で、大陸の人は地面も大きいから体も大きいだろうとかいろいろ思って、ちょっと話に尾ひれをつけているとは思いますが、非常に大柄な男性だと言われています。

その玄奘三蔵が中国へお経を取りに行って、インドを回って帰ってきて、そのお経を今度は中国語に翻訳して、最後に亡くなるまでが絵巻に描かれています。全部で12巻あるのですが、その12巻全てが切られることもなければ、なくなることもなく、ちゃんと残っている作品です。それで、何が素晴らしいかというと、鎌倉時代とは思えないこの色のきれいさ。展示していると、大体ほとんどの方がレプリカだと思われます。というのも、全く色が落ちて剝がれている箇所がないのです。それに加えて、描いている絵がもうほとんど漫画に近いのです。例えば左はおそらく雷で、雷神とまでは言いま

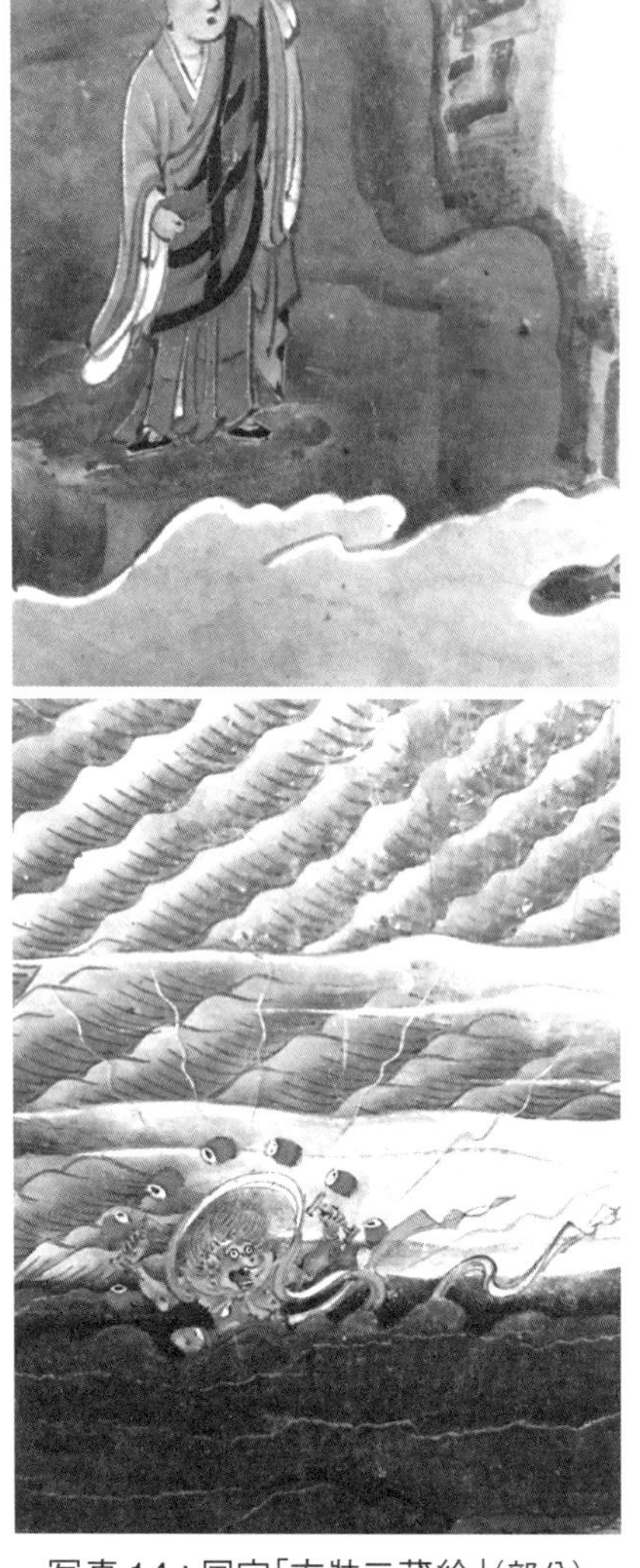

写真14：国宝「玄奘三蔵絵」（部分）

せんが、何か海のシーンが描かれています（写真14下）。こうやって、ホニョホニョって何か出ています。これは雷と分かるのですが、先ほどの雨の表現と一緒で、現代でも通じる表現があちらこちらにされています。例えばお経が光っているシーンだと、お経から黄色の線がシャーッと放射状に伸びていたりするので、本当に漫画の原型に近いのではないかなと思います。当時、文字が読めない人はたくさんいたので、そういう人たちに、偉いお坊さんの一生とか、先ほどの法華経の教えだったりとか、そういう徳の高いことをいかに簡単に伝えるかというのが、このアニメ、漫画の一番の原点だったのではないかと思います。

さらに、よく分からない魚も出てきます（写真15）。左はスッポンのようにも見えますが、スッポンにしてはちょっと首が長いかな。こういう訳のわからない動物、これは魚ですが、途中には本当に見たこともない動物や植物が出てきます。これは想像で描いているのですが、この絵巻に誰も見たことがない、そういうものを描くことで、誰も行ったことがない中国の奥地であったり、インドというところを

写真15：国宝「玄奘三蔵絵」（部分）

表現しているわけです。誰も知らない、見たことないものがあるから、これは遠い国でしょうという表現の仕方なのです。

これには非常にストーリーがありますが、悟空・沙悟浄・八戒は出てきません。玄奘三蔵は実在した人物なので当然といえば当然なんですけど。ただ途中で、首に髑髏をかけた人と、鋤というか鍬を持った人と、もうひとりおじいさんのその3人で玄奘三蔵のところに来るという場面があります。どう見てもあの3人は、サル・ブタ・カッパなのです。おそらく、サル・ブタ・カッパは一緒に旅をしなかったけれど、それを少しでも匂わせようとしていたんじゃないかなと。ということは、この絵巻が作られたときにはもう、僕たちが知っている『西遊記』という話が伝わっていたのではないかなと思います。

死の直前に入手した香合

それではお茶道具に移っていきますと、うちの美術館で結構雑誌に出たりするのはこの香合が多いのですが、交趾(こうち)の大亀香合(おおがめこうごう)という香合です（写真16）。これは、藤田傳三郎が亡くなる直前、1912（明治45）年3月に神戸の生島家というところで売り立て、今でいうオークションが開催され、そこに出品されたものです。

傳三郎はここに至るまでに、もう数十年前から、あの香合が欲しいとずっと言い続けていました。ですから、それが出ると分かった瞬間、藤田家に出入りしていたお道具屋さんに、そこは今も大阪にある戸田商店という古美術商ですが、その戸田商店に、あの香合が出ると分かった瞬間、「任せた」とだけ言うんです。というのは、当時、傳三郎は病床で、布団に入ってほとんど寝たきりに近い状態なので、もう多くを喋ろうとはしなかったのだと思います。戸田商店からすると、もうすごいプレッシャーなんです。任せたとだけ言って、予算も何も言われない。しかも何十年も前から欲しがっていることも知っている。絶対買わなきゃいけないということで入札に臨みます。

前々日くらいからの新聞で、「この香合はおそらく藤田が買うので12万円にはなるぞ」「15万円じゃないか、20万ぐらいいくかもしれない」と、そういう記事があっちこっちで書かれていました。ところが蓋をあけたら、入札が5～7万円ぐらいだったんです。そうすると、出品元の方は「話が違う」となります。オークションなので、話が違うということは普通ないのですが、売りたくないと言って、この香合を持って会場の横の部屋に閉じこもっちゃったんです。一番困るのは古美術商の戸田さんで、任せたと言われて、落札したのに「買えませんでした」では帰れない。みんなが説得してもダメで、どうしようかと言っていると、戸田さんが意を決して、出品者のところにバーンと入って、「9万円出す」と。9万円ならわかりましたとなり、香合は落札されます。9万円といっても、じゃあ今のいく

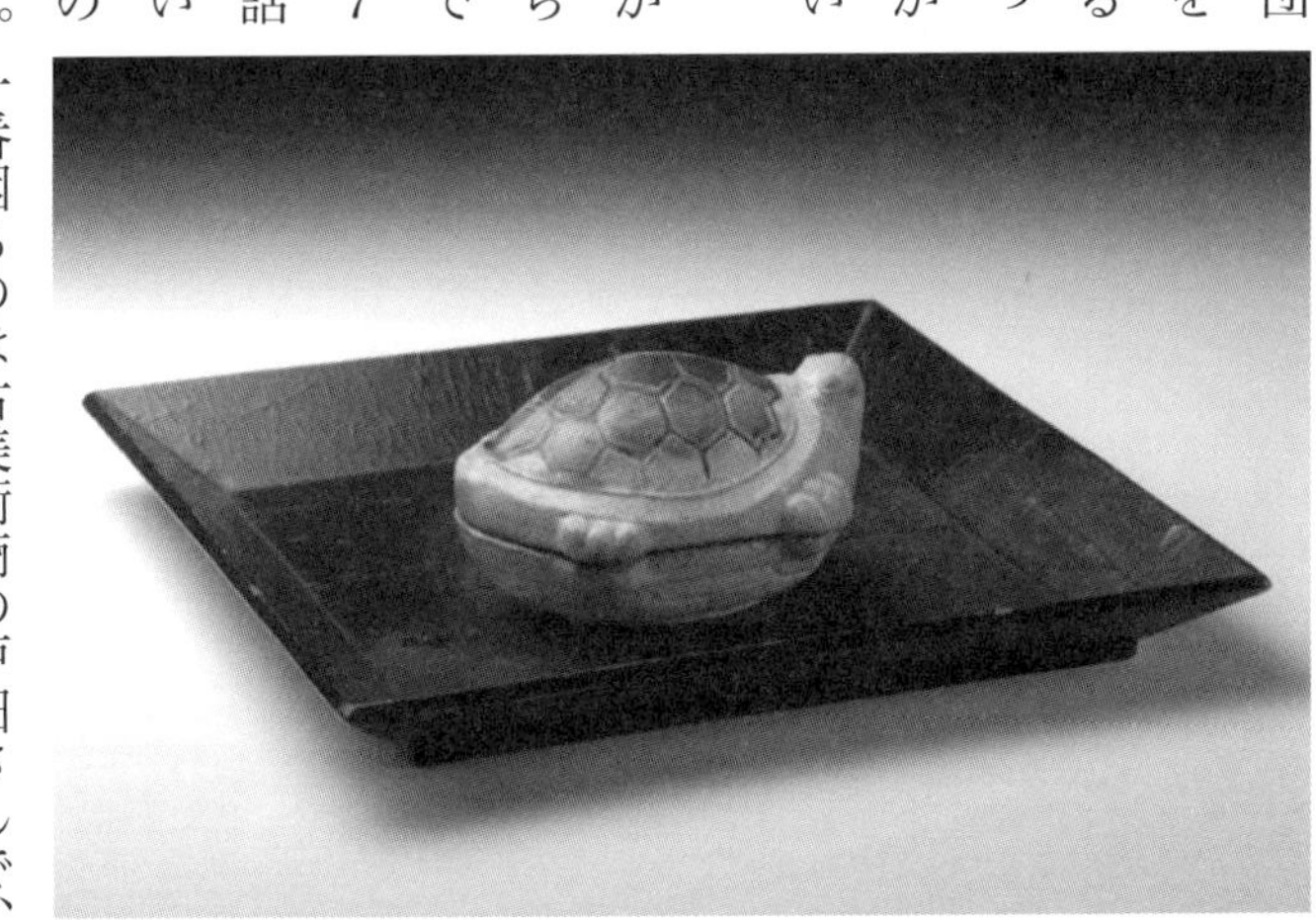

写真16：重文「交趾大亀香合」

らだという話になりますが、先ほど樋口先生の話の中でも3万円を萩市にという話がありましたけれども、大体1万倍ぐらいですので、9万円だと9億円ぐらいです。売りたくないって言ったところから短時間で、数万円、今でいう数億円バンッと値段が上がるんです。

そうやって値が上がって9万円で落札したというこの香合は、当時としてはお茶道具の入札最高額だったので、新聞記事に出たり、いろいろなところで話題になります。落札しましたという話を、戸田さんがすぐ傳三郎に言いに行きます。するとニコッと笑って「それはよかった」と言って、そのまま息を引き取ったとか。

でも、そんなうまいタイミングはないですよね。そんなドラマチックに人が亡くなることはなかなかできないものです。調べると、入札があったのが3月20日頃、亡くなったのが3月30日なので、10日ぐらい間があいています。ですから、落札しましたと言ってから10日間は時間があって、しかも通常はいろいろ手続きがあるので買ってもすぐに手元には来ないのですが、藤田がそういう状態でしたから、枕元までこの香合を持ってきたのです。ただ、触ることはできなかったと聞いています。もう触れることもできなくて、でも、それを見て、すごく喜んで亡くなっていったということのようです。結局、自分がもう亡くなると分かっていても、そんな高いものを買った。高いと言うとおかしいですが、きっと値段が高いわけではなくて、欲しいものがその値段だったというか、もう欲しくてしょうがなかったのでしょう。ただ、使うことは一切かないませんでした。この香合を使った取り合わせを考えているとは言っていたらしいのですが、それがどんな取り合わせなのか、何と組み合わせたかったのかは一切わからないまま亡くなっています。ですから、傳三郎はこれをどう使ったのかなということは、毎回これを展示するたびに思うのです。

もうひとつ、この香合を見て思うことは、すごくかわいいのです（写真17）。かわいいって言うとおかしいのですが。後でまた別のお茶碗も出てきますが、茶道具というのはちょっと渋いものが多いです。染みがあったり、ちょっとひびが入っていてとか、茶色くてとか、そういうイメージがあると思いますが、実は藤田傳三郎が欲しがって、何かすごく愛着があるものは全部きれいなものなんです。かたちが整っていたり、ちょっと愛らしいところがあったりします。ただ本人は好みというのをあまり持ちませんでした。好みがあって「僕はこれが好きだ」って言うと、これが好きじゃなくて大事なものが捨てられてしまうような時代だったので、とりあえず全部買うんです。全部買わないと守れない。なので、傳三郎の好みはほとんど分からないのですが、多分、亡

写真17：重文「交趾大亀香合」

くなる一番最後までどうしても欲しいと言っていたこの香合は、おそらく傳三郎の好みの何かが反映されているのだと思います。本当にかわいいんです。目もちょっと丸くて、口のところも何かバッテンというか、キャラクターみたいな口をしていて。この左の顔とは意外と合わないなあとは思いますが。

世界的に貴重な「曜変天目茶碗」

これが「曜変天目茶碗」です（写真18）。多分、藤田美術館で一番、皆さんがご存知だと思います。今日もこの写真がなかったら、後であれが見たかったとすごく言われると思います。国宝に指定されているお茶碗で、「世界に三つしかありません」という説明をされることが多いと思いますが、もうちょっと掘り下げると、実は世界に四つあります。四つと言っていいのかな。そのうち三つは国宝に指定されています。藤田美術館、それから静嘉堂文庫さんという東京の美術館、岩﨑家です。そしてもうひとつ、京都の大徳寺龍光院というお寺にあります。四つめというのはMIHO MUSEUMさんがお持ちの重要文化財のものが「耀変天目」という名前で伝わっています。その他にも曜変天目はいろいろあります。

いろいろありますと言うのもおかしいのですが、テレビで紹介された曜変天目茶碗があったりとか、もしくは展覧会で「これは曜変天目です」「曜変天目として伝わっています」というお茶碗はたくさんあります。どうして三つと言われるかと言うと、はっきりと青い斑紋が出ていて国宝に指定されているものというのはこの三つだけです。何が違うのかと聞かれると、すごく難しいですね。青い模様は三つのお茶碗で全然違うので。それを一括りにして「曜変天目」と言っているので、じゃあ別の所で出て来た、例えば赤い模様の出た茶碗はどうなんだ、とかいう議論がこれからされるかもしれないですね。

それで、すごく不思議なのは、藤田美術館の茶碗はライトを当てないと青い模様が見えません。普段はもう、ただ真っ黒です。以前、美術館で展示しているときには、懐中電灯を持って行って照らしたり、懐中電灯を置いて自由に照らしてくださいねということをしていたのですが、これも新しい美術館になると、きれいに見えるようになると思います。このように藤田美術館のものは、お茶碗の外側、横にも青い模様が出ていて、非常にきれいな明るいお茶碗です（写真19・20）。

このお茶碗ですが、何年か前にある番組で、中国まで破片を見に行って調べるという

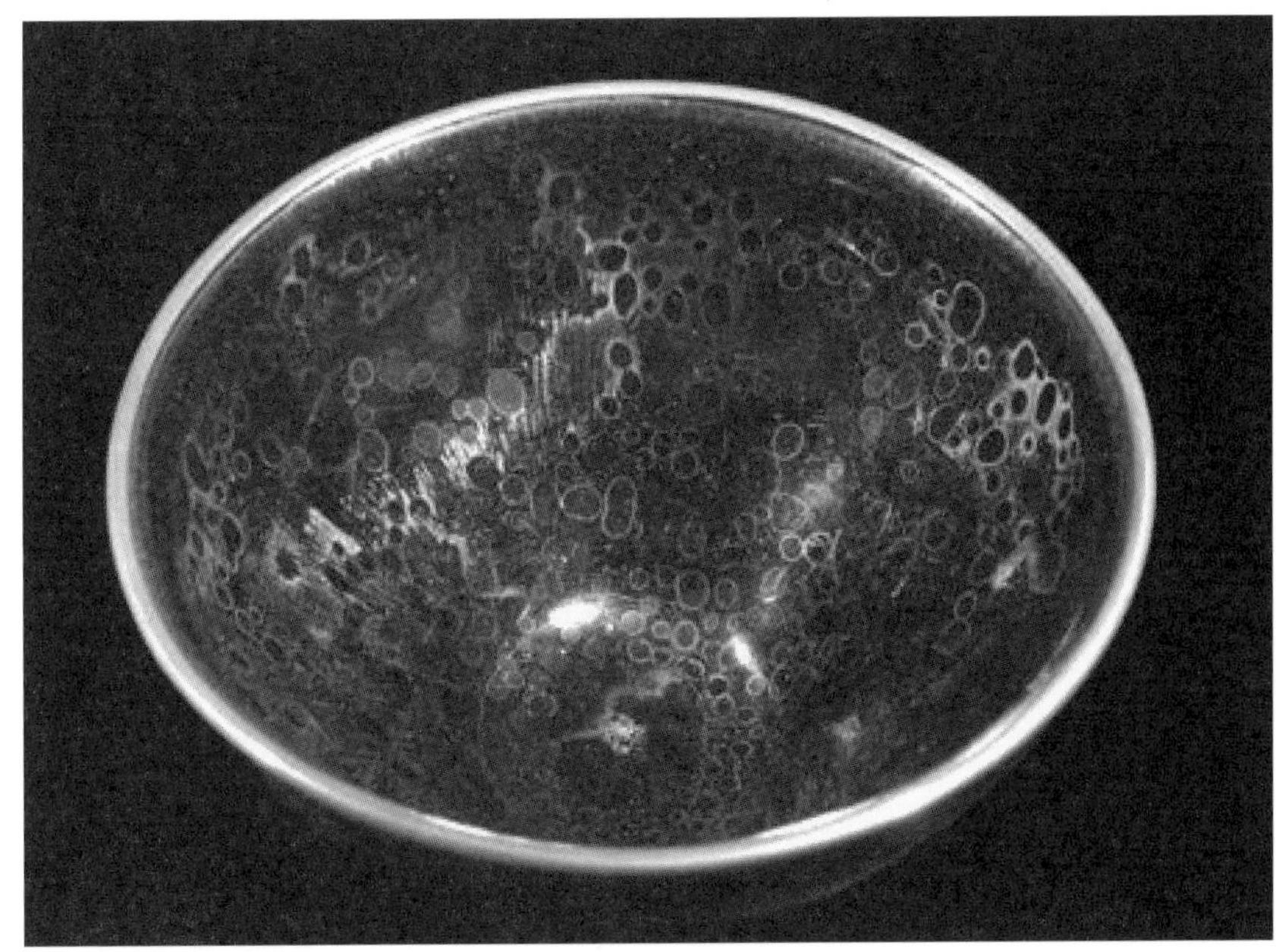

写真18：国宝「曜変天目茶碗」

企画がありました。私も呼んでいただいて、一緒に専門家の先生や他の美術館の館長さんなんかと行ったのですが、向こうのお茶碗というのがなかなかすごかったです。それは傷があるもので、完品ではなく破片なのですが、それでもすごくきれいな破片を見せていただきました。ただ、いろいろな事情で化学分析ができなくなったので、日本へ帰ってきて、この藤田美術館のものを分析しましょうということになりました。調べてみると、この黒く見えているところと青く見えているところは、素材に何も違いがないのです。つまり、青い色の顔料を入れているとか、そういうことではないんです。ではなぜ青く見えるかというと、僕はまだ理解が追いついていないのですが、「構造色」といって、例えばCDやDVDの触ってはいけない方の面、キラキラしている面は、傾けるといろんな色に見えますよね。でも、それ自体に色がついているのではなく、あれは中の細い溝が反射して、ある一定の色だけをこちらに返してくるので、あのようにキラキラして見えるのです。同じように青色だけを返す。おそ

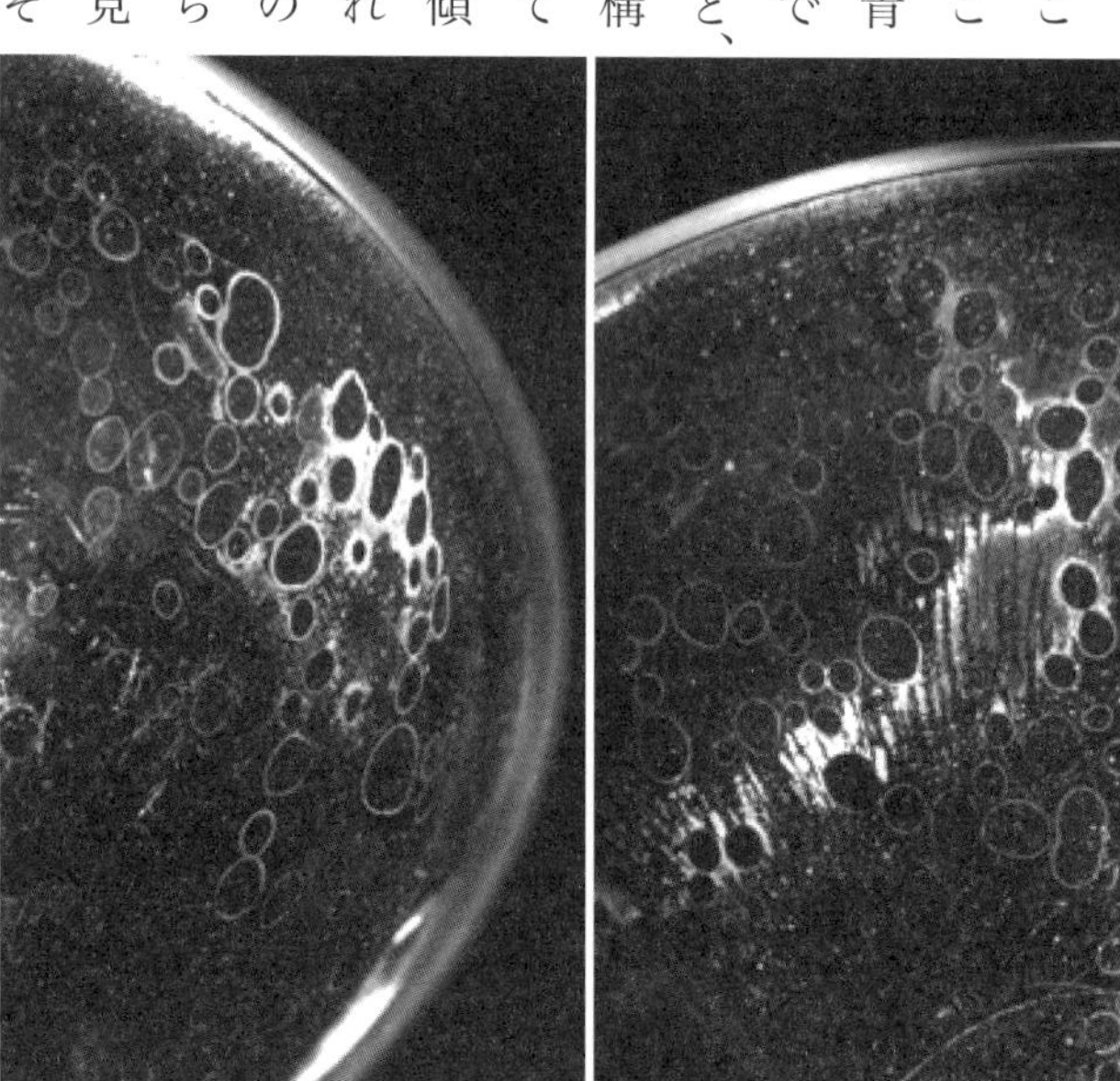

写真19：国宝「曜変天目茶碗」（部分）

らく茶碗の薄い釉薬のその中の薄い層で、そういう傷というか溝が入って青く見えるのだろうといわれています。その時は、はあーって感心したのですが、それがどうやってできるのかというのは、まだ誰も分かっていません。

さらに、このお茶碗の縁には銀色の「覆輪」という輪っかがついていて、これがまた銀の覆輪だというんです（写真21）。私たちは美術だとか歴史の古いものを触っていると、銀色に光るものは絶対に銀じゃないと思ってしまいます。皆さんのシルバーアクセサリーも、すぐに酸化して真っ黒になると思います。酸化して黒くなってないので、おそらく錫とか鉛、そういうものを混ぜているのではないかと言っていました。それで化学分析のときに、せっかく機械があるので、ちょっとだけ縁を測ってもらっていいですかとお願いしたら、測ってくれたのですが、90％ぐらいが銀なのです。あと不純物がいくつか入っていますが、これだけ純度が高い銀で酸化せずに黒いままというのは考えられないとおっしゃっていました。理由は何ですかとお尋ねすると、「いやあ、呪いですかねえ」と。化学分析の人が、呪いって言っちゃうのはダメなのですが、それくらい不思議な現象なのだろうなと思いました。

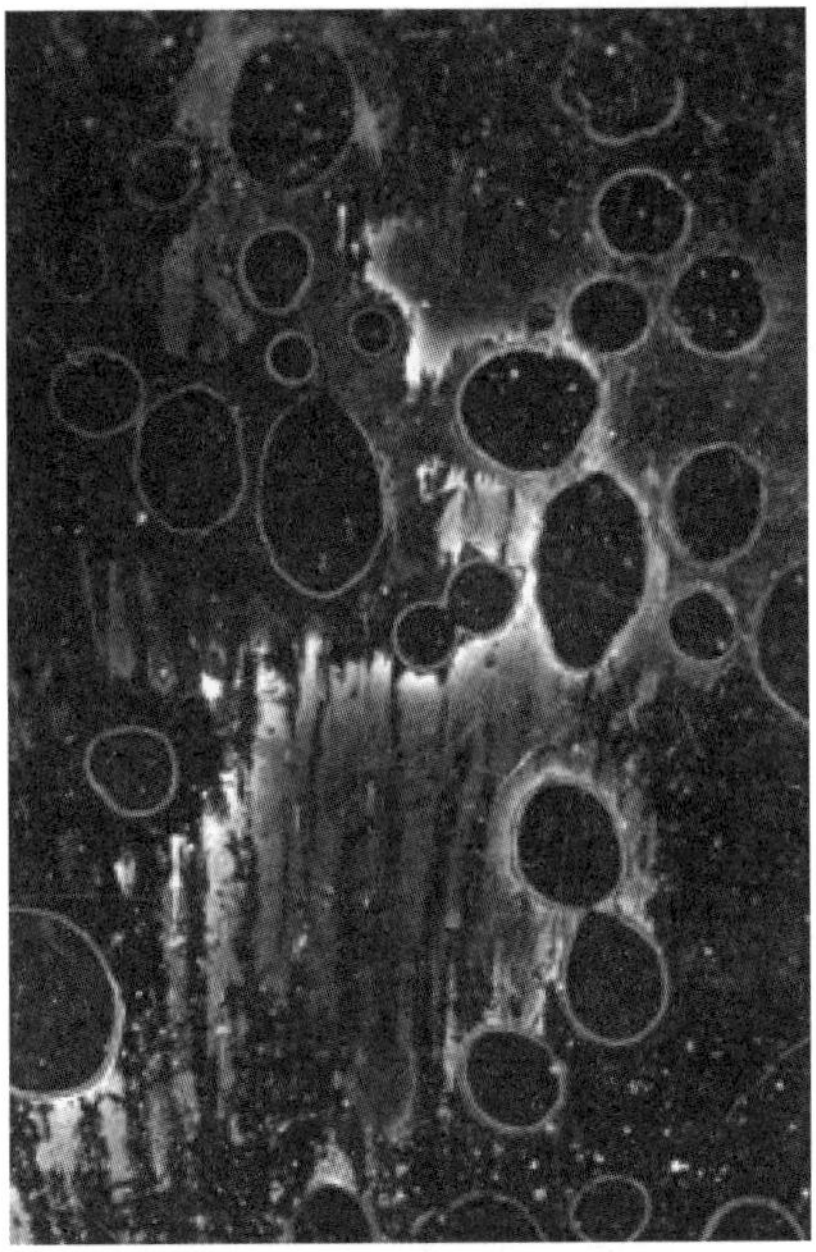

写真20：国宝「曜変天目茶碗」（部分）

おそらくは入っている不純物のバラン

スでたまたま酸化しにくいとか、変色しにくい銀になったのではないかと言われています。この銀も、いつ付けられたのかは分かりません。少なくとも100年以上はたっているので、江戸時代には付いていただろうと思われます。それ以降は分かっていませんが、その期間酸化しないということは、バランスがすごくいいのか、もしくは、銀はお茶碗に膠や漆で貼り付けているのですが、その相性で銀が保たれているのかもしれません。ですから、単にお茶碗の焼き物としての謎もそうですが、この縁の覆輪もちょっと不思議が残ったままになっています。

というのが、藤田美術館の所蔵品の一部ですが、こういった作品を含む国宝9点と重要文化財53点を所蔵しています。

あたらしい100年へ

それではちょっとだけなのですが、「あたらしい100年へ」ということでお話しします。

私たちは、先ほど申し上げたように、美術館の建て替え

写真21：国宝「曜変天目茶碗」

をしました。その理由のひとつは空調のない展示室、空調のない収蔵庫を建て替えよう、老朽化もあるので新しくしようと考えました。この「あたらしい１００年へ」というのは、私たちの展示室や収蔵庫であった蔵は明治の末に建てられて、１００年以上ずっと作品を守ってきました。それを今度は、私たちが次の１００年を守り、次の世代に伝えていくために建て替えようという想いの表れです。

この写真は新しい美術館の入口ですが（写真22）、昔の美術館と同じで、１００年前の蔵の扉をそのまま使っています。あたらしい、これからの１００年ということで、私たちが美術品を守るためにもう一度蔵を作り直しましょうというのが、今回の私たち美術館のプランのひとつでした。それを象徴するものとして、この扉を使っています。実は扉だけではなくて、昔の藤田美術館に来ていただいたことがある方もいらっしゃると思うのですが、もちろんここもすごく立派ですが、蔵なので、ものすごく太い梁がズドーンと一本通っていました（写真４）。そういう木材は非常に重要なので、何とかうまく使えないかなと。単にもったいないから使いましょうとか、例えばコストを下げるために使いましょうというわけではもちろんなくて、一つは昔の記憶というものを今に伝える。もしくは昔の雰囲気、空気感を今に伝えるために、できるだけ古いものを使ってくださいというお願いをしました。それでこの扉も使ってくださったのです。

写真 22：藤田美術館入口

これは展示室です（写真23）。すごく近代的な展示室ですが、この天井にたくさん通っている木のルーバーは、昔の木を使っています。そうすることで単に雰囲気というよりも、昔のものを、そのままで使えるところは次の世代、その次の世代にというふうにいろんなかたちで残していけたらいいんじゃないかと考えた展示室です。

これは展示室を出た所ですが、奥に多宝塔が見えています（写真24上）。これは和歌山の高野山光台院というお寺から大正時代に移築した塔で、今回は、それを敷地内で15メートル動かしました。曳屋（ひきや）といって、ロープで引っ張るんです。職人の方が塔を15メートル引っ張るのに、時間は大体どれぐらいかかるのですかと聞いたら、セットは時間かかるけども引っ張るのは数十分ですとおっしゃったんです。それでそんなにすぐ動くんだと思ったら、こんな古いものを十何メートル曳屋するというのはなかなかないプロジェクトなので、工事関係者の方とかいろんな方が見学したいと言い出して、結局その15メートルを2日間かけて動かしました。職人の若い子がジャッキをちょっと引っ張ると、「ああもう今日はここまでで」と言ってやめて、全然進まないんです。でもそれを映像で残して早送りすると、スーッと動いていく様子が分かります。それぐらいいろんな人が注目して、動かした塔です（写真24下）。

写真 23：藤田美術館展示室

もっと言うと、この塔は高野山の中に建っていると、ちょっと異色の塔なのです。今は建て替えて新しい多宝塔、この塔と同じものが建てられていますが、建築様式が全く高野山とは違って、禅宗のお寺の建て方なので、ちょっと不思議な感じなのです。しかも桐紋と菊紋が入っているので、ひょっとしたら何かすごく重要な意味があるのではないかと言っています。お庭の写真左手にお茶室があったり、それから下の方に礎石が見えますね。これは、山田寺という奈良にあったお寺の礎石です。

ここにはキッチンカウンターがあって、日本茶のお茶の文化を知っていただこうということで、ここでお茶とお菓子を提供する予定の場所です。このカウンターと壁、あと広間の壁だとか、展示室の中に入る途中の廊下は、壁を全部左官で塗っています。塗ってくださった左官の方は久住有生（くすみなおき）さんと

写真 24：藤田美術館ギャラリー（上）　庭（下）

いって、いろんなテレビにも出たりされていますが、日本全国、世界でも壁を塗っていて、ちょっと左官だけに収まらず、アーティストに近い方です。その方と一緒に相談をして、模様など表面的ではなくて、ちゃんと質感を見ていただこう、それによって日本の左官技術とか、壁というものをよく知ってもらい、技術を継承していこうということで塗っていただきました。

中はこういうちょっとした広場があって、結構大きいスペースで「土間」と呼んでいるのですが（写真25上）、ここではいろんな人がいろんな活動ができるようにと考えています。例えばここに来た人が、能をやりたいなとか、落語がやりたいなとか、あの人に来て落語を喋ってほしいなとか、そういうア

写真 25：藤田美術館土間（上）　外観夜景（下）

イデアを実際に実現できる場所にしたいと思っています。ですから、ここに来て、「じゃあ私はこういうワークショップをしてみようか」とか、そこでやってくれた方、もしくは参加した方が、「そんなことができるのだったら私は今度こんなことをやりたいな」となって、それがどんどんつながっていくと、多分美術館の人間が考える以上に、とんでもなく面白いことができるんじゃないかなと思っています。自分たちが考えると、やっぱり同じことを繰り返してしまうのですが、そうではなくて、常に新しい人が入って新しいことができる。それに対して、抵抗感がなくその人が入れるようなスペースにここをしたいと思って、こういう場所を作っています。

そして、夜になると、このようにパーッとライトアップされます(写真25下)。美術館は夜閉まっていますので入れないのですが、スポットイベントとしては中で何かを、例えばお菓子、お茶、それからご飯、もちろん展覧会というのもできたらいいなと思っています。

こういう美術館を、今、大阪の網島というところでつくっています。向かいには太閤園さんがあって、太閤園さんには大きなお庭があって、隣に大阪市の公園があったり、昔の大阪市長公館があったりというすごく広大な土地なので、その広大な土地で緑と一緒にこの美術館が育っていけばいいなと考えています。新しい美術館は2022年4月のオープンなので、あと1年半程ありますけれども、先ほど見ていただいた土間のスペースと、カウンターのある茶店スペースは、来年の4月から一般開放する予定です。大阪に来て、ここがいろんな情報交換の場になったり、ちょっと休んでいただく場所になればと思っていますので、ぜひ新しい藤田美術館にもご期待いただければと思っております。

それでは、どうもありがとうございました。

講演を受けて

松陰神社宝物殿至誠館館長　樋口尚樹
藤田美術館館長　藤田　清
司会
ＲＳＫ山陽放送アナウンサー　杉澤眞優

司会：それでは皆様から寄せられた質問にお答えいただきます。樋口先生、藤田先生、よろしくお願い致します。

まず初めの質問ですが、「児島湾の干拓は当初から米を作ったり麦を作ったりすることを想定していたのでしょうか。倉敷地区は塩分が多いため米を作ることに適さず、綿花が発達したと聞いているのですが」という質問です。いかがでしょうか。

樋口：確かに、海を干拓しますので、土壌には塩分がたくさん含まれています。最初オランダ人の技師のムルデルが調査したときには、「ここを水田にして米を作るのは無理だ。畑にしたら」ということだったのですが、傳三郎はどうしても米を作りたいという思いがあったようで、それで農場試験場を造ったんです。そして塩分に強い米の品種改良を行ったということで、先ほど紹介した朝日、アケボノ、ヒノヒカリの3種類の米は塩分に強いものだと聞いております。やはり畑よりは水田を、米づくりだということです。

司会：米の中でも塩分に強い品種を。

樋口：私は米の品種については専門ではないのでよく分かりませんが、塩分に強いとても優秀な品種なんだと思います。傳三郎は米を作りたいという思いが非常に強かったんでしょうね。それと、脱穀です。後で米を脱穀したり乾燥させたりするので、渡辺弁三（脱穀機の設計）とか山根省三（火力乾燥機の発明）といった技術者の力によるものも大きかったと思います。傳三郎の思いは農業技術の開発にも表れているのではないかと思います。

藤田：実は大阪の網島という、今は美術館がある所なんですが、そもそもどうしてそこも邸宅にしたんだというと、目の前に川が流れていまして、そこの川のちょっと上流に行けば秀吉が建てさせた石碑があるんです。「青湾の碑」というもので、水が非常にきれいだと言われていた所です。その水を引いて、お茶を点てたり、料理に使ったりということなんでしょうが、たぶん「水」とか「食べ物」というのはすごく好きだったのではないかと思うんです。でも一汁三菜しかとらなかったとも聞いているので、量はあまり食べないけれど、こだわりはあったのかなと思います。そして、やっぱり水にこだわるということは、お米かお酒のどちらかが好きだったのではないかなと。

司会：ありがとうございます。

では、続いての質問に移らせていただきます。「藤田傳三郎は関西で広く企業経営をしていたのに、なぜ、リスクが大きいと思われる児島湾で干拓をしたのか」というご質問です。

樋口：大変難しい質問ですが、最初は生本伝九郎が奔走して、複数で立ち上げようとしたんですが、結局は傳三郎ひとりがメインになってしまったということがあります。傳三郎は非常にこだわりの強い人だったのではないかと思うのです。これは私の主観が入っているのですが、傳三郎の性格的なことで、先ほど藤田さんから交趾（こうち）大亀香合の話があったと思うのですが、香合の入手も長年の夢がようやくかなったということで、あの香合が欲しくて欲しくてならなかったということでしたよね。

藤田：そうですね。

樋口：ですから、ここもやはり新しい土地を造るんだという思いが強くて。傳三郎は「開墾は生涯の基業」だと言っていますので、かなり強い思いがそこにはあって、傳三郎のこだわりというものが一つはあったのではないかと思います。

後は、当時の社会状況とかも勘案して、この問題については、これから調査・研究していかないといけない点ではないかと思います。これだけの広大な干拓というのを、結局は国がやらなかった、断ったので、民間でやるということになったんです。でも、地元では資金繰りが悪いということもあったのでしょうから、引き受けたからにはやるという、それこそ男の本懐ではないですけれど、傳三郎個人としてはそういう気持ちがあったのではないかなと思って

干拓後の高崎農区（1905年）

います。

司会：藤田先生からは何かありますか。

藤田：本当にそうですね。これも私の主観になりますが、実際に会ったことはないので、直接聞ければ良かったと時々思います。ただ、藤田傳三郎に限らず、やはり明治の方というのは、日本の未来とか、自分たちの子どもの世代に日本がどういう暮らしをしているか、世界とどう戦えるか、つまり世界と同等にやりあえるかということを真剣に考えていたので、そういうことからも、日本の国土を広くするということにロマンを感じていたのではないかと思うのです。それは国が強くなる一つの方法でもあったわけです。そのために他国に攻め入って国土を広げるということでは決してなくて、平和的に自分たちの努力で自分たちの土地が広くなるということに何かロマンがあったのではないかなとは思います。そういうところにひかれて、情熱を燃やした人ではなかったのかなと。

司会：ありがとうございます。では続いての質問に移らせていただきます。

先ほどの講演の中でもムルデルという人が出てきましたが、「ムルデルという人は、どのようにつながったのでしょうか」という質問です。

樋口：先ほどお話ししたように、１８８０（明治13）年に県知事が国の方に児島湾の干拓を要望するのですが、結局は国は金を出さず、オランダ人の技術者ムルデルを派遣したのです。それで、ムルデルが児島湾の現地調査をして報告書を作ったわけですが、その報告書は、その後に藤田組が児島湾を開墾するときの基礎資料になっていくわけです。ですから、その開墾計画の基礎を築いたのがムルデルであったと言ってもいいかと思います。そういうつながりがあったのではないかと思います。

司会：ありがとうございます。続いて、美術品に関しての質問をいただいています。この方からは「大変楽しく楽しく聞かせていただきました。ありがとうございます」というご意見もいただいております。「先ほどはたくさんの美術品をご紹介いただきましたが、特に傳三郎が思い入れのある美術品はありますか」というご質問です。いかがでしょうか。

藤田：個人的に一番思い入れを持っていたのは、亀の香合だと思います。一方で彼の購入やコレクションの仕方というのは、最初は仏教美術とかお茶道具を取りあえず守るために全部買っていったようです。当時の古美術商の方の話によると、持っていくと一切値切らないで言い値で、しかも全部置いていけというようなことだったそうです。ただし、「そこに座れ」と言って座らせ、目の前で良いものは一番の蔵、悪いものは五番の蔵へというふうにランク分けするそうです。そうすると、悪いものばかりを持って行って一儲けしようと企てていれば、公開で説教をくらうことになってしまうわけです。そうすると、良いものだけが集まってくるということで、それが最初の買い方でした。
ただ、その後は茶碗などを購入する際には、必ず3個ずつ買っているのです。例えば、織部の筒茶碗というのは、藤田家伝来というのが3つあったり、全部3つずつあるのです。それはなぜかというと、平太郎、徳次郎、彦三郎という3人の息子がいたので、ケンカしないようにそれぞれに同じものが渡るように3つずつ買ってあったのです。それはすごく人間味があるやり方ではないかと思います。そういう美術品の買い方から、親子の愛情や会話があったことが伺えるかと思います。これは他ではあまり見ない収集の仕方で、思い入れの仕方というのが「モノ」に対してではなく、「ヒト」に思い入れがあるのではないかと思います。

司会：この方からは、「どのような思いで手に入れたのでしょうか」という質問もいただいているのですが、やはり3人の息子さんのために。

藤田：自分の楽しみ用のものはこれ、こちらは3人の息子にというふうに、たぶん自分の中では分けていたのではないのかなと。亀の香合なんかはどう考えても自分のために欲しくてしょうがなかったんでしょうが、それ以外のものでは、これは3人に分け与えようとか、これは自分が今度のお茶会で使おうとか、そういう思いはあったのだと思います。

司会：傳三郎さんの人柄が垣間見えるような感じがしますね。ありがとうございました。

続いて、藤田美術館についての質問もいただいております。「現在リニューアル中ということですが、コロナの影響などで何かコンセプトなどに影響があった部分というのはないのでしょうか」というご質問です。

藤田：タイムリーにコロナの影響でこうしたと言えればいいのですが、コンセプトが固まってからコロナが来たので、実はコロナの影響でこのように変わりましたということはないのです。そういう意味では、コンセプトはかなり最初の段階で固まっていて、蔵を作り直そうとか、100年先まで残そうと考えていて、「美術品を身近に感じてほしい」という思いがありました。そしてもう一つは、来館者の方が美術品を見て、そこで解説を聞く。そして、それを見た人がその後に、例えば帰ってから家族に「今日こういうのを見て面白かったよ」とか、よく映画を見た後に、喫茶店でお茶を飲みながら「今日の映画のここが良かったね」と友人同士で話すような感じで、外に出せる話題として出していただけるといいなという思いは、かなり早い段階で固まっていました。

それからコロナが来て、美術館というものはこれからどうなるんだろうかという話は、美術館関係者の集まりではよく口にされていることで、皆さんいろいろと悩まれているし不安でもあります。でもたぶんこれをきっかけに、美術館の新しいあり方とか、美術品の見方、楽しみ方というものが少し変わってくるのではないかと思っています。今までのように、たくさんの方がたくさんワッと押し寄せて見る展覧会は、それはそれですごく魅力的な展覧会なんでしょうけれども、そうではなくて、密になるかならないかではなく、もっと違う所に楽しみ方を持てる美術館であったらいいなと。そういうふうに自分たちはなっていきたいなと考えていたので、そういうことでは、たまたまコロナで考える時間もできて、それまでに自分たちが思っていたこともあり、何か面白い活動ができる、活発に動ける、ヒトもモノも、事柄もイベントも、いろいろなものが通過していたり通っていく美術館になりたいと思っています。

司会：一般見学できるのが、一部は２０２０年の４月からですか。

藤田：そうです。２０２０年の４月からイベントというか、先ほど見ていただいたカウンターで、我々はこれを茶店と呼んでいますが、その茶店のエリアなんかは２０２０年４月から開放していますし、たまにはイベントを組んだりワークショップをしたりということも企画しています。

司会：ありがとうございます。

それでは最後の質問です。藤田傳三郎についてですが、偽札事件についての質問です。「晩年を汚されたその時の傳三郎の心境はどのようなものだったと思われますか」という質問です。

樋口：結局は冤罪だったんですけれども、これは薩摩と長州との争いの中で、濡れ衣を着せられたのではないかとかいろいろな説があるのですが、傳三郎はこれに関して何も語らなかったそうですので実際の心境は分かりませんけれども、シロということは明白ですから、あえて何も語る必要はなかったんでしょうが、精神的にはかなりきつかったのではないかと思います。当時のいろいろな政治状況が絡んでいたためではないかと思います。

藤田：それこそ一度聞いてみたいことで、どうだったのかと思いますので。でも、たぶん、言葉は悪いですが、傳三郎は何とも思っていなかったのではないかという気がします。

今までの事業や美術品の収集などを見ても、本人はそこで地位とか名声を欲しがるような人とは到底思えないし、もちろん拘束されて牢に入れられたことはつらいというのはあったのでしょうが、そんなには何とも思わず、「僕はやましいことは何も無いから」というだけだったのではないかなと。そこは意外と飄々としていたのではないかなと思います。

藤田傳三郎似顔絵

司会：いろいろなお話を聞く中で、傳三郎の人柄がものすごく見えた気がしますが、最後に、傳三郎はどのような人だったと思われますか。

樋口：なかなか難しい質問ですが、やはり本当に強い信念を持っていた人だと思います。あまり表に出る人ではなかったと思いますが、強い信念を持っていろいろな事業を、特に児島湾干拓にはものすごく精力を傾けて、広大な農地を造っていったということと、美術品の収集にも執念を持って取り組まれたということで、強い信念に似たものがあったのではないかと思います。

それで、萩市としても、もっと傳三郎をアピールしていかなければいけないと思っているのですが、なかなかまだそこまで行っていないのが現状です。一時は盛り上がるのですが、そこからまた地盤沈下していくという流れですので、もう少し萩市民も傳三郎を顕彰していく必要があると思います。岡山には2つも傳三郎を顕彰する石碑があることはすごいことだと思います。同じ地区に2つも顕彰碑がある人物なんて、他には聞いたことはありませんからね。

藤田：私は美術館の人間ですので、美術品を見たり、傳三郎の事業の変遷とかいろいろなことを見ている中で、傳三郎はすごく振れ幅を大きく持っている人だなと感じています。昔からの日本の美術品を守りましょうとか、家に居て、あまり表に出るタイプではなかったという一方で、児島湾の干拓や小坂の鉱山に外国人の技師を呼んだり、当時として画期的な方法を生み出したりしていて、今でいうベンチャー企業のようなことをどんどん進めていったりしていますから、振り子のように端っこと端っこでずっと揺れ動いているような感じです。そういうことですごくバランス感覚があるのかなと。あまり多くは語らないという面もあるわけですが、美術品を見ても、こんな渋いお茶碗を集めているのに、一方ではこんな可愛い亀の香合も集めるというのは、どういう心境でどういうバランスを取っていたんだろうかと、私も前から不思議に思っていたことです。ある意味、美術品や事業、そういうところで、バランスを取っていた人だったのかもしれないですね。

司会：今日は、本当に藤田傳三郎のいろいろな面を勉強させていただきました。ありがとうございました。

樋口尚樹先生と藤田清先生にうかがいました。

図版所蔵・提供一覧　講演1

114頁　写真1：藤田傳三郎　DOWAホールディングス株式会社提供
115頁　写真2：藤田傳三郎銅像の除幕式　萩博物館蔵
　写真3：藤田傳三郎銅像の除幕式　萩博物館蔵
117頁　写真4：幕末期の萩城下町絵図　萩博物館蔵
118頁　表1：藤田傳三郎関連年譜　同和鉱業「創業百年史」より作成
119頁　写真5：藤田鹿太郎(二男)　DOWAホールディングス株式会社提供
　写真6：久原庄三郎(三男)　DOWAホールディングス株式会社提供
　写真7：大阪商法会議所　DOWAホールディングス株式会社提供
120頁　図1：藤田伝三郎・久原房之介・鮎川義介・田村市郎系譜略図　『日本の近代を拓いた萩の産業人脈』より
122頁　写真8：小坂鉱山(秋田県)　DOWAホールディングス株式会社提供
123頁　写真9：逢坂山隧道(1880年開通)　DOWAホールディングス株式会社提供
　写真10：大阪紡績会社三軒屋工場(錦絵)　DOWAホールディングス株式会社提供
　写真11：琵琶湖疎水　樋口尚樹氏提供
124頁　写真12：小坂鉱山払下げ請願書(久原庄三郎名で申請)　DOWAホールディングス株式会社提供
125頁　写真13：現在の小坂精錬所　樋口尚樹氏提供
　写真14：大森鉱山の法被　石見銀山資料館提供
127頁　写真15：ムルデル　明誠学院高等学校蔵
　写真16：児島湾干拓工事　岡山県立興陽高等学校蔵
128頁　写真17：晩年の井上馨　国立国会図書館蔵
129頁　写真18：小坂元山露天掘り(最盛期)　DOWAホールディングス株式会社提供
130頁　図2：児島湾開墾平面図　『児島湾開墾史』より
132頁　写真19：井上馨宛藤田傳三郎書簡(部分)1889(明治22)年9月20日付　国立国会図書館蔵
133頁　写真20：開墾調停書(写)　萩博物館蔵
134頁　写真21：たらい舟　岡山県立興陽高等学校蔵
　写真22：児島湾干拓埋立工事　岡山県立興陽高等学校蔵
　写真23：堤防工事　岡山県立興陽高等学校蔵
135頁　写真24：用水路と干拓地　岡山県立興陽高等学校蔵
　写真25：田植え　岡山県立興陽高等学校蔵
136頁　写真26：大曲樋門(第二区)　岡山県立興陽高等学校蔵
　写真27：米国製のトラクター　岡山県立興陽高等学校蔵
　写真28：脱穀船　岡山県立興陽高等学校蔵
　写真29：渡辺ゴムもみすり機　岡山県立興陽高等学校蔵

137頁　写真30：近代的な乾燥調整施設　岡山県立興陽高等学校蔵
138頁　写真31：藤田農場試験場　岡山県立興陽高等学校蔵
写真32：妹尾川三連樋門と米の積出風景　岡山県立興陽高等学校蔵
139頁　写真33：藤田翁頌徳碑　樋口尚樹氏提供
写真34：藤田傳三郎翁顕彰之碑　岡山県立興陽高等学校蔵
140頁　写真35：現在の妹尾川三連樋門　樋口尚樹氏提供
写真36：買収当時の柵原鉱山　DOWAホールディングス株式会社提供
141頁　写真37：片山鉄道開通祝賀会（1923年）　DOWAホールディングス株式会社提供
写真38：旧片上鉄道 吉ヶ原駅舎（登録有形文化財）　柵原鉱山資料館提供

図版所蔵・提供一覧　講演2

163頁　写真1：藤田傳三郎　公益財団法人藤田美術館蔵
164頁　写真2：五代友厚　国立国会図書館蔵
165頁　写真3：旧藤田美術館　公益財団法人藤田美術館蔵
166頁　写真4：旧藤田美術館展示室　公益財団法人藤田美術館蔵
168頁　写真5：国宝「花蝶蒔絵挟軾」　公益財団法人藤田美術館蔵
169頁　写真6：国宝「花蝶蒔絵挟軾」（部分）　公益財団法人藤田美術館蔵
170頁　写真7：国宝「仏功徳蒔絵経箱」　公益財団法人藤田美術館蔵
写真8：国宝「仏功徳蒔絵経箱」（部分）　公益財団法人藤田美術館蔵
171頁　写真9：国宝「仏功徳蒔絵経箱」（部分）　公益財団法人藤田美術館蔵
172頁　写真10：国宝「仏功徳蒔絵経箱」（部分）　公益財団法人藤田美術館蔵
174頁　写真11：重文「木造地蔵菩薩立像」　公益財団法人藤田美術館蔵
175頁　写真12：重文「木造地蔵菩薩立像」（部分）　公益財団法人藤田美術館蔵
177頁　写真13：国宝「玄奘三蔵絵」（鎌倉時代）　公益財団法人藤田美術館蔵
178頁　写真14：国宝「玄奘三蔵絵」（部分）　公益財団法人藤田美術館蔵
179頁　写真15：国宝「玄奘三蔵絵」（部分）　公益財団法人藤田美術館蔵
181頁　写真16：重文「交趾大亀香合」　公益財団法人藤田美術館蔵
182頁　写真17：重文「交趾大亀香合」　公益財団法人藤田美術館蔵

185頁　写真18：国宝「曜変天目茶碗」　公益財団法人藤田美術館蔵
186頁　写真19：国宝「曜変天目茶碗」（部分）　公益財団法人藤田美術館蔵
187頁　写真20：国宝「曜変天目茶碗」（部分）　公益財団法人藤田美術館蔵
188頁　写真21：国宝「曜変天目茶碗」　公益財団法人藤田美術館蔵
189頁　写真22：藤田美術館入口　公益財団法人藤田美術館蔵
190頁　写真23：藤田美術館展示室　公益財団法人藤田美術館蔵
191頁　写真24：藤田美術館ギャラリー（上）　庭（下）　公益財団法人藤田美術館蔵
192頁　写真25：藤田美術館土間（上）　外観夜景（下）　公益財団法人藤田美術館蔵

図版所蔵・提供一覧　講演を受けて
198頁　干拓後の高崎農区（１９０５年）　岡山県立興陽高等学校蔵

匠・明治の気骨

磯崎眠亀　（いそざき・みんき　1834～1908）

時代に合わせ、敷物や織機の改良を重ねていた磯崎眠亀。ウィーン万国博覧会に出品されたセイロン（現スリランカ）産の「竜鬢莚（りゅうびんえん）」のような精巧緻密な花莚の発明を頼まれたのを機に、家の資産を蕩尽して研究に没頭。新たに織機を開発し、画期的な染色方法をも考案。1878（明治11）年複雑でカラフルな模様を自由に表現できる製織技術を手にする。世界に冠たる花莚「錦莞莚（きんかんえん）」の誕生である。錦莞莚は日本の花莚業を海外に通用する重要輸出産業へと成長させた。

扉／岡山県立博物館蔵

川村貞次郎　（かわむら・さだじろう　1870～1947）

相次ぐ戦争で造船の必要性を痛感した川村貞次郎。1917（大正6）年5月、三井物産本社の承認を待てず、玉野・宇野地区に造船所を建設。半年後、岡山県初の貨物船「海正丸（かいしょうまる）」を進水させた。その後順調に受注を重ね、2年後の閉鎖（玉工場へ統合）までに26隻を建造。この造船所はのちに三井造船に発展していくのだが、川村のスピード、剛腕ぶりから川村造船所といわれた。川村は三井に海運事業をもたらしたばかりでなく、海事仲裁を行う海運事業所や船員の養成所なども設立。「海運日本」の礎を築いた。

扉／公益財団法人三井文庫蔵

講演1

精巧緻密の花莚［錦莞莚］の誕生

岡山商科大学非常勤講師
吉原　睦（よしはら　むつむ）

専門は日本民俗学（民具論・民俗文化財論）。特に庶民性を有する地域的特色（花莚・景観等）に注目し、文化史的視点も含めつつ、変容の状況や特性を研究している。１９９７年成城大学大学院日本常民文化専攻博士課程前期を修了。２００９年より現職。修士（文学）。

著書に『磯崎眠亀と錦莞莚』など。共著に『絵図で歩く倉敷のまち』など。

よろしくお願いいたします。岡山商科大学で非常勤で民俗学を教えております、吉原睦（むつむ）と申します。今回は「精巧緻密の花莚「錦莞莚（きんかんえん）」の誕生」ということで、磯崎眠亀（みんき）のお話をさせていただきたいと思っております。50分間になりますが、どうぞよろしくお付き合いください。

まず、磯崎眠亀という方ですけれども、１８３４（天保5）年のお生まれで、１９０８（明治41）年に亡くなられており、緻密な花ござ「錦莞莚」というものを発明された方でございます。ご先祖様は１７００年代後半に児島の田の口から現在の倉敷市茶屋町へ越してこられて、そこで眠亀さんが生まれて、そのあと岡山へ移り住まれたという流れがございます（表1）。眠亀さんの「眠亀」というのは雅号でして、幼年期は与三郎、実名としては正賀（まさより）という名前でしたけれども、花莚事業の中では眠亀という名前をずっと使っておられました。性格的には非常に凝り性だったらしいです。錦莞莚みたいな非常に目の細かいものを発明するぐらいな方ですから、ものすごく凝り性でないとできないのかなと思いますし、そうでありながら、素っ頓狂なお気楽者のところもあったようです。また、筋を通すときには手加減なくものをおっしゃるという、気骨があると言うのか、非常に怖いところも持っていました。ちなみにこの写真（写真1）は、業界を引退するころに勲章をもらわれた時のものです。ですので、なんかちょっとよそ行きと言うか、ものすごく格式の高いと言いましょうか、かしこまった顔つきになっているのかなと私なんかには見えます。

写真1：磯崎眠亀

次に、錦莞莚についてです。これは、眠亀さんがものすごく情熱を注いで、さらに私財も投げ売って開発費につぎ込み、やっとのことで作り上げた花ござ、イ草で編んだ敷物です。畳表とか、それまでのござよりも著しく目が細かいところに大きな特徴があります。そのため、地のどの部分にも、どんな文様でも織り込めるぞ、という表現力の豊かさもあります。

表1：磯崎眠亀関連年譜

西暦	和暦	磯崎眠亀の歩み
1834	天保5	備中国帯江新田村（現倉敷市茶屋町）に生まれる
1858	安政5	江戸に出て戸川伊豆守（安愛）に出仕
1862	文久2	戸川家致仕
1863	文久3	輸入紡績糸を使用し小倉織を改良
1871	明治4	両面緞通を発明
1873	6	畳表織機を座機から足踏式に改良
1875	8	自宅兼研究室（現倉敷市立磯崎眠亀記念館）新築
1878	11	錦莞莚織機・錦莞莚・塩基性染料による煮沸染色法を発明
1881	14	錦莞莚の輸出開始
1883	16	発明の機密保持のため岡山県監獄署内で操業の契約をする
1884	17	高崎県令専売特許法促進方を陳情 この頃青海波等の総模様を案出。錦莞莚の高尚雅致化がすすむ
1885	18	錦莞莚と織機に対して専売特許をうける
1887	20	この頃以降莚座布団等の応用品を創製（磯崎高三郎が中心）
1890	23	第3回内国勧業博覧会で受賞 浅口郡玉島村に錦莞莚の工場を設立 蝶・雲鶴・鳳凰・雨龍等の活物模様を案出
1892	25	単色牡丹唐獅子文様錦莞莚が完成 岡山市天瀬に製莚所本部を開設
1893	26	シカゴのコロンブス世界博に出品、受賞 都宇郡江島村・賀陽郡大井村に工場を建設 この頃特許侵害と織工引抜に見舞われる
1894	27	香川県高松市、津高郡横井村に工場建設 複数の特許侵害を告訴。謝罪と機器引渡等を受け告訴取下
1895	28	この頃岡山孤児院へ授業協力するも、この年に契約解除 都宇郡中庄村（現倉敷市中庄）に工場建設 子の高三郎を代務人として製莚所事業を委任
1897	30	業界を引退。殖産興業の功により緑綬褒章を下賜される
1905	38	日露戦争の出征軍人留守家族保育所を製莚所内に開設
1908	41	磯崎眠亀死去

この写真（写真2）は「獅子狩紋（ししかりもん）」と呼ばれている錦莞莚ですが、これは全部、染めたイ草を織り込んでつくられています。

我々などですと、何もない畳の表みたいな真っさらなござに、上から型紙を当ててシュシュシュッとプリントというか、業界では捺染（なっせん）（写真3）という言い方をするのですが、捺染すればこんなきれいな絵は簡単にできるのではないかと思うのですが、その技術はこれよりももうちょっと後になってからできるものです。イ草を先に染めて、その染めたイ草を一本一本織り込んでこの文様を出しているのです。ですから、ものすごく手間がかかるしコストがかかりますから、値段も上がります。庶民が気楽に買ったり手に取ったりで

写真3：捺染作業（中村昭夫撮影）

写真2：錦莞莚（獅子狩紋）

きるような代物ではありませんで、かなりの高級品だったわけです。

この写真（写真2）では大きさが分かりにくいのですが、これで畳1畳分の大きさだと思ってください。従来のものとはまるで比較にならない、飛び抜けた代物を、磯崎眠亀は段階を追って徐々に改良していくのではなく、いきなり発明してしまったのです。それまではもっと目が粗くて、意匠も単純なものしかなかった時代に、いきなりこれを作っちゃったわけです。そのため、値段も高いし一般の間にはなかなか普及しなかったのですが、その一方で国内外でさまざまな賞に輝いています。極々一例を挙げておきますと、1890（明治23）年の第3回内国勧業博覧会では二等有功賞牌、1893（明治26）年のアメリカ・シカゴでの万国博覧会では金賞牌に輝いています。こんなふうに、様々な博覧会で数々の賞をもらっていますが、賞関連の話は今回は割愛させていただきます。

錦莞莚がどれだけすごいのかということを知っていただくと、やっぱり眠亀はすごい人だったのだなとご理解いただけるのではないかなと思います。例えばこれ（写真4）は「鋸歯文輪郭青海波紋」という錦莞莚です。「鋸歯」とは、

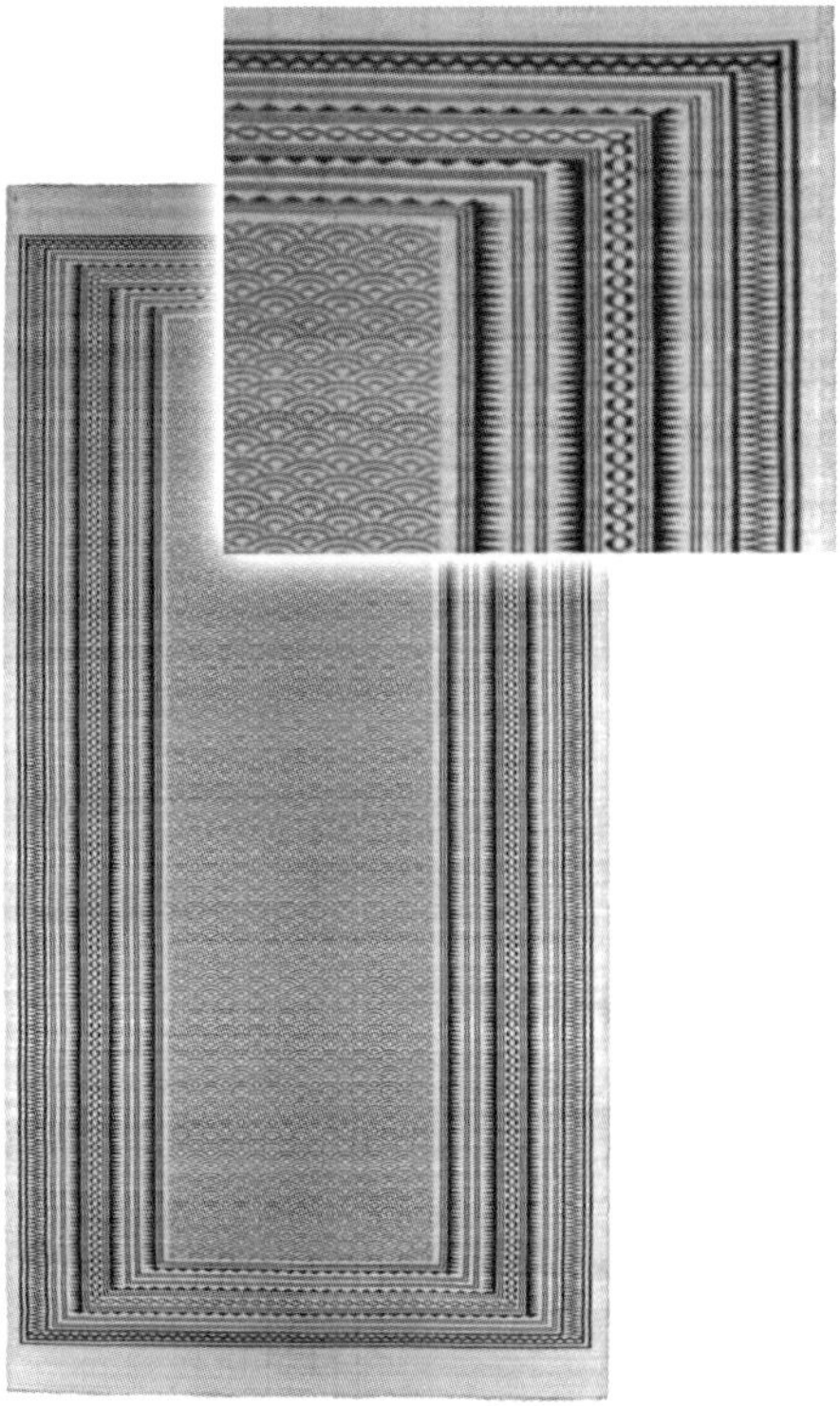

写真4：錦莞莚（鋸歯文輪郭青海波紋）

のこぎりの歯です。縁のところがギザギザギザというように、のこぎりの歯みたいな非常にシャープな線を描いています。一方で、同じラインの真ん中あたりは、「青海波」という海の波をデザインしたような柔らかいカーブ、扇のような柔らかいカーブを描いています。それが同じ横のラインで、これだけ見事に表現できているのです。花莚を織られている方に話を伺ったことがあるのですが、イ草は普通の木綿の糸みたいに細くはありませんから、イ草でこれをやろうとしたら、もうすごいことになるということでした。それだけのハイ・レベルなものをいきなり作ったわけなのです。

ほかに錦莞莚というと、こんなものもあります。これ（写真５）は、今回のシンポジウムのチラシにも掲載した錦莞莚で、牡丹と唐獅子の図柄をモチーフにしているものです。畳３畳分の大きさがあります。現在は岡山県立博物館が実物を持っていまして、１８９５（明治28）年に製作された錦莞莚の中でも著しく高品質

写真５：錦莞莚（牡丹に唐獅子・３畳敷）

な部類に属するものです。パッと見、どうしても中央の「牡丹に唐獅子」に目が行ってしまいますが、輪郭の部分も是非ご覧ください。直線的な幾何学模様と、曲線美のある龍模様も、同じ1枚の錦莞莚の中で見事に表現されていますでしょ。これもすべて、先ほど申し上げました捺染ではなく、織り込みなんです。凄いでしょ。で、この錦莞莚自体がそうなのかは分かりませんけど、これとまったく同じ図柄、大きさの牡丹唐獅子の錦莞莚が、かつて磯崎製莚所の中にあった製品展示室にも掲げられていました（写真6）。ちなみに、次に紹介しようと思っていますが、牡丹唐獅子の部分だけを全面にあしらった1畳敷の錦莞莚も複数枚、現存しています。個人情報のことがありますので詳細を申し上げるわけにはいかないのですが、このデザインの錦莞莚の残り方の特徴から、どうも「牡丹に唐獅子」は磯崎にとって何か特別の意味を持つ意匠であったようにうかがわれます。では次、1畳敷の牡丹唐獅子の錦莞莚（写真7）を御紹介しましょう。部分的にマニラ麻を使った、錦莞莚の中でもちょっと変わったタイプのものなのですが、今回は普段滅多に見ることのできない裏面をご覧いただきましょう。獅子の胴体部分が一番分かり

写真6：製品展示室に掲げられた牡丹に唐獅子の錦莞莚

やすいと思いますが、その部分の上も下も、横にシュッシュッという感じで、たくさんの線が入っているように見えますでしょ。これは、ちょうどイ草を継いでいる部分なので、そのような見え方になるのです。横幅の途中でイ草を継ぐこの技術のことを「中継(なかつ)ぎ」と言います。花莚には、横幅いっぱいに1本のイ草を使う「引通(ひきどお)し」と、横幅の途中で別のイ草を継

写真7：錦莞莚（牡丹に唐獅子・1畳敷）の表面（左）と裏面（右）

ぎ足して長さを延ばす「中継ぎ」があります。錦莞莚の場合は「中継ぎ」でして、裏面を見ますとその技術的な特徴の一端がひと目で分かるのです。言い方を変えてみましょうか。これまで表面ばかりを御紹介してきましたけど、それらをご覧いただいているときに、横幅の途中でイ草を継いであるなんて、全然気がつかなかったのではないでしょうか。写真を遠目で見ていれば気づくはずはない、と思うかもしれませんね。でも、現物の錦莞莚を目の当たりにしましても、プロの花莚業者さんはともかくとしまして、私たちのような普通の消費者にとっては「これ、中継ぎだよ」とでも言われなければほとんどの人が見過ごしてしまうようなレベルです。表面はまさに完全無欠なんです。でも、裏面はこんな感じでして、重箱の隅をつついて錦莞莚の弱点を探しだそうとしますと、表面が完璧であるばかりに裏面のここを挙げざるをえないことになってきます。ちなみに、この錦莞莚よりもずっと前、眠亀さんが初めて発明したばかりの頃の錦莞莚ですと、博覧会の講評でケチを付けられたところでもあるのですが、染色したイ草の切断部分がもっと目立っていたみたいです。そして、裏面の染色イ草がそんな状態だったために、敷物として実際に使用しますと凸凹感がどうしても気になってしまったそうなんです。最初期の錦莞莚にはそんな弱点もあったのですが、この点については間もなく技術改良がなされて克服されています。次。これ（写真8）はバラの模様で、模様を連続してどんどん織り続けていくようなものもあります。あるいは、こちら（写真9）のように「凱旋式」と書いてありますけれども、入り口のところに掲げた看板のようなものなのですが、これもイ草を染めて、そのあとで織り込んでいます。上から型紙をあてて捺染、プリントしたものではありません。全部これは染色イ草を織り込んだものなのです。

それとか、この花莚（写真10）のように、地のところにポツン、ポツンといろんなところにいろんな模様のいろんな色のイ草を織り込んで模様を表現しているものもあります。錦莞莚の中で一番多いパターンは、文様を飛び飛びに入れ込んでいくこのタイプです。模様違いのものが多数ありまして、製品としてもおそらく数多く出たと思われます。と言いますのは、一枚あたりの値段が、先ほどの「獅子狩紋」や「鋸歯文輪郭青海波紋」などの錦莞莚と比べたら段違いに安いのです。このタイプの錦莞莚ですと、明治の中頃に七十何銭前後で買えるのですが、「獅子狩紋」あたりのものですと、２円とか４

写真８：錦莞莚（バラ模様）

写真９：錦莞莚（「凱旋式」文字織込）

写真10：飛び模様の錦莞莚

円とかというように、いきなり単位が変わってしまいます。錦莞莚と言ったら9割がた、何十銭のほうが市場に出ているといいましょうか、我々が目にすることができるのがこの価格帯のものかな。それが錦莞莚の中では並品、普通の製品という位置づけです。中等品以上の錦莞莚、特に皇室へ献納するような上等品になってきますと、こっちの何円のほうになってきます。

こんなにすごい錦莞莚なのですが、この錦莞莚の話をし出すと、ひょっとすると学術文化の講演会から離れて、テレビショッピングみたいな感じで「この錦莞莚すごいですよ。五感にものすごく訴えてくるんですね。そんなすごい敷物なんですよ」というような話に50分変えることもできてしまう。そのくらいすごいものなのです。岡山の花莚はレベルが高いので、錦莞莚だけに限らず、いろいろないい花莚があるものですから、もうよりどりみどりでショッピング番組ができてしまうぐらいの話なのですが、今日は話をぐっと戻しまして、眠亀さんの人となりの話に持っていきたいと思います。

眠亀の系譜

では、あらためまして眠亀さんのご先祖様から、さくさくっと簡単に話をさせていただきます。眠亀は茶屋町に越してきた磯崎家の4代目になります。初代は児島の田の口から出てこられて、水門橋のたもとあたりに織物を扱う「児島屋」というお店を建てた。そこで昼間は農業をやって、時間の空いたときとか、別のときには児島屋で織物をやる、というかたちをとっていたと伝えられています。2代目、3代目になっていくに従って、家が村の中でもだんだん、それなりの力を持っていくというのでしょうか。3代目は藩の藩札の発行を仰せつかるほど、権力者とのつながりができる。ただ、そのつながりがあったことで、藩の経済混乱に直接的ではなかったのですが巻き込まれてしまって、そのあと大借金を抱えることになったらしいのです。そのあたりのことは省略させていただきますけれども、その3代目の次に生まれたのが眠亀さんです。児島屋は藩札を扱っていた。その藩札（写真11）

写真11：児島屋（磯崎家）発行の藩札

の下の方に「児島屋」とありますね。そこの息子さんが眠亀さんということになります。

眠亀さんの話には、柱がふたつあります。一つ目は、ここから眠亀さんが生まれて、苦労に苦労を重ねて、錦莞莚というものをやっとの思いで作り上げたところまでが第一章。第二章としては、苦心惨憺の末に発明した錦莞莚を、みんなほめてはくれますが、「ほな、買うてくれや」と言ったら誰も買ってくれない。どうしたものかと自分で販路を切り拓いていき、商売として軌道に乗せていかないといけないという苦労をしているのが二つ目。発明までの苦労と、発明したはいいが、商売として成立させるというもうひとつの苦労、その二つの大きなブロックに分けて、お話ししていきます。

前史〜発明家としての覚醒〜

まず、最初の錦莞莚の発明までの苦労のところです。

この写真（写真12）が磯崎眠亀さんです。先ほどの勲章をもらったときのかしこまった写真よりは、私はこちらのほうが人間らしい、生き生きとした眠亀さんに見えるので、この写真を好んで使っています。生まれたときには「生き血をとられる」とか「大出世する」とかいろいろなことを言われたそうです。そのあと親父さんが大借

写真12：磯崎眠亀（撮影時期不詳）

金を抱えてしまい、さらには急死してしまいます。残された眠亀さんは、とりあえず自分の土地の権力者を頼って、いったん児島屋を閉めて江戸に行くことになります。

織物の商売からいったん離れて何をやったかというと、勘定方見習といって、いわゆるお役人になったのです。武家の下っ端の役人みたいに、あれやこれやと駆けずり回って仕事をするという生活だったそうです。この絵図（写真13）は眠亀が江戸に出たのと同じ年、１８５８（安政５）年のものです。「安政改正御江戸大絵図」という絵図ですが、上端のいわゆる三つ葉葵の紋がある水戸藩邸のところが現在の東京ドームです。眠亀が仕えた戸川伊豆守の藩邸は、江戸城と水戸藩邸の間の飯田町というところにありました。そこの長屋へ詰めて勤務をするというようなかたちを取っていたのです。

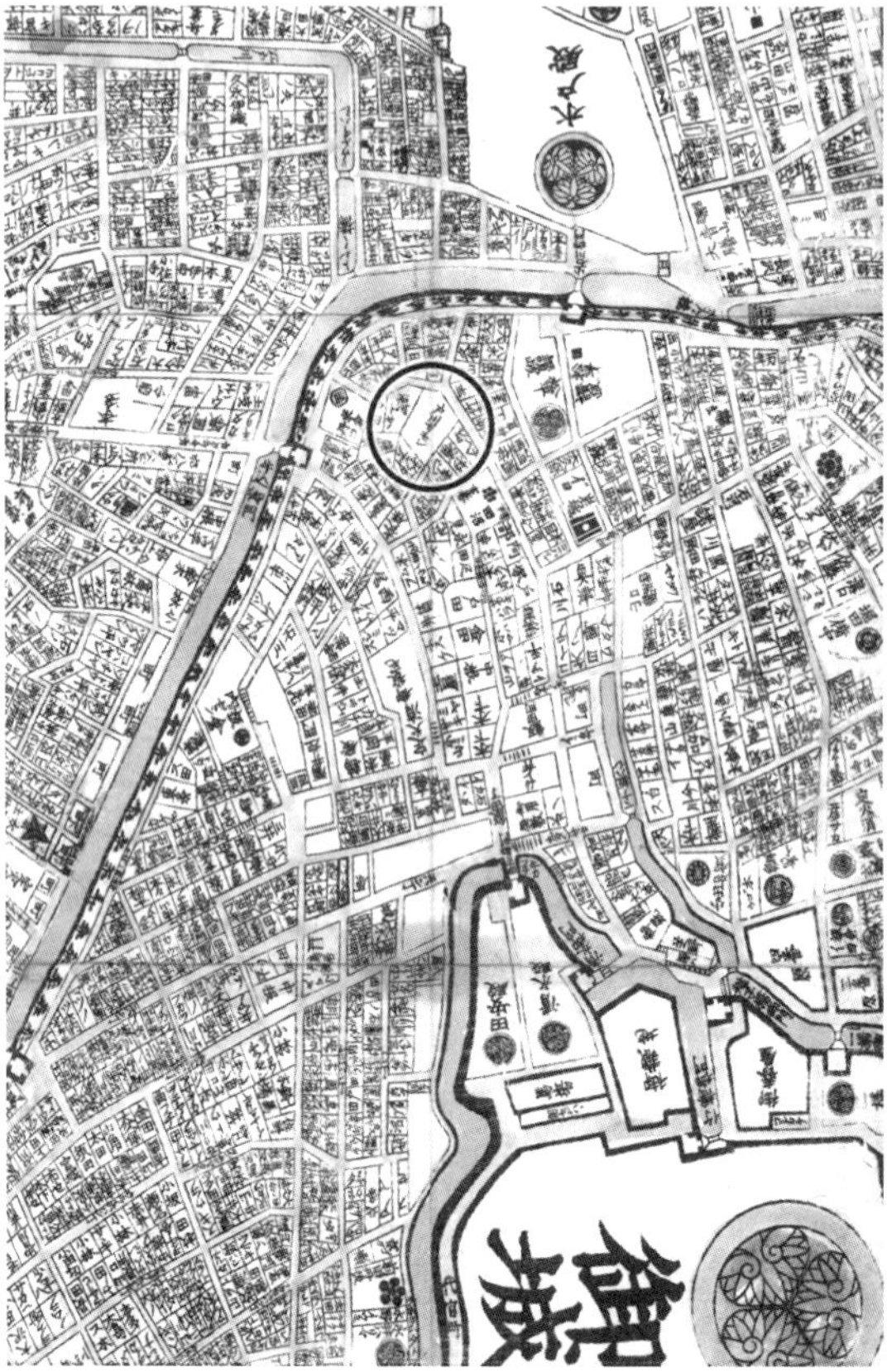

写真13：「安政改正御江戸大絵図」（一部）
◯部分が眠亀が仕えた戸川家の藩邸

眠亀さんにとって、このときが終生一番プライドを傷つけられたと言いましょうか、肌に合わなかったようで、ものすごく辛い時期だったようです。当時、こんなこともあったと伝えられています。

武士の方々が話をしています。「あそこの道には、辻斬りが出るから怖いんだ」とか、「あそこには浪士がいて、夜道が物騒だ」などと。そんな弱々しい話を、武士同士がしているのです。それを耳にしてしまった眠亀さん。言わなくてもいいのに「仮にも武士であろうお方が怖いだなんだと言っていたら、そんなことでは武士は務まりませんでしょう」と言ってしまったのです。そうすると当時は格差社会ですから、「町人の分際で何を。叩き切ってやろう」と刃を向けられました。そうなると眠亀さんも、こんなことで命を落とすのはもったいないですから、平身低頭平謝りして許してもらいます。ところが、頭を下げたのは形だけ。はらわたはもう煮えくり返っていた。どういうことかと申しますと、自分は間違ったことは言っていない。間違ったことは言っていないけれども、そんな理屈に構わず謝らないことには、命が叩き切られてなくなってしまう。ここはひとつ謝ったのだけれども、どうにもこうにも納得できない。武士なんてのは、形ばかりだ。中身がなくて威張り散らしやがって、と。「心の髄から軽蔑した」と、自分でのちに話していたという聞き伝えが書き残されているのです。そんなことで、ここは自分のいる場所ではないな、と。

親父さんが不運な借金を作って、とりあえず岡山の地元では生きていけないから、戸川の藩主様を頼って江戸に来た。しかし、自分のいるべき世界ではないな、と。何かしら自分には根を下ろした分相応の仕事があるはずだ。このように考えた揚げ句、江戸から岡山へ帰ることを決意しました。そのときに、「三日坊主じゃないぞ、今に見ていろ」というような気持ちをぐっと持ちながら帰っていきます。

その帰る途中に、かつて児島屋でお世話になっていた大坂の取引先にごあいさつして回ったということです。その中で、北久太郎町の高砂長兵衛のところにあいさつに行きましたら、今まで見たこともないような輸入の紡績糸に出会います。見た目がものすごく光沢がよくて、絹そのものに見えるのですが、何回見ても、どう触っても、絹ではなくて木綿なんですね。木綿の糸なのだけれども、まるで絹に見まごうような糸に出会います。そこで、児島屋という織物業の血を引いているからなのでしょうか。自分の燃えたぎる感情が湧き上がってきたみたいなのです。この糸を使ったら何かできるのではないか。自分にふさわしいことが、できるのではないか。そう思って岡山へ帰ってきます。

そして周りの人にいろいろ相談するのですが、どうもうまくいかない。輸入の木綿糸というのは、撚りが逆だったそうなのです。そのため、周りの知り合いの職人さんに頼んでも、織る時に失敗したり、あるいは染める時にもどうもうまくいかない。そこで眠亀は、ほかのいろんな人の協力を得てもだめだったら、もう自分ひとりでやるしかないなという頭の切り替えをしてしまったのです。自分の力で解決するしかないということで、あれやこれや織り方や染め方、なんだかんだ全部自分でやりまして、なんとか小倉の帯地の開発に成功したのです。それがもう江戸時代も終わりの終わりの頃、１８６３（文久３）年のことでした。江戸で打ちひしがれて帰ってきた眠亀さんが、初めて地元で成功するきっかけをつかむところだったのです。

後の時代の人は、そこが眠亀さんの発明家としてのスタートラインだと言っています。その理由として、ご本人が書き残しているものを見ますと、この成功以降、本業そっちのけでいろいろな発明にのめり込みます。蚊帳の発明をしたり、推進機の発明をしたり、いろいろな発明をするのですね。そして明治に入りまして、１８７２（明治５）年に、世の中のさまつなことに嫌気を感じまして、発明に没頭したいということで、当時9歳ぐらいだったと思うのですが、ご長男の磯崎荒太郎に家、家督を譲ります。そして、自分はそこから「眠亀」という名前を名乗ります。発明おじさんという言い方をしたらすごく失礼な言い方かもしれませんが、まさによその人間から見たらそのタイプだったのでしょう。それくらい発明に没頭します。そして、資産を放蕩しながら明け暮れている自分の姿を見た周りの人たちが、眠亀さんを「愚カ狂カ」という言い方までしてあざけり笑ったと、自分で書き残しています（写真14）。愚か狂か、そのくらい凝り性というか、もう走り出したら止まらなかったのでしょう。

それから、１８７５（明治８）年に、42歳の年祝いとして自宅（写真15）を新築します。これについては、物質的にはおそらく１８７４（明治７）年にできているはずです。ですが、年祝いのためにつくった建物で、当時は数え年なので、年が切り替わってお祝いの一番最初の年を、私はこの建物の建築年と捉えています。これは、後継者の磯崎高三郎さん（写真16）も同じ考え方を持っているようです。高三郎さんは後年、アメリカ市

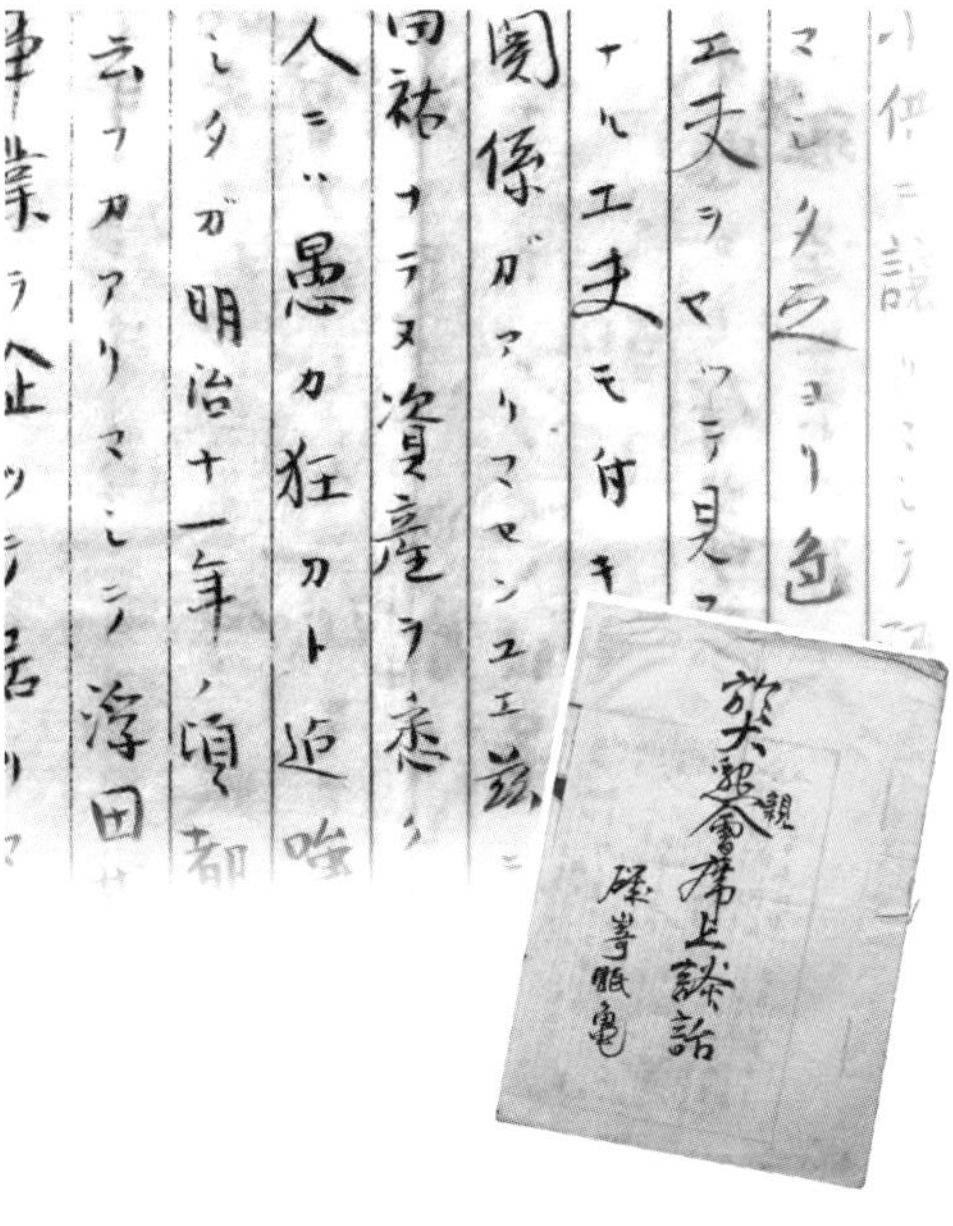

写真14:談話記録　錦莞莚の来歴等が語られた

場に再び打って出る際、自ら開発した「平和敷」の宣伝用に英文のチラシを作成しています（写真17）。その中で、磯崎製莚所の設立を1875（明治8）年と明記しています。まさに眠亀さん42歳の年、明治8年です。住居兼研究室として、42歳の年祝いで新築されたのがこの建物、現在の眠亀記念館です。そうであれば、年祝いに間に合うように建物を完成させ、実際に使い始めた、機能し始めたのは年祝いのまさに当年、とするのが自然だというのが私の考え方です。いろいろな本を見ると、1874（明治7）年に眠亀館ができたというふうに書いておりますが、それも間

写真 15：眠亀旧宅（右の主屋は現倉敷市立磯崎眠亀記念館）

写真 16：磯崎高三郎

違いとまでは言えないでしょう。

写真（写真18）のこの建物です。今のJR瀬戸大橋線の茶屋町駅から歩いてもう何分も行かないところに、この建物はあります。倉敷市が「磯崎眠亀記念館」というかたちで、いわゆる歴史民俗資料館と同じような扱いで開館しております。ここも無料で入れますし、2階に行ったら、ガラスケースの中に入っていない状態で錦莞莚の本物があります（写真19）。台の上にぺろんと乗せてあって、触るのはだめなのですが。でも、ここへ行けば現物をただで見ることができますので、ぜひ間近でご覧になってください。そこで錦莞莚のすごさが分かったら、眠亀さんの偉大さもひしひしと感じていただけると思います。実はこの2階にこもって、錦莞莚を生み出しています。ここが、錦莞莚そのものがリアルに誕生したところなのです。繰り返しになりますが、この2階が錦莞莚を誕生させた研究室になります。

写真17：磯崎製莚所「平和敷」広告（大正期）

いろいろな本の中には、錦莞莚の発明は1876（明治9）年あたりから始まったと書いてあるものも見かけます。しかし、ご本人が書き残した資料を見てみますと、1876（明治9）年のときには、ほかの3尺幅の花莚を作る機械を改良しているのです。ですから、錦莞莚の発明はこのときはまだ始まっていません。従来ふたりで作業をして花ござを作っていたものを、ひとりで生産できるようなかたちに改良することに成功したのが、この時の成果です。ただ、改良した織機で産業を興すところまでには至らなかった。どういうことかと言いますと、本人の書き残した資料には、花莚の目の細かさが、まだまだこれではだめだなと。本人が納得できるようなものではなかったのです。そのへんにある並物と同じではないかと。ふ

写真18：倉敷市立磯崎眠亀記念館（眠亀旧宅）

写真19：眠亀記念館２階の展示室（奥に錦莞莚がみえる）

たりの労力をひとりに減らして作ることができる織機に改良したとしても、この品質では商売はちょっと無理かなと思い、起業するには至らずに、このときは途中でストップしております。

錦莞莚誕生

その後、いよいよ錦莞莚の発明となります。児島湾の海産物加工製造とかの研究をする会社で「殖物社」というのが妹尾、現在の岡山市南区にあったようです。先ほどの発明から何年もしないうちに、史料には「明治11年頃」ともありますが、その殖物社のある人から新しい花莚を作ってくれないかという依頼を眠亀さんが受けまして、そこから錦莞莚が生まれるという流れなのです。この話のポイントは、殖物社が、実は眠亀さんともうひとり別の人に、新しい花莚を作ってくれという依頼をかけていたことです。そのときに、今のスリランカの竜鬢(りゅうびん)むしろ、あるいは竜鬢莚(りゅうびんえん)ともいうのですが、その竜鬢むしろを見せて、「これはすげえじゃろう。これと同じようなものをわしらのところで作りてぇんじゃ」と言って、眠亀さんと別の人に頼みます。そこがトラブルの元だったということを、これからお話しさせていただきます。

眠亀さんはこの話を受けまして、「もしこの事業が成功しなかったら、もう二度と妹尾の地は踏まん」と、そのくらいの覚悟を持って自宅へ帰って、新しい花ござの研究に没頭に没頭し、金もつぎ込んではまた没頭というかたちで頑張っていきます。身の回りの人の力を借りながら、もう数十日間昼夜問わずに試行錯誤しているのです。ということは、いくら子どもに家を継がせたといっても、自分の家業が手薄になってくるわけですから、みるみるうちに顧客が離れていき、どうにもこうにも商売にならないようなかたちに陥っていきます。さらに、お金が足りなくなったら、家にある売れる家財は全部売って、開発費用につぎ込んだということです。そんな苦労があって、1878（明治11）年の5月に新しい花ござが完成します。それに何年後かに「錦莞莚」という名前が付くことになります。

そのときの苦労が、明治の40年代の学校の教科書に出ています。『尋常小学読本』という教科書の中に、「失敗ノ上ニ失敗ヲ重ネテ、一時ハ赤貧洗フガ如キ有様トナレリ」と出ております（写真20）。「赤貧洗うが如く」なんて、今の若い人たちに言っても全然ピンとこない表現でしょうが、こんな状況になるまで没頭していたのです。それで、ようやく殖物社から頼まれた新しい花莚の開発が成功します。

ところが、ここからトラブルの話になります。新しい花莚ができましたので、依頼主に報告しに行きました。そこで眠亀さんはどんな扱いを受けたかというと、本人が書き残している資料には、「余リ大人気ナキ」仕打ちとあるのですね。どういうことかと言いますと、眠亀さんが「完

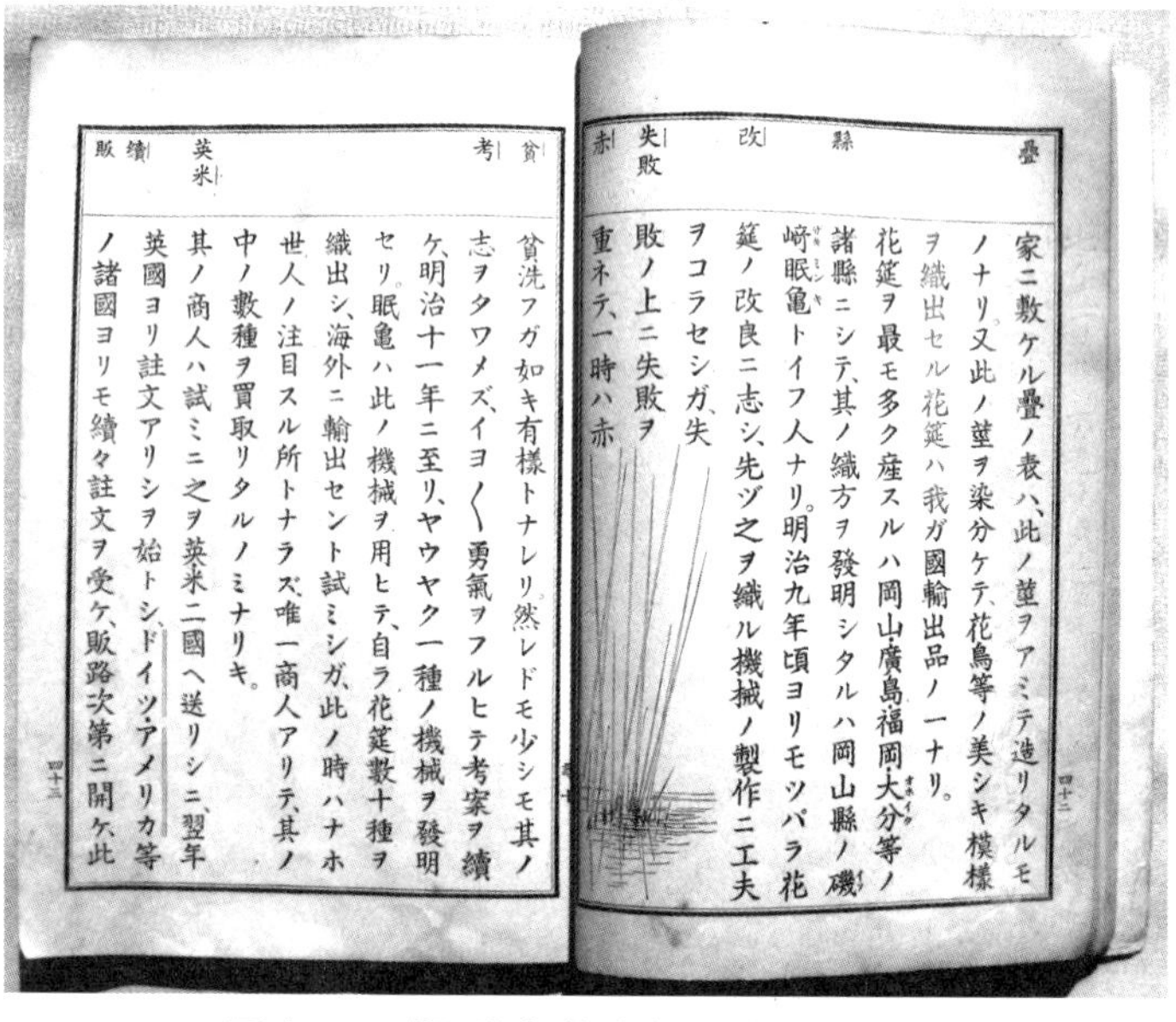

疊　縣　改　失敗　赤

家ニ敷ケル疊ノ表ハ、此ノ莚ヲアミテ造リタルモノナリ。又此ノ莚ヲ染分ケテ、花鳥等ノ美シキ模樣ヲ織出セル花莚ハ我ガ國輸出品ノ一ナリ。

花莚ヲ最モ多ク産スルハ岡山廣島福岡大分等ノ諸縣ニシテ、其ノ織方ヲ發明シタルハ岡山縣ノ磯崎眠亀トイフ人ナリ。明治九年頃ヨリモツパラ花莚ノ改良ニ志シ、先ヅ之ヲ織ル機械ノ製作ニ工夫ヲコラセシガ、失敗ノ上ニ失敗ヲ重ネテ、一時ハ赤

四十二

貧　考　英米　續　販

貧洗フガ如キ有樣トナレリ。然レドモ少シモ其ノ志ヲタワメズ、イヨイヨ勇氣ヲフルヒテ考案ヲ續ケ、明治十一年ニ至リ、ヤウヤク一種ノ機械ヲ發明セリ。眠亀ハ此ノ機械ヲ用ヒテ、自ラ花莚數十種ヲ織出シ、海外ニ輸出セント試ミシガ、此ノ時ハナホ世人ノ注目スル所トナラズ、唯一商人アリテ、其ノ中ノ數種ヲ買取リタルノミナリキ。

其ノ商人ハ試ミニ之ヲ英米二國ヘ送リシニ、翌年英國ヨリ註文アリシヲ始トシ、ドイツ・アメリカ等ノ諸國ヨリモ續々註文ヲ受ケ、販路次第ニ開ケ、此

四十三

写真 20：『尋常小学読本 巻十』（1910年）

成した」と報告しましたところ、殖物社は眠亀さんが苦労の末に会社からの依頼に応えたことなど度外視しまして「新しい花莚の発明は、もうひとりの別の人に任せることにした」と言ってのけてしまうのです。ならば眠亀さんは「仕方ないな。ではこの話は身を引こうか」と。どうせ言い争うような人ではない。今後は頼るに値しないような人だから、ここで言い争っていてもどうしようもないなとの思いを抱きました。ただ、身を引くのだけれども、「せめてこの新しい花莚を買い取ってくれないか」とお願いします。ところが、「知らん、わしんとこでは要らん。余所へお売りなせぇ」とまで言われてしまったのです。こうやって手のひらを返された。眠亀さんとしては、どういう流れが相手にあったのかは正確には分からないのだけれども、眠亀さん自身が書き残しているところによりますと、眠亀ともうひとりの某に花莚の発明を頼んでいますから、その某という人が殖物社へ眠亀さんの悪口をどうも垂れ込みまして、会社もそれを信じ込んでしまいましてね、眠亀さんを外すような流れができてしまったということなのです。

こういうことがありましたので、妹尾の方には非常に申し訳ないのですが、当時の眠亀さんは「妹尾村ノ土地ヲ後ニ睥(にら)ンテ」、自分でこれから切り開いてやるという具合に帰っていった。妹尾の土地をにらんだわけではなくて、殖物社の手のひら返しに頭にきたわけですから、そこはちょっと私の今の説明の仕方が悪かったかもしれません。妹尾の方ごめんなさい。でも、妹尾の殖物社にそうやって手のひらを返されて、眠亀さんはまた一つ頑張らないといけなくなったということです。

ここまでが一つのブロックです。苦労に苦労を重ねて、錦莞莚というものがようやくできた。非常に目が細かくて、スリランカ産の竜鬚莚に見まごうような、すごい花ござができた。できたにもかかわらず、手のひらを返された。裏切られたから、どうしようか。「これどうすりゃええんだ」というのが次の話になってきます。

ここで直面した課題は、錦莞莚の買い手が全然つかないことでした。地元の方もそうですが、完成度の高さは誰しもが認めてくれます。こんな細かい花莚は見たことがないと。たかが花莚だなんて冗談じゃない。完成度の高さはすごいもんだと誰もが認めてくれるのです。しかし、「では買ってください」となったときに、誰も購入してくれないのです。まぁそうだろうな、というのは経済のことを考えたらすぐ分かるのですが、錦莞莚というのは、当時最高品質のイ草だけを、選別に選別を重ねてつぎ込んで使っています。織るのもものすごく時間がかかります。技術もよその人には真似できない技術を使っていますから、もう最高傑作のかたまりみたいなものなのです。ですから、安い値段では売れないのです。それなのに、誰ひとりとして買ってくれない。出来の良さは秀逸で誰もが褒めてくれるけれども、買ってくれない。どうしたらいいものかと思っているうちに、「そうだ、輸出したらどうか」とピンときたわけです。

事業家としての苦悩と打開

輸出を思い立ったところから、眠亀さんの苦心惨憺の第二章が再び始まります。

当時の輸出の拠点は、横浜と神戸が主なところなのですが、花莚の場合はほとんど神戸です。ただ、ほとんど神戸と言ったって、明治の一桁代というと、花莚を扱っているのはわずか1社ぐらいしかなかったということなのです。明治十年代に入っても、いわゆるござを輸出商材として扱っているのは、数軒ぐらいしかなかった時代なのです。要するに「ござなんて……」という言い方で、輸出商材にはならないというのが常識だった。その時代に、輸出を思い立って、眠亀さんは錦莞莚を数十枚抱えて神戸へ行ったわけです。そうすると、結果はある程度見えています。現地に行ってお願いするのですが、なかなかみんな買い取ってくれない。あるいは事業に参加しようとはしてくれない。

そんな折、神戸の居留地の西、元町あたりに浜田篤三郎という人の「丸越組」という会社がありまして、ここがたまたま「ほんならちょっと試しに何枚か買ってみようか」と言ってくれた。それで何枚か試しに買って、それをアメリカとイギリスに輸出したところ、イギリスのほうからちょっと引合があった。これならいける、ということで手応えをつかんで、浜田の会社が磯崎に連絡してきます。この前頼まれた花ござをちょっと試しに輸出をやってみたら、なんか成功したぞ。というわけで、これから輸出業としてやってみないか、ということで急遽眠亀さんへ連絡を取ります。1881（明治14）年ぐらいのことです。そこで、言われたほうの眠亀さん、渡りに船です。輸出できるのではないかと思っていたところで、それが成功するわけですから。

輸出拠点となった神戸港(明治中期)

ところが、今度はここで困ったことが二つ出てきます。まず一つは資金難です。錦莞莚を作るにあたって、その前から既に愚か狂かと言われるぐらい、錦莞莚の開発・発明にも没頭していて、なおかつ錦莞莚でもう家の中は何もなくなるぐらいお金を開発費につぎ込んでしまっています。ですから、どうにもこうにもこの先の事業展開の準備すらできません。そこで、浜田がちゃんと融資をしてくれて、先ほど見ていただいた自宅、現在の磯崎眠亀記念館に織機を据えて、そこで輸出の事業を展開していくことができるようになります。それで資金難はクリアできました。

もう一つ。機密保持という問題も出てきました。眠亀さんのことを非常にあざけり笑っていた人たちが、眠亀さんが成功した途端、今度は羨ましくなるわけです。しかも材料のイ草というのは、自分の地域では、早島でも妹尾でも茶屋町でも西阿知でも、当時はたくさんできていましたから。身の回りに普通にあるもので、ここまで成功できるのかとなったら、自分にもやらせてくれよと思うのが人の心というものです。そうすると、我も我も参加したい、眠亀さんに錦莞莚の技術を教えてもらいたい、もっと言えば技術を盗みたいと、俺も花莚をやりたいという人が出てくるわけです。ところが眠亀さんは、それをブロックします。どうしてかと言ったら、そんなに簡単にできるものじゃないから、ある程度熟練しないといけない。ところが、我も我もと入ってきたがる人たちにほいほいとノウハウだけを与えていたら、錦莞莚ってこの程度のものかという製品が多く作り出されることになってしまう。粗製乱造で変な物を作られたり、あるいは質の低いものが数多く出まわって評判を落としたら、これから伸びていくはずの花莚事業というのもだめになるぞと思ったようです。特に、不埒な輩に安直にまねされたら、それではもう事業が立ち行かなくなる。錦莞莚の評判はもちろんだけれども、花莚の事業そのものがだめになる、という認識だったのです。

ということで、眠亀は防衛策を講じました。なぜ本人が直接防衛策に乗り出したかというと、当時はまだ特許制度がまともに機能していなかったからです。具体的に、眠亀さんが何をやったかといったら、極めて限られた身内の人だったり、旧知のすごく知り合いの人だけという具合に、かなり近い人に限定して仕事をしてもらったり、ろうあの方にご協力いただいて従事してもらったりしたのです。このやり方は、現代的な言い方をすると積極的な障がい者雇用ですから、眠亀さんはものすごく先進的だったんだと思うかもしれませんが、この話の流れですと、ろうあの方々にお力を貸していただくということは、機密防止が目的だったと思われます。つまり、よその人にその技術をしゃべって教えることで漏洩することのないよう、その方面の障がいをお持ちの方に従事していただいていたのです。

しかし、こういうことをやったわけなのですが、根本的な解決策にはなりませんでした。そこで、監獄署の中で作らせてもらえないかと、当時の県知事、高崎五六県令（写真21）を頼ったのです。さすがに監獄署の中で作業すれば情報はもれないだろうということで、県知事さんに頼んで監獄署内で製造します。一方、それは県知事さんにとっては、もう一つ別のところにもメリットがあるのです。監獄でお勤めを果たして無事に出た方が再び犯罪を起こす原因としては、やっぱり手に職がなかったり、仕事がなかったりということがあります。ですから、ここで花莚の織る技術をちゃんと身に付けて日常へ帰っていただけるということは、その後の自立に大きく役に立つという部分もありました。技術の保護と授産という二つの効果が、県知事側の立場としてもあったわけです。

なおかつ、技術の保護については、これはちゃんと守っていかないといけないでしょうということで、自分の部下に錦莞莚と陳情書を持たせて、国へ働きかけます。農商務省の前田正名（写真22）という人に、岡山にはこんなすごいものがあるので、これはちゃんと保護しないといけないのではないですかと言って陳情するわけです。そういう努力をした結果、前田正名も「此の如き（錦莞莚のような）発明こそ法を設けて保護せざるべからず」と、心を動かされたと言われています。このように、錦莞莚は国の特許制度を確立していく上で、ものすごく大きな位置付けになっています。先ほど申し上げました特許制度の流れなのですが、実は1871（明治4）年に、「専売略規則」という太政官布告が出ていました。日本初の特許法として位置づけられているものなのですが、一説によりますと、専売の官許を願い出る人がほとんどいなかったとか、はたまた審査員の確保もままならなかったとかで、翌年に当面の間廃止になってほとんど機能しませんでした。そんな中で先

写真 21：高崎五六

写真 22：前田正名

ほどの錦莞莚が生まれていますので、法律で守る後ろ盾がない状態でした。ですから、いろいろな方の力を頼って、先ほどのやり方で事業を展開してきた。ところが今申し上げた流れで、１８８５（明治18）年になりますと、ちゃんと法律で、専売特許条例ができてきます。そこへ、いの一番に乗っかっていって、専売特許が認められていったのです（写真23）。

ちょっと説明し忘れましたけれども、眠亀さんの発明した錦莞莚というものは、錦莞莚そのものの完成形も特許となっていますが、それを作るための特殊な織機（写真24）も眠亀さんが自分で考え出したものです。私は織機の構造まではよく分からないのですが、人によっては、西陣織の織機にかなり技術的な影響を受けているようだと言われるのを聞いたことがあります。錦莞莚織機の最も特徴的なところは梯形筬（ていけいおさ）（写真25）という、台形のかたちをした筬の部分です。筬とは、経糸（たていと）の位置を整えて、緯糸（よこいと）のイ草を押さえて密に織り込むための装置でして、これによって花莚の目の細かさが決まってきます。

眠亀さんは、伸縮性のないイ草を緻密に織り込んでやろうとして、この台形の筬の開発で非常に苦しんだのです。つまりですね、あまりに細密に織り込もうとしたので、途中でイ草がその力に耐えきれずに切れてしまうんです。これでは製品になりませんよね。そこでこの台形の筬、梯形筬を開発しています。台形の広いところで組んで、狭い方へ向かって締めていく、そうすれば途中で切れることはないんじゃないか、と。実は、その考え方自体は理論的には正しくて、正解にたどり着けていたのです。でも、実際にやってみると大違いでして、イ草はツルツルすべってしまうし、なんとか織り込んだと思ってもイ草はやっぱり切れてしまう。それで、奥さまがこうしてみたら、という技術的な提案をしたところ、それが功を奏しまして、見事に緻密な花莚を織り出すことに成功したとされています。このようにですね、錦莞莚織機は現物としての物質的な特色もさることながら、それを使いこなすテクニックの面でも独特のものだったということが分かります。今、岡山県立博

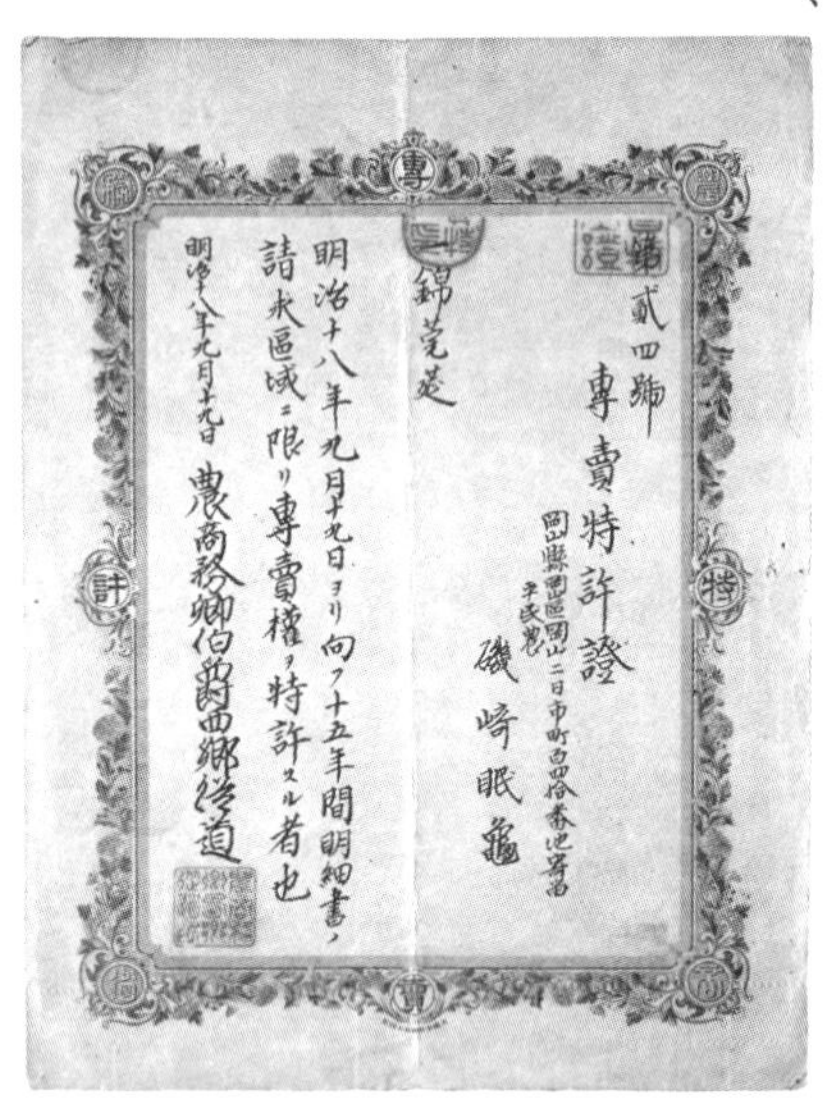

第貳四號
専賣特許證
岡山縣岡山二日市町百四拾番地寄留
平民 磯崎眠龜
錦莞莚
明治十八年九月十九日ヨリ向フ十五年間明細書ノ請求區域ニ限リ専賣權ヲ特許スル者也
明治十八年九月十九日 農商務卿伯爵西郷従道

写真 23：錦莞莚の専売特許証

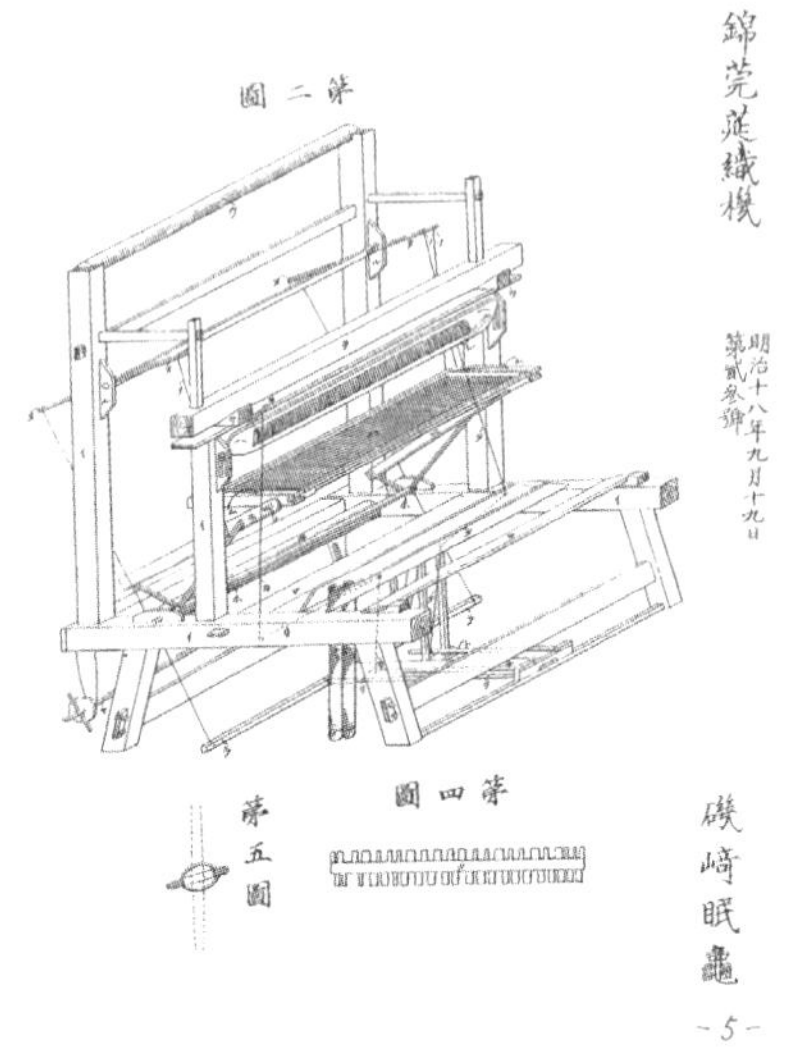

写真 24：錦莞莚織機の特許明細書図面

写真 25：梯形筬

物館に錦莞莚の復元織機があります（写真26）。私のような職人経験のない者からしますと、今すぐにでも錦莞莚を復刻できそうな気がしてしまいます。錦莞莚織機が現に存在しているのですから。しかし、稼働を見越した機械的な保守、メンテナンス作業をすることはできたとしても、それを使いこなす技術が伝わっていませんので、実際に錦莞莚を再び織り出そうとすれば、よほどの暗中模索、試行錯誤の末でないと成功しないかもしれませんね。それはともかくとしまして、その織機と完成品である「錦莞莚」はこうやってちゃんと特許を取ったのですが、イ草の色を染める技術に関しては、それは眠亀さんが新しく作ったものですが、それの特許を取りませんでした。今までは泥染めとか、あるいは蘇芳（すおう）とかウコンとかを使って、竹の筒にイ草を入れて、その中に染料を煮た汁を入れてということをやっていたのですが、イ草という植物自体、色がなかなか定着してくれないらしいのです。イ草というのは、伸び縮みはしないし、色はあまり定着しないという、素材としてはなかなか使い手を選ぶ素材のようです。ところが眠亀さんは、それをドイツやフランスあたりからの化学染料を使って、銅や鉄の鍋にお湯を入れてグツグツ煮立たてると熱の

写真 26：錦莞莚織機（復元）

伝導率がいいので、その中に化学染料を入れてイ草を煮込むという新しいやり方を開発しました。そのため、錦莞莚で使っている染めたイ草というのは、100年以上経っている花ござでも、こんなに色落ちしないものなのかと思うぐらいものすごくちゃんと残っています。

実は、磯崎さんのご子孫は、「ここへどうぞ」という具合に錦莞莚を敷いて、お客様を普通におもてなししていたそうです。何ならタバコの火を落としてしまうような、そんな日常使いで錦莞莚を使われていたといいます。末裔の方が使っていた錦莞莚も、倉敷市とか岡山県立博物館などへ寄贈されているのですが、新品未使用品ではなくて、実際に何度も使っているそれらを見ても、100年経ってもこれだけしか色が落ちていないのかと驚くくらい、すごく定着がいいのです。

そんな染色の技術を、実はこの時はわざと眠亀さんは特許申請していません。これはなぜかというと、眠亀さんご本人の言い方によると、「この技術は業界全体で共有すべきものだ。自分ひとりで握ってしまって、ほかの人がまねできないようでは、この花ござ、花莚の業界はこれから伸びていかない。だからこの技術は特許を取らないので、広くみんなで使おう。みんなで共有しよう」というようなことで、特許を申請しなかったのだというふうに書き残しています。ただそれは、私が斜め目線で見ているのかもしれませんが、それだけ真似をするのが難しかったことも関係しているように思われます。

このあと、これらの特許を取ったことによって各地に磯崎製莚所という工場を造って、錦莞莚を製造・出荷していきます（写真27）。当然、天瀬の本部（写真28）だったり、茶屋町や中庄だったり、玉島だったりというところの工場に、錦莞莚で使うものすごく質のいいイ草を持っていくわけです。そしてその各地で織るわけです。でも、イ草の染めだけは天瀬だけでしかやってないのです。天瀬で染めたイ草をほかの支部へ出す。支部では染めさせない。それはなぜか。「各支部で染める作業をしたら、色の付き具合にムラが出る」と、磯崎はそういう言い方をしたのです。ですから、本部で一括して染めて支部へ出すということは、そのぐらい余程難しいものなのだということを、暗に言っているよう

写真 27：磯崎製莚所（中央の山高帽が眠亀）

写真 28：磯崎製莚所・天瀬本部

なものです。つまり、どうもこれは業界で共有という側面ももちろんあるのですが、できるものならやってみろとでも言いましょうか、もしそれをやり遂げたら、本当に真の花莚業者だ、自分と一緒に仕事をできる技術を持ったやつだ、という含みもあるのではないかなと。私はそのように斜めから見ています。

それはともかくとしても、染色技術は今申し上げたように、業界で共有する気であるということで特許を申請しませんでした。が、総じて特許で守られることによって、いろいろな技術を盗もうとする輩を法律でブロックしてくれることになりましたので、自分は大手を振ってあっちこっちに工場を造って、特許に守られながら仕事をすることができるようになります。こうやって法律の後ろ盾を持って成功していったというような流れです。このようにして、眠亀さんは逆境をことごとく乗り越えていきました。

手加減なく筋を通す

それではここで、トピックとして、商売のやり方で眠亀さんと外国の商人がもめている話がありますので、それを紹介します。眠亀さんの話に興味のある方は、一度聞いたことがあるかもしれませんが、ドイツ系のデラカンプ商会（写真29）という会社とのいざこざです。おおもとをたどりますと、フーゴー・オットー・デラカンプといって、このトピックの頃はニューヨークに住んでいたのかな。その方がドイツでデラカンプ商会というのを立ち上げています。その後、日本とか、それから香港とかにも商売を広げていたのですが、日本での仕事は自分の手が回らないということで、妻の兄であるチャールズ・ランゲ・デラカンプ（写真30）という人を現場経営者として派遣して、担ってもらうかたちになります。このチャールズ・ランゲ・デラカンプという人は、実は日本人の女性と結婚しまして、夫婦の間に子どもがいなかったものですから、奥さんのほうの姪っ子さんをものすごくかわいがりました（写真31）。そして、仕事がうまくいかなくなって会社をたたんだあとも、日本に残って、そして太平洋戦争で住むところを焼かれてしまっても、焼け残った倉庫で生活をし続けました。そのあと日本で亡くなって、今は夫婦で神戸のお墓に眠っている。まさに文字通り、日本に骨を埋めたお方なのです。

一方で、商人としての顔は、それはそれだったようです。これからのお話は、デラカンプ個人のパーソナリティではなくて、商会、デラカンプ商会としての動きになります。ある時、デラカンプ商会から「5月10日に神戸に到着したら10円取る」という注文が眠亀のもとにありました。これは確証がないので、おそらくの話ですが、当時、花莚は20間（けん）、約36メートルの長さに織り出したものをロールに巻いた状態で取引していました。錦莞莚は、これから何年か後の統計を見ていますと、神戸の出荷価格が12円60銭という固定価格なのです。ちなみに、ほかの花莚は大体ロールで8円とか、あるいは安い花莚だと5円と

写真 29：デラカンプ商会（神戸居留地）

か6円のものもありました。錦莞莚は12円60銭という固定価格で売っていまして、神戸での出荷価格がそのぐらいですので、おそらく1ロールあたり10円取るという発注だったと思われます。まだ史料上の決定的な確証がないので、あまり大きな声では言えないのですが、話の本筋はそこにあるわけではなくて、とりあえず、10円払うよ、この金額を出すよという発注でした。

眠亀さんは、滞りなく対応します。ところがその後、相手からうんともすんともなんとも言ってこない。おかしいな、と。眠亀さんが、「あの話どうなったのか。ちゃんと商品出荷しているのだけれども。届いているはずなのだが」と言ったら、デラカン

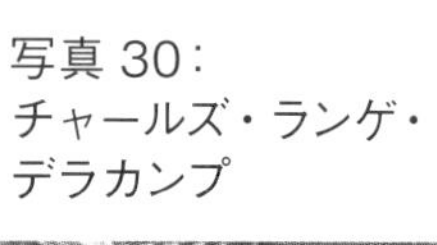

写真30：チャールズ・ランゲ・デラカンプ

写真31：デラカンプ夫妻（左端の2人）と親族

プ商会側から「届いていない」という話が返ってくる。おかしいと思って眠亀さんは人を使って調べたら、約束通り届いていた。「ちゃんと届いているじゃないか」とデラカンプ商会へ言ったら、「まあまあそれはともかくとして……」とごまかして、「8円だったら買い取ってやる」と値引きを言ってきたわけです。

自分のうそを棚に上げて値引きを要求するのですが、当時は外国の商人に逆らって商売したら、そこでは商売人としては生きていけない。もう泣く泣く言うことを聞いて、それも損の一つだと、含み損として最初から想定して商売をしないと、神戸で外国人相手に商売なんかできんぞということで、ほかの花莚の業者さんは、「まあまあ、眠亀さん、そう言ったって通りゃしないんだから。言うことを聞いて商売するのが一番すんなり行くんで」と泣き寝入りを勧めて、やむを得ないことなのだと言ってくるわけです。でも眠亀さんは「それではいけない」となかなか首を縦に振らなかった。このようなケースの場合、たいていは「8円で売りたくないのだったら、そんなんだったら持って帰ってもいい。ただ、倉庫に山積みになっているぞ」と言われるのが関の山。あるいは、日本の商人側から取引の中止を申し出て、商品である花莚を持って帰らせてくれとなる場合もありました。しかし、どちらにしても、この山積みの状態（写真32）で持って帰れるのか、持ち出せるもんなら出してみやがれ、みたいなことで相手のペースにはめられてしまうわけです。

ですので、普通だったらあきらめてしまうのですが、眠亀さんは筋を通すために手加減しない。自分には一切非がないのだから、約束通りの金額で買ってくれ。嫌なら花莚を全部返してもらう。なんだったら裁判にでも訴えてやるというかたちでガンガン、ガンガンやりました。当時の神戸居留地は領事裁判、つまり、外国人を日本の法律で日本の裁判にかけることができませんでした。日本人の眠亀さんがドイツ人のデラカンプを領事裁判に訴えたところで、どれだけ正論を吐こうが勝てる見込みなんてほとんどないのです。それでも眠亀さんは、自分が今まで花莚で儲けてきたお金の全部をつぎ込んでも戦うぞ、という強気に出たんです。そこに仲介人が現れて、デラカンプも非を認める。眠亀さんもなんぼかは値引きをする、というかたちで和解となりました。眠亀さんの商売というのは、これは磯崎のさがなのですが、定価販売というのをものすごく大切にしています。値引きをして売るというのは、商売人としてはそこにうそが入っている。値引きできるのにもかかわらず値段にぶっ込んでいるわけだから、それはうその値段だ、誠実ではない、と。ところが磯崎の花莚は、最初から値引いてあるのだ、と。これ以上値引けない金額を最初から出しているのだから、誠実な商売をしているのだというわけです。ですから、磯崎にとって値引くという行為は、ものすごく抵抗のあることなのです。こんなかたちで外国人ともやりあったことがありました。

写真 32：デラカンプ商会（倉庫内部）

引退

そのあたりで眠亀さんは業界を引退しまして、業界引退前後には、実は岡山孤児院とか、社会福祉や慈善事業なんかにもかかわっております。さらに、１８９７（明治30）年には業界から完全に引退して、息子、次男の方に磯崎の事業を継承させ、眠亀さん自身は１９０８（明治41）年にお亡くなりになります。この写真（写真33）は現在の京橋のところを、眠亀さんの葬列が東山のほうに向かっているものです。

息子さんの磯崎高三郎（前出写真16）は、眠亀さんが初めて錦莞莚の輸出をした時から既に父を補佐していた人で、眠亀さんの花莚事業を常に支えてきた人です。眠亀さんが引退する少し前、１８９５（明治28）年には眠亀の代務人になりまして、花莚製造販売の一切を統括するようになっています。そして、眠亀さん引退後の明治30年代から大正時代にかけて活躍しました。眠亀さんは、先ほど申し上げたように慈善事業

写真 33：京橋（岡山市）を渡る眠亀の葬列

のほうをやりながら、１９０８年に亡くなったのでした。

こういう激動の人生を歩んだ人です。眠亀さんは発明をするのも大変だったけれども、発明をしたあとの商売の展開の苦労も大変でした。そうやって今の花莚の基礎を築き上げた人です。こういう人が、まさに倉敷、あるいは岡山にいたということなのです。ぜひともこの眠亀さんの偉業というものを、皆さんにもっともっと知っていただきたいなと思います。

お時間が参りました。かなり駆け足になりましたけれども、ここで私の話を終わりにさせていただきます。ご清聴ありがとうございました。

講演2

三井造船の誕生 〜 川村貞次郎と川村造船所 〜

高千穂大学教授
大島久幸（おおしま　ひさゆき）
専門は日本経営史、商社史、海運史。特に接収資料などを用いて、戦前期の商社や海運業を研究している。1997年専修大学大学院博士後期課程修了。2010年より現職。博士（経営学）。
著書に『川村貞次郎と三井物産船舶部』、『両大戦期における海運市場の変容と三井物産輸送業務』など。共著に『総合商社の歴史』など。

本日は、川村貞次郎を中心に、三井造船の誕生についてお話をさせていただきたいと思います。今回、川村の話をさせていただくことになったことに、特別なご縁を感じています。次の文章は、2020年9月21日の日本経済新聞に掲載された「三井E&Sホールディングス社長岡良一氏トップの決断祖業にメス　白旗は揚げぬ─赤字脱却へ聖域なき再建」と題された新聞記事の内容です。

「岡は自ら構造転換を迫った玉野造船所から自転車で20分弱のところで育った。実家は造船業と関わりはなかったが、造船不況となれば同級生の親族が路頭に迷う姿を目にしてきた。東大工学部で機械工学を学び、指導教官の勧めで三井造船に入社したのは『不思議な縁』で、配属されたのは玉野造船所だった。以後35年間、同事業所内の造船所に隣接する船舶用エンジン部門で設計や部品調達、品質保証などを担当してきた。玉野造船所をなくすわけではないが、労働集約型の造船所での仕事量を減らす大改革は、ふるさとの雇用を揺さぶりかねない」と書かれており、故郷の衰退を避けるためにも、「『白旗を挙げない』。岡の経営者としての覚悟が試されている」と書かれています。

つまり、玉野造船所ができて、ちょうど今年が大きな転換期という時に、玉野造船所ができるときの話をする機会をいただいたことに、ご縁を感じている次第です。

また、今回私がお話をさせていただくことになった経緯は、今から25年前に「川村貞次郎と三井物産船舶部」という論文を書いたことがきっかけです（写真1）。ただ、この論文は私がまだ20代のなかばくらいに、大学院の駆け出しの頃に書いた論文で、発表した媒体も大学院の紀要という、いわば同人誌みたいなものでした。ですから、一般にはまったく公開されておらず、したがいまして、1995年から25年間、この論文を誰ひとり見返す人はいなかったし、私もこれをもう一度読み返す機会があるとは、実は思っておりませんでした。

それがたまたまいろいろなご縁で、25年ぶりに20代の

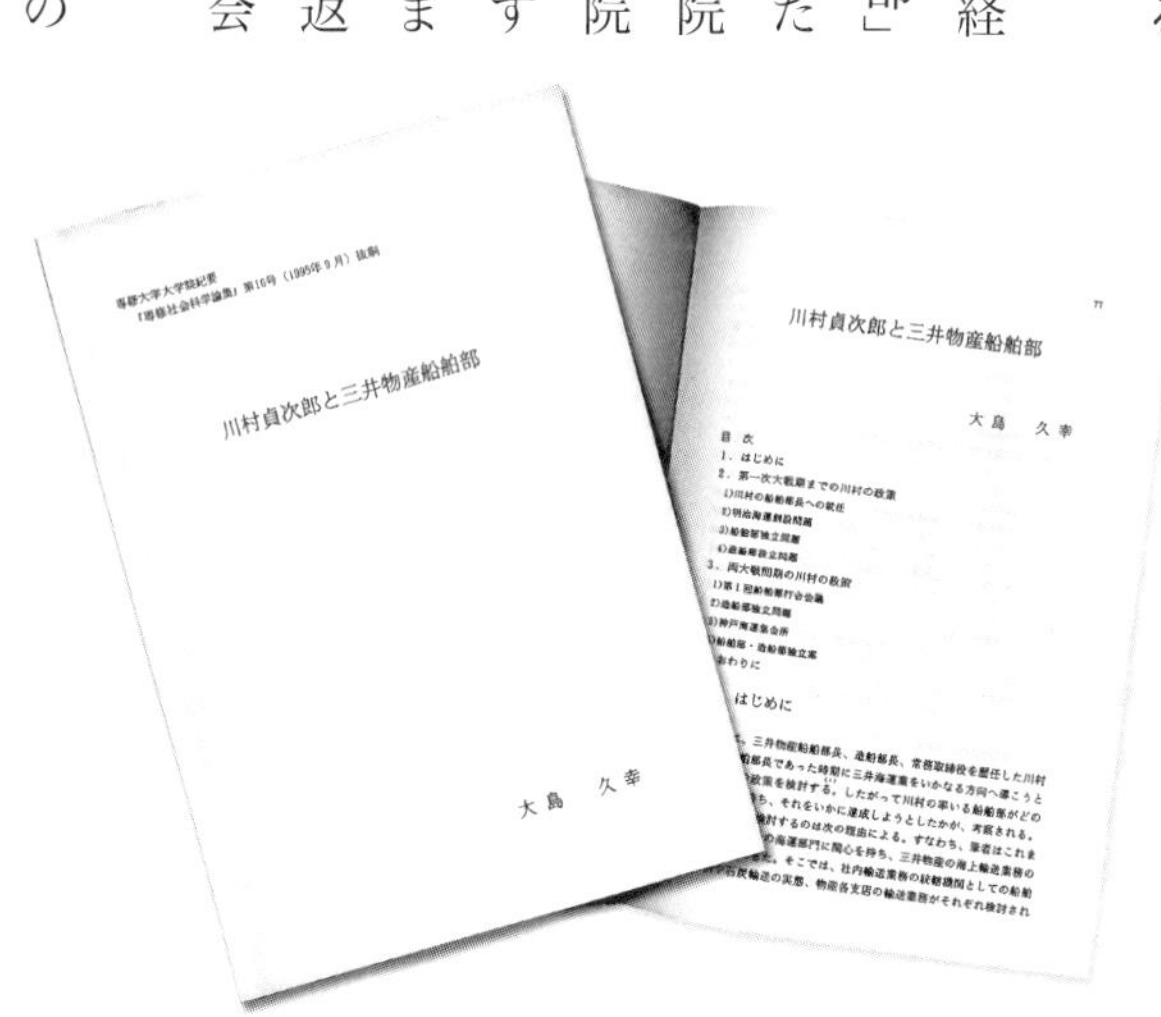

写真1：川村貞次郎についての論文（1995年9月）

頃の自分と向き合って、この論文を読み返すということになりました。もちろん、20代の頃に感じた川村貞次郎（写真2）に対する考え方と、50歳を過ぎた今、川村に対する考え方はずいぶん違ったというのも、私にとっては非常に大きな発見でした。そうした点でも何かご縁があったのだろうと感じながら、今回のお話の準備をさせていただきました。

三井物産と川村貞次郎

さて、三井造船という会社は、もともと三井物産造船部という組織がスタートになっております。もう一つ川村が深くかかわった事業が、三井物産船舶部という組織で、これは、その後の三井船舶、今の商船三井という会社になっていきます。三井造船も三井船舶も、三井物産という商社からできた会社ですが、今日は、なぜ戦前の日本を代表する総合商社であった三井物産という会社から、造船業や海運業の会社ができたのかという話を、川村と関連させながらお話ししたいと思います。

商社というのは本来、貿易を仲介することが仕事です。国際貿易を仲介するべき商社が、なぜ海運や造船会社を作ることになったのか。その大きな理由になっているのが、今日お話しする川村なのです。彼が、造船業を立ち上げて、実はそんな

写真2：川村貞次郎

に順調ではないのですが、事業を守っていった。三井造船になるまで社内の淘汰圧力と戦い、しかも強引に作ったので、その分で反動もあり、恐慌下では淘汰圧力も大きかったのですけれど、それを守って今日まで残したということを、ちょうど造船所が大きな転換期にある時に、もう一回考え直してみたいというのが今日のテーマとなります。

まず、川村の略歴をまとめてみました（表1）。川村は1870（明治3）年に三重県に生まれまして、1891（明治24）年に官立の東京高等商業学校、今の一橋大学ですが、そこの主計科を卒業した後、1895（明治28）年に三井物産に入社します。転機になるのが1906（明治39）年の船舶部長就任なのですが、その前に長崎県の口之津支店長に就任します。途中、1917（大正6）年に兼任で造船部長になるのですけれども、彼の場合は、船舶部長に着任してから18年間、船舶部長を務めます。これはかなり異例なことでして、一つの部長を18年間務めて、そのまま役員になって、最終的には三井物産の筆頭常務、要するに最高経営者にまで登り詰めて、71歳で亡くなります。

今回のテーマになっている殖産をした人というと、一般には会社を起こすとか発明する人をイメージされると思います。しかし川村は、言ってみればサラリーマンです。一つの会社の中で、会社員としての人生を全うします。ですから、この後お話ししますように、彼が造船部を作り海運業や造船業を育てたというのですけれど、あくまでそれは彼の事業ではなくて、三井物産という会社の中で生まれた事業ということになるわけです。したがって、これからのお話しは、もっぱら会社の中での話になります。

そして当然、社内で事業をつくったり、拡張したりするうえで、ひとりでは実現できませんから、協

表1:川村貞次郎関連年譜

西暦	和暦	川村貞次郎の歩み
1870	明治3	三重県東黒部村(現松阪市)に生まれる
1891	24	東京高等商業学校(現一橋大学)主計科を卒業 1年志願兵として入営
1894	27	三井鉱山合名会社に入社。日清戦争勃発 陸軍三等軍吏として日清戦争に従軍
1895	28	三井物産会社に入社。上海支店勤務となる
1896	29	シンガポール支店勤務となる
1903	36	津支店長に就任
1904	37	時局緊迫し軍用を帯び渡満。日露戦争勃発
1906	39	船舶部長に就任
1911	44	明治海運設立。川村は筆頭株主となる
1912	大正元	造船協会内外船価調査委員
1914	3	第一次大戦勃発。この頃、造船の戦時需要が増大する
1915	4	日本海員掖済会常議員に就任
1917	6	神戸商業会議所特別議員になる 造船部長(初代)を兼務する 川村造船所を岡山県玉野市宇野に開設 第1船となる貨物船「海正丸」が進水
1918	7	取締役に就任。船舶部長、造船部長を兼ねる この頃、日本の建造能力は61万総㌧、建造能力は米英に次ぐ世界3位
1919	8	川村造船所を閉鎖。2年間で26隻が建造された 三井造船玉工場が開場
1920	9	日本船主協会設立。川村は理事に就任 日本海事委員会委員、帝国海事協会管理委員に就任 この年、株式が大暴落し造船不況も深刻化する
1921	10	神戸海運集会所(日本海運集会所の前身)を創設 初代会長に就任
1924	13	常務取締役に就任。船舶部長·造船部長兼務を解かれる 日本船主協会会長に就任
1926	15	東洋レーヨン株式会社監査役を兼任 日本海事協会会長に就任
1934	昭和9	代表取締役常務取締役に就任
1935	10	代表取締役並びに常務取締役辞任。取締役は留任
1936	11	三井物産株式会社取締役を退任
1942	17	川村貞次郎死去

力者がいます。今日は、川村の協力者としてふたりの登場人物がでてきます。どちらも川村を支援した役員という立場になりますが、ひとり目が益田孝という人です（写真3）。彼は三井財閥のトップになった人物で、有名なのは「鈍翁（どんのう）」という茶人のほうかもしれません。三大数寄者のひとりとも言われている人で、三井物産を事実上作った人です。もうひとりは山本条太郎です（写真4）。彼も三井物産の役員なのですけれど、途中、大正初期にシーメンス事件という事件で三井物産を追われ、そのあとは政友会の幹事長などをする政治家であり、南満州鉄道の社長にもなる人です。

ところで皆さんは、100年以上前の会社の中で行われた議論内容を、あたかも私が隣で聞いていたかのように話ができるのはなぜか疑問に思われると思いますので、その点をあらかじめ説明しておきたいと思います。今日、私が川村についてお話しできるのは、材料となる資料があるからで

写真3：益田孝

写真4：山本条太郎

す。一つは、「三井物産支店長会議議事録」と呼ばれる資料です（写真5）。三井物産という会社は、明治から大正、昭和にかけて、世界中に散らばった支店長を東京に数日間、集めて会議をしていました。そして会議したあとの内容を、誰が何をしゃべったかという議事録にして全部残していまして、この議事録が現在公開されています。多分、議事録をつくるのは、相当大変だったと思います。私も会議をして議事録を作ることがありますが、誰が何を発言したのかをきれいな文章にするのはとても大変な作業です。人はきちんとした文章になるようには話していませんし、対面で話している際には、たくさんの指示語もでてきます。もちろん当時は、テープレコーダーもありません。しかし、川村のいた時代の社内の議論がそのまま議事録で残っているので、会社の中でどういうことが起こっていたのかを、知ることができるということになります。

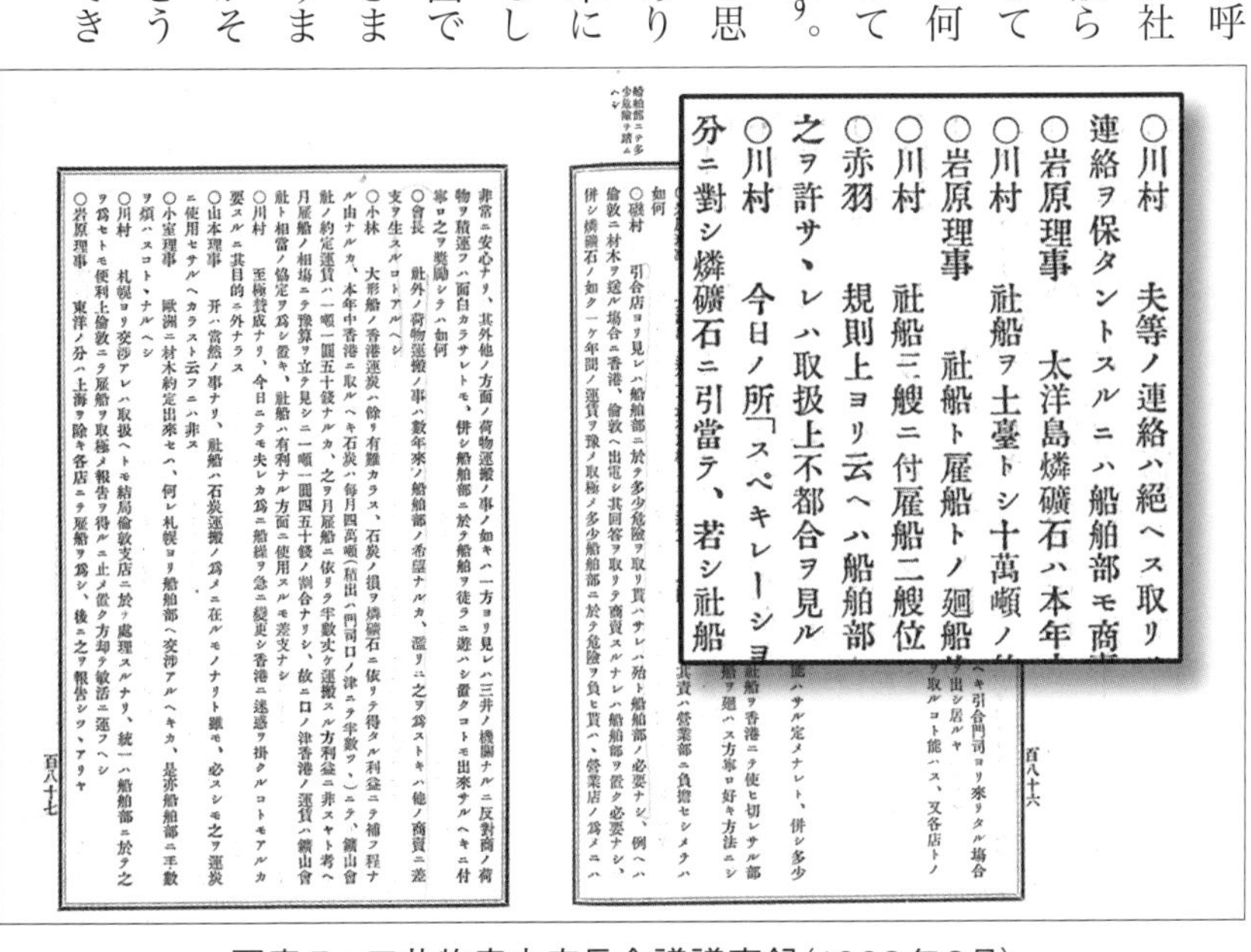

○川村　夫等ノ連絡ハ絶ヘス取リ
連絡ヲ保タントスルニハ船舶部モ商
○岩原理事　太洋島燐礦石ハ本年
○川村　社船ヲ土臺トシ十萬噸ノ
○岩原理事　社船ト雇船トノ廻船
○川村　社船三艘ニ付雇船二艘位
○赤羽　規則上ヨリ云ヘハ船舶部
之ヲ許サヽレハ取扱上不都合ヲ見ル
○川村　今日ノ所「スペキレーショ
分ニ對シ燐礦石ニ引當テ、若シ社船

非常ニ安心ナリ、其外他ノ方面ノ荷物運搬ノ事ノ如キハ一方ヨリ見レハ三井ノ機關ナルニ反對商ノ荷物ヲ積運フハ面白カラサレトモ、併シ船舶部ニ於テ船舶ヲ徒ラニ遊ハシ置クコトモ出來サルヘキニ付寧ロ之ヲ奬勵シテハ如何
○會長　社外ノ荷物運搬ノ事ハ數年來ノ船舶部ノ希望ナルカ、濫リニ之ヲ爲ストキハ他ノ商賣ニ差支ヲ生スルコトアルヘシ
○小林　大形船ノ香港運炭ハ餘リ有難カラス、石炭ノ損ヲ燐礦石ニ依リテ得タル利益ニテ補フ程ナル由ナルカ、本年中香港ニ取ルヘキ石炭ハ毎月四萬噸（積出ハ門司口ノ津ニテ半數ツヽ）ニテ、鑛山會社ノ約定運賃ハ一噸一圓五十錢ナルカ、之ヲ月雇船ニ依リテ半數丈ケ運搬スル方利益ニ非スヤト考ヘ月雇船ノ相場ニテ豫算ヲ立テ見シニ一噸一圓四五十錢ノ割合ナリシ、故ニ口ノ津香港ノ運賃ハ鑛山會社ト相當ノ協定ヲ爲シ置キ、社船ハ有利ナル方面ニ使用スルモ差支ナシ
○川村　至極賛成ナリ、今日ニテモ失レカ爲ニ船繰ヲ急ニ變更シ香港ニ迷惑ヲ掛クルコトモアルカ要スルニ其目的ニ外ナラス
○山本理事　幷ハ當然ノ事ナリ、社船ハ石炭運搬ノ爲メニ在ルモノナリト雖モ、必スシモ之ヲ運炭ニ使用セサルヘカラスト云フニハ非ス
○小室理事　歐洲ニ材木約定出來セハ、何レ札幌ヨリ船舶部ヘ交渉アルヘキカ、是亦船舶部ニ手數ヲ煩ハスコトヽナルヘシ
○川村　札幌ヨリ交渉アレハ取扱ヘトモ結局倫敦支店ニ於テ處理スルナリ、統一ハ船舶部ニ於テ之ヲ爲セトモ便利上倫敦ニテ雇船ヲ取極メ報告ヲ得ルニ止メ置ク方却テ敏活ニ運フヘシ
○岩原理事　東洋ノ分ハ上海ヲ除キ各店ニテ雇船ヲ爲シ、後ニ之ヲ報告シツヽアリヤ

百八十七

写真5：三井物産支店長会議議事録（1908年8月）

もう一つの材料が、『川村貞次郎資料』と呼ばれるものです。公益財団法人三井文庫というところには川村の個人資料が、寄贈されております。このなかには、川村の個人の手帳や手紙といったものも収められています。今日はこれら資料も使わせていただきながら、お話をさせていただきたいと思います。

三井物産船舶部の部長に

それでは、まず川村の活躍の舞台となった三井物産船舶部の成り立ちから説明したいと思います。船舶部という組織を作ったのは、先ほど説明した益田孝です。次の文章は、益田孝が１９０３（明治36）年の8月に井上馨に送った手紙の内容です。

「船舶使用高5、60万屯を各店自儘ニ傭入為致候而は不利益ニ付船舶部と申すものを置き是ニ一任為致有之候処、人を不得為メ各店之営業消長ニかんする次第ニ而此程支配人会議ニ於而も明瞭ニ相分り候ニ其まゝにいたし置候意見故…渡辺（理事）をも鎌倉より呼び出し小生も之ニ加り理事一同と共ニ内儀を尽し候処、愚存ニ同意仕、主任者更迭仕候事ニ相成、扨誰と申而ハ田中清次郎なれば適任ニ可有之と者一同之意見ニ御座候…」

三井物産で使用する50万トンから60万トンの船に対して、各地にある支店が、それぞれ必要な船を雇い入れると不経済なので、船舶部を置きたい。ただ適任の担当者がいないので、渡辺理事を鎌倉から呼び出して、益田もこれに加わっていろいろ議論した結果、益田の意見に同意して、主任者を更迭した上で、新しく田中清次郎という人が適任だろうから、田中にまかせて船舶部を作ろうと記されています。実際、船舶部は最初、長谷川という門司支店長だった人の意見を受け入れて門司に作られるのですが、手紙のように長谷川を更迭させて、益田が主張していた神戸市に船舶部が移されます（写真6）。

この手紙だけ読んでも益田の真意がよく分からないと思います。実は、この益田の発想の原点になる制度がロンドンにあります。ロンドンに今もあるのですけれど、ボルチックエクスチェンジという取引所がそれです。

船というのは当然、ものを運んだら運んだあと元の港に帰ってこないといけないわけです。「片荷」というのですけれど、帰りに荷物を積まずに帰ってくると、コストがかかってしまいます。仮に、行った船と帰ってくる船にうまく荷物を積み合わせることができれば、効率性は格段に上がります。そのためには、世界中でどこにどんな積荷があるのか、どこにどんな船が向かっているのかという情報を集める必要があります。これができる制度が、19世紀にかけてロンドンにあったのです。ロンドンでは、世界でどういう船がどのように動いていて何が積まれているかという情報を全部マッチングすることができました。

ところが、この19世紀にかけて東アジアにはそのような制度はありません。その結果、何が起きるかというと、三井物産のAという支店からBという支店に船で荷物を運んでいる時に、Bという支店

写真6：三井物産船舶部（神戸市）

がAに荷物を運ぼうとすると、両方ともに船を手配してしまうのです。折り返し同じ船に積めば一つの船で済むものを、情報が分散しているためにお互いに1隻ずつ片荷で発注してしまう。益田は、そういう非効率をなくすために、各支店が自立的に業務を行うのではなくて、船舶部という全体を調整する仕組みの機関を神戸に作って、そこで一元的に船の業務を行いたいと考えたのです。つまり、海運市場がない時代に、組織内に市場の機能を内部化するために作られたのが船舶部という組織です。ちなみに、その後川村が、ロンドンのボルチックを見て来て、日本にもこういうものがあった方がいいだろうと思って作ったのが、「神戸海運集会所」という組織になります。

ところで、実際にできた船舶部を長く率いたのは川村になるわけですが、実は彼は、満を持して船舶部長になったわけではありません。先ほどの書簡でみましたように、益田が当初、船舶部長として期待していたのは田中清次郎という人です。そして実際、田中は1906（明治39）年に船舶部長に任命されるのですが、田中は任命されたあと、この時期に南満州鉄道という会社ができているのですけれど、その初代の総裁であった後藤新平（写真7）に、ヘッドハンティングされて三井物産から出て行ってしまうのです。本来は田中に期待してこの組織を一生懸命、盛り立てようと思っていたのに、担当すべき田中がいなくなってしまったので、部長を誰にするかということになり、長崎県の口之津支店長

写真7：後藤新平

であった川村が急きょ抜擢されることになります。口之津というのは石炭の主要店でした。三井は石炭をたくさん売っているのですけれど、その中心となる石炭が三池というところで産出されていました。三池は有明海の干満がすごく激しいところにあり、そのため大きい船が入れないので、対岸の口之津というところに運んで、そこから外港に出していたのです。その支店長だった川村に白羽の矢が立ったわけです。

川村は自分が船舶部長になるとは思っていませんので、例えば1年1カ月後の本社での会議でも（写真8）、「私は会議というような席に出るのは初めてで、一向に経験もないしお話しするようなこともない」と自分で言っているほどでした。1年たっても、船舶部長としての十分な職責を果たせるほどの準備ができていないのです。ピンチヒッターでなった人が、18年間そのままポストに居座ることになったというのは、私としては偶然だったと思っています。

そして川村は、船舶部長になる前となった後で考え方が変わります。一番変わったのが、「社船」と言われるものに対する考え方です。貿易でものを売れば、それを運ばなければいけないので船を手配するのですけれど、手配するときに自社の船で運

写真8：三井物産本社

ぶのか、他人の船を借りて運ぶのかという選択がでてきます。三井物産は、特に三池の石炭を運ぶために、早くから自分の会社で船を所有しています。ただ、日本の貿易の4分の1ほどを扱う巨大商社が、それに見合う船を全部自社で持つのは、あまりにも不経済です。当然、川村は就任前には「うちは貿易会社だから、船を持つよりは借りたほうが安い」と言っているのです。

ところが、船舶部長になった後の1908（明治41）年の段階では、「社船ハ漸次老朽ノ時代ニ及ヒタレハ一朝景気回復ノ場合ニハ船舶ノ欠乏ヲ告クヘキハ明カナレハ、其前ニ新造船若クハ、新造1、2年位ノ船舶ヲ手ニ入レ得ヘキ機会アラハ之ヲ購入セラル、様致シタシ」というふうに変わっています。今でもそうなのですが、海運業は景気の先行指標と言われます。なぜかというと、船は、作るのに時間がかかりますのでそんな急には増やせないからです。貿易が活発になると、運賃が急騰してしまいます。川村は、運賃が安い今のうちに自社の船を造りたいと考えるわけです。これは、海運業界の人に聞くとよく聞く話ですが、「船を造りたい」という想いは、海運業に従事する人にとって根強い感情のようです。川村もこの後一貫して、「貿易会社だけれど船を持ちたい」とずっと主張し続けることになります。ここが、就任前と就任後で一番大きく変わったところだと思います。この後川村は、周囲から貿易会社にそんなに船はいらないと言われるわけですけれど、でも船を造りたいという思いでずっと動いていくことになります。

造船のために明治海運を設立

本格的な船を造るのは1911（明治44）年なのですけれど、4代目の船舶部長になった大石がその当時を次のように述懐しています。

「本当の船らしいものをつくった…のは1911年頃…、その当時日本では非常に新式な船であった…。この当時は川村さんが殆ど半歳以上も本店に詰め切って本店の山本さんと川村さんの折衝が仲々困難で本店出張中衣替へまでして神戸にも帰らないという坐り込み戦術によって出来た」

山本条太郎はもともと海運業にはあまり肯定的ではなかったのですが、川村の部長就任後は、川村の後ろ盾になって支えていくことになります。山本はこのとき役員、川村はただの部長なのですけれど、三井物産という会社で船を造ることに積極的に支援をしてくれます。

ただ、今日のテーマになる点ですが、川村は何に悩むことになるかというと、結局、貿易会社は貿易業収入を得ることが本業なので、営業する人たちにとってみると、船舶部門というのはコストセンターなのです。要するに経費を抑えるための機関です。だから、そこで儲けなくてもいいという考えが強く社内に存在します。自分の支店の荷物の輸送を頼んで社内の機関に儲けられたら、自店の利益がそちらの部署にいってしまうと考えます。ですから本体の営業部隊としては、船舶部はあくまで補助組織で、コストセンターだと主張するわけです。ところが川村は、自分たち輸送部門は、利益センターとして位置づけていきたいと考えます（写真9）。こうした社内での組織の位置づけの矛盾で、川村はず

写真9：川村貞次郎資料集
社外支払運賃傭船料などのまとめ

っと悩んでいくことになるのです。

こうした矛盾の結果として生まれたのが、明治海運という会社です。山本に交渉して船を新造したあとに、山本は「積極策として、船数十隻を所有する資本金200万円の新しい会社を作ってはどうだ」と手紙を書くほど積極的に、川村の社有船拡大策に協力的なのですけれど、会社の方針はそうはなりません。そこで川村は新造船をつくるために、1911年に明治海運という会社を三井物産とは別に作ってしまいます。明治海運という会社は、現在も神戸にある中堅の海運会社なのですけれど、明治海運のホームページを見ても、川村が作ったとまでは書いていないのです。どちらかというと内田信也（写真10）が作ったと言われることが多いのですが、実はこの会社は川村が作った会社です。川村は筆頭株主として明治海運の株を6%保有するほか、この会社の起業の際には東京海上からの借入れに奔走し、その後も連帯保証人になるなど、明治海運という会社の設立に尽力します。設立後の増資においても川村は資金を拠出して、保証人であった借入金も22万円と当時の価値で相当な額になります。

写真10：内田信也

しかし、会社の一部長でありながら、自分のところに船を供給してくれる別の船会社を、三井物産の仲間たちと一緒に作ったわけですから、問題視する人もでてきます。特に三井物産の役員で大物だった飯田義一は、非常に問題視していました。川村に送られた手紙では、「併シ何モ之カ為メニ首切リ騒迄起スニハ当不申」と言っているのですけれど、役員から解雇するとまで言っていないと言われたら、それは脅しているのと一緒です。山本は「いいじゃないか」と言っているのですけれど、飯田は「そんなものは認められない」ということで、結局川村は、この明治海運から形式上は手を引くことになります。ただし実質的には、明治海運という会社は、その後も三井物産に船を提供する会社として成長していくことになります。いずれにしても明治末にかけて、川村は船舶部長にピンチヒッターとして就任したわけですが、コストセンターと言われながらも、山本を味方につけて、船を造りたいという思いで一生懸命船を造っていきました。

ここでやっと造船の話になってくるのですが、川村が1908（明治41）年に言っていたように、景気が回復した場合には、船を持っていなかったら大変だぞという事態が、実際に第一次世界大戦期に起きてしまいます。第一次世界大戦期は、いわゆる「成金の時代」というように皆さんもイメージされると思うのですが、三井物産船舶部出身の内田信也をはじめとして、勝田銀次郎（写真11）や山下亀三郎といった三大成金と言われている船成金ができるほどの海運ブームになるわけです。当然、運賃がうなぎ上りに上がっていく中で、川村はこれに対する対応策を一生懸命考えていくことになります。

その一つが川村が会議で発言した「三井系海運会社設立案」というものです。「凡テノ苦情ハ単ニ三井ノ勢力

写真11：勝田銀次郎

下ニアル船腹ノ供給十分ナラサルヨリ来ルモノナレハ之カ救済ノ方法ハ」、会社の船を増加するしか方法がない。「然レトモ……吾社業務（三井物産）ノ性質上船舶ノミニ莫大ナ資金ヲ投スルコトハ過去ノ経験ヨリ見テ不可能ノ事ナリ然ラハ如何ニスレハ可ナルヤト云フニ他ナシ現在ノ船舶部ノ外ニ三井勢力下ニアル別働大会社」を作って、そこに船を所有させて、それを雇えばいい。だから、明治海運よりもっと大きい三井系の海運会社を作って、そこの船を雇えばいいということを1916（大正5）年に言い始めるのです。

そして、併せて川村は、そうやって船が増えると修繕にものすごくコストがかかるから、自分で造船所を持ったほうがコストが下がっていい。自社船の量を考えれば修繕費だけで十分、収益がまかなえるから造船所をつくろうと言い出します。ただこれは建前で、川村自身は後に次のように説明しています。

「造船部ヲ設置スルニ至リタル起因ハ曽テ小田柿常務取締役ノ海外ヨリ転勤常務ノ椅子ニ就カレシ当時自分ハ同取締役カ船舶担当ノ任ニ在リシヲ以テ親シク協議スルノ機会ヲ得、将来船舶部発展ノ計画ヲ立テ、之ニ対シ十年計画ナルモノヲ作リ本店へ提出シタリ、而シテ其趣意書ハ…要スルニ当社社船ヲ30万噸迄ニ増加セシメタク、而カモ十年計画ヲ以テ之ヲ完成スルニ非サレハ当社ノ業務発展ニ伴ハサルヘシトノ趣旨ナリシナリ、而シテ…若シ之ヲ十年ニシテ30万噸タラシムルニハ仮令一部古船ヲ以テ補充スルモ年々3万噸許ノ新造船ヲ必要トスル結論ニ帰着シタリ」

文中にある小田垣常務というのは、山本条太郎がシーメンス事件で三井物産を去った後に、山本の代わりに担当常務になった人です。川村は、小田垣と相談して、社船を30万トンにまで拡大したい、これを10年で行うには、たとえ一部古い船を輸入するとしても、3万トンくらいは毎年新造船を造らないといけないから、造船所を作りたいと考えたといっています。要するに川村は、貿易業を主業とする商社にあって、船がほしいのです。そのために海運会社を作ろうとか、造船会社をつくろうと画策したわけです。

三井造船誕生の真相

ここからが今日の話の依頼のあったところになると思うのですけれど、まずはその経緯について『三井造船株式会社50年史』の記述から確認したいと思います（写真12）。同社の社史では造船所の設立経緯について次のように説明されています。

「大正5〜6年のころ、三井物産株式会社船舶部は、自社・用船（自分の会社の船と人に借りた船）あわせて128万重量トンをこえる船腹を擁し、世界的不定期船業をして活躍していた。しかし、戦局の拡大による船腹不足が急迫するにつれ、これらの船舶の修繕は、工費の面からも施工日時の面からも、まことに容易ではないものがあり、船隊稼働力の急速な減少が憂慮される事態にたちいたった。そこで船舶部長川村貞次郎は、造船および修繕工場を設ける必要を痛感

写真12：『三井造船株式会社50年史』

し、大正５（１９１６）年６月、造船業を兼営すべきことを建議した。しかしこの建議は入れられず、以来三井物産幹部に対して再三その意見を述べて、実現に努めたが、賛同をうるにいたらなかった。その後、いっそう戦局が進展するにともない、造船所の設置は船舶部にとって焦眉の急となった。ここにおいて、川村部長は意を決し、大正６年10月23日、社長に対して陳情書を提出した。……（陳情書略）……川村船舶部長の、この熱誠あふれる陳情は、ついに社長および幹部の承認するところとなり、大正６年11月２日、第６５５回取締役会において、造船部設置の件を可決した。つづいて、同日14日、臨時株主総会を開催、定款中の営業目的に「造船業並之カ附帯事業」を…追加する旨を決議、以来当社は、この株主総会決議のあった11月14日を創業記念日としている」。

写真13:当時の社長 三井源右衛門

クライマックスは１９１７（大正６）年10月23日、社長（写真13）に対して陳情書を提出したという場面です。その陳情書を示さないと熱意が分からないと思うのですが、いろいろ書いてあるのです。川村船舶部長のこの熱誠あふれる陳情は、ついに社長および幹部の承認するところとなり、１９１７年11月２日第６５５回取締役会において、造船部設置の件を可決されたとされています。続いて同月14日、臨時株主総会が開催され、定款中の営業目的に「造船業」が掲げられました。以来同社では、この株主総会決議の日が創業記念日とされていると記載されています。

このように史実としては、川村が一生懸命説得したけれど幹部が言うことを聞いてくれなかったので、最後は社長に直訴したところ、その直訴した手紙が熱誠あふれる陳情書だったので、心を動かされて、それで造船所ができたという話になっているのですが、実際の経過はそうではありません。

造船所設立までの経緯を部外秘の社内史料で確認してみましょう。途中までは一緒です。1916（大正5）年6月に先ほど言った支店長会議という席で、川村が造船会社を作りたいと言い出します。また、さきほど言ったように三井系海運会社を作りたいとも発言します。時は海運造船ブームですので、今、作らないとだめだと提案するわけです。ところが、翌年の議事録によれば、「当時幹部ノ一部ヨリ賛成ヲ得タルモ全部ノ賛成ヲ受クルニ至ラス」とされています。つまり、川村の提案は会議で一旦は保留となったようです。否決はされなかったのですが保留にされたのです。

ところが、この2カ月後の1916（大正5）年8月から1917年1月にかけて、川村たちは新しい造船所を作る候補地を探しはじめます。候補地は10個ほどありました。そして1917（大正6）年1月、理想の地を玉野市の玉地区で見つけます（写

写真14：造船所立地前の用地（塩田が広がる 1912年）

真14)。5月23日には、埋め立ての権利を獲得するために岡山県庁に出願して、さらに、玉地区の工事が進むより前に、個人で造船所をつくるために宇野工場(宇野地区)の借地の認可を岡山県庁に出してしまいます。6月21日には玉地区候補地の買入れに着手して、村会決議によって買入契約が調印されます。7月上旬には鉄材および機械類の購入を開始して、7月19日には川村造船所(写真15・16・17)と言われる工場を宇野地区に建ててしまうのです。

社内史料では、8月22日に「受負人(川村)ヲシテ同人ノRiskト計算ニヨリ第一号木船海正丸重量1200噸ノ龍骨据附ヲナサシム　但シ他日造船業ヲ吾社ニテ経営ノ許可アリタルトキハ一切権利義務ヲ当方ニ引継ギ若シ然ラザルトキハ其建造船ハ三井ニ買取ノ契約ヲナセリ」と書かれています。この点はこの後触れますが、川村は玉地区の造船所の完成を前に、自らのリスクで宇野地区に造船所を作ってしまいます。そして、玉地区の造船所新設候補地の買入れは10月下旬にはほぼ済んでいます。ここまで来た後に、前述した社史で語られる熱誠あふれる陳情書が提出されることになります。会社員として現在ではあまり考え

写真15：川村造船所(宇野地区 1917年開設)

られないと思うのですけれど、担当役員は認めているとしても、役員の一部が反対して会社でゴーサインが出ていないうちに、自分でどんどん候補地まで決めて、それだけではなくて、候補地の選定が

写真 16：第 1 船「海正丸」が進水（1917 年 12 月 2 日）

写真 17：洋上に浮かぶ「海正丸」

確定する前に、その近辺に自らのリスクで仮の工場（川村造船所）を先に作ってしまったのです。その後に、三井家の許可をもらって造船業がスタートとすることになったのです。そんなことは今では考えにくいですけれど、事実はこういう経緯になっています。

川村はどうしてこんなに先走ったことができるのかというと、最初に言いましたように、かなり大きな後ろ盾があったと考えています。次の文章は１９１５（大正４）年3月25日に益田孝から、川村に宛てられた書簡の内容です（写真18）。益田は山本と並んで川村貞次郎の良き後援者でした。

「既ニ三隻新造之義、小田柿へ忠告致候、もし三井ニ於而実行せされハ百万円之会社を起し、三井家の許しを得て新造可致申聞候処、早速貴君を出京せしむる様被申居候処、爾後評議進捗せし事と存候、就而尚貴君ニ於而必要と被思召候ハヽ、今一隻注文致候てもよろしく、只命相従ひ可申候、小生も来月十日頃にハ貴地へ罷出候様可致、此節之事故、三日見ぬ間に桜かな、如何なる世の中

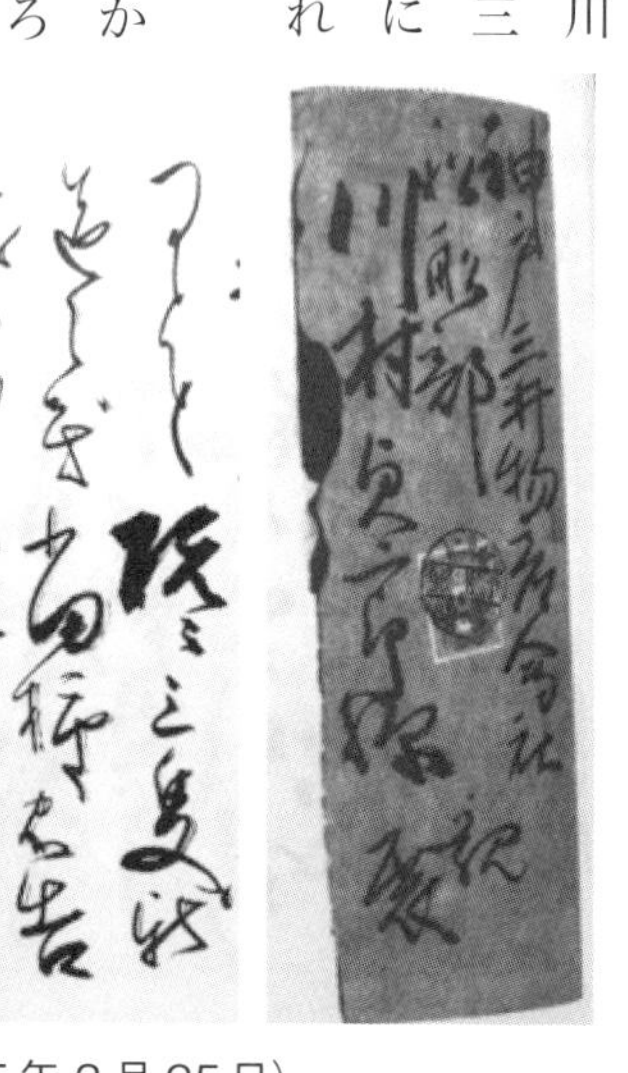

写真 18：川村宛の益田書簡（1915 年 3 月 25 日）

変化を起し候哉難計、常ニ御考慮置き可被下候」

三井物産の中の役員の何人かは反対しているのだけれど、どうもかなり早い段階から、その上の人たちを説得しているのです。造船業は、今作らないと間に合わなくなる。日がたてばたつほど不利になるから、今のうちに作ってしまえという発想なのです。それはおそらく、同時代の人は理解できる内容だったのかもしれません。この時期には、造船業で働く工員の工賃も材料費も、大幅に上昇して船のコストが上

写真 19：宇野線開通（1910 年 6 月12 日）

写真 20：宇野線開通直後の宇野港を望む

がっていますので、早く作らないといけないという思いはとても強かったと思うのです。

次に、造船所の候補地として玉野市の玉地区が選ばれた理由には、いくつかの条件がありました。候補地になっていたのは、大阪築港、神戸港付近、尼ケ崎付近、阪神間沿岸、神戸港以西須磨、門司田の浦、山口県の2港、播州などです。つまり、最初から玉野に造船所を作ろうと思っていたわけではなくて、いろいろと対象となる土地を探しました。花崗岩が取れる、潮の変動があまりない、さらに重要なのは大阪と九州のどちらにも近いなどが候補地の条件でした。いろいろな条件が重なって玉野という土地が選ばれることになります。当然、候補地には既に人が住んでいます。そこで、用地を買収し漁業権を買収し、川村は会社の許可を得ないまま、どんどん暴走していくことになるわけです。資料では明示的に書かれていませんが、玉野が選定された重要な理由のひとつに宇野線の敷設があったと思います。造船所ができるのが1917（大正6）年で、それより約7年前に宇野線ができています（写真19・20）。宇野線ができた結果、宇高連絡船が就航します。その後、川村は先に説明したように第一次世界大戦を背景とする船腹需給のひっ迫から、玉野の造船所ができる前の暫定的な造船施設として、川村が自分のリスクで宇野地区に川村造船所とよばれる施設を作って、最初の船として「海正丸」という船を造ってしまうわけです（写真16・17）。川村造船所で暫定措置を取りながら、最終的には玉地区の土地に造船所を3年くらいかけて作っていくことになります。

寒村から造船の町へ

そして造船所の建設が、現在の玉野の町を大きく変えていくことになります（写真21・22）。造船所ができるまでの町の様子は、次のように書かれています。

「（造船部）建設以前に於ける日比・宇野両町は、主として塩田若くは漁業地にして、…日比は古来瀬戸内海の小港として存在し、此の地に鈴木家の経営せる日比製煉所ありしも遂に休業する所となり、…

写真 21：玉地区造船所の開場式に集まった人々（1919 年 11 月）

写真 22：第 1 船「イースタン・インポーター」が進水（1919 年 11 月）

玉は蘆荻の海辺に繁茂するに止まりて、住家は僅かに点在するのみ、人烟極めて希薄なる一寒村に過ぎざりき。宇野町は対岸高松市に連絡する鉄道を有し、県の施設に成る築港ありと雖も輸出入の船舶なく、未だ此等設備を十分に利用するに至らず、築港埋立地の如きも人家は点在するも未だ街衢の体を為さず…」

しかしその後、造船所ができたことによって、1937（昭和12）年には、造船所の従業員数は職員374人、職工傭人5121人、合計5495人にまで膨らみます。そのうち、63％が今の玉野市（日比・宇野町）に居住していて、その世帯人口は一戸平均4・3、世帯者数は総数の73・5％とされているので、その人数を計算すると、3836戸の世帯者で人員は1万6495人とされ、さらに単身者がいるので、これを合わせると1万8千人くらいの町になったとされています。これは、居住する二つの町の人口のだいたい68％にあたります。働く人が住むということは、働く人の家族も住むことになる訳で、塩田しかなかった寒村の玉野の町が、三井の造船所ができたことによって、「造船の町」として、地域住民の約7割が造船所に勤める人たちで構成される町に変わったわけです。

苦境を積極的に打開

ここまでの話は比較的順調なように見えるのですが、次は、実は造船所ができてからが大変だったという話になります。川村が強引になれたのは、第一次世界大戦期という非常に大きな経営環境の変化を受けていたからであったことは間違いないのですけれど、これはバブルだったわけで、1920（大正9）年恐慌の後日本は長く不況の時代に入ります。中でも苦しむのが海運業と造船業です。そのため、当然この二つの事業を拡大した川村に対する風当たりは社内でも強くなります。一番厳しくなっていくのは20年代、不況に入ってすぐです。

１９２１（大正10）年に支店長会議が開かれるのですけれど、川村はもう既に、ヒラですけれど取締役になっています。１９２１年のこの会議の最初の挨拶もしているくらいです。にもかかわらず、この会議で、川村が知らないうちに、造船部を会社から独立させようという案が出されるのです。これに対して川村は、「此問題ニ付テハ実ハ自分ハ是迄何等研究ヲ為シタルコトナク、本会順序書ヲ手ニシテ初メテ議案中ニアリシコトヲ知リシ次第（なり）」と言っています。常識的にはあり得ない話だと思うのですけれど、自分が知らない間に、自分の担当部署の独立が議案の中に入れられてしまうのです。これはおそらく、本店の管理部門から出ているようです。川村はそれに対して、「造船部ノ母屋ナル三井物産会社ヨリ之ヲ駆逐セントスルハ取リモ直サス之ヲ見殺シト為スモノニシテ、未タ４才ニ達セサル幼者ニ対シ誠ニ残酷極ルモノト謂ハサルヘカラス」と述べています。担当部署を束ねる川村の頭越しに議案が出されるくらい、追いこまれているわけです。

この後、川村は何をしたかというと、翌22年に「３造船所合併問題」というのを出します。当時苦しかった大阪鉄工所（現日立製作所）と、播磨にある神戸製鋼所播磨造船工場と、三井の造船部を合併して新しい会社を作ろうという計画を立てました。これは実現に至る直前までいくのですが、今度は三井家の当主の反対で、認められないということになります。

そこで、さらに１９２４（大正13）年６月には、川村は、船舶部長、造船部長の名で、この二つの部署を一緒にして独立させてほしいという提案をするのです。これも結局は保留になるのですけれど、なぜこのタイミングで出したかというと、川村はこの翌月に、役員になって、部長としての立場ではなくなります。常務というポストに上がって、造船部の直接の担当から外れるのです。その前に、自分が育てた組織を何とか自立できるようにするために、二つをセットで会社として自立させて、コストセンターではなくてプロフィットセンターとして経営させてくれというように言うのです。結局、この時は独立には至らなかったのですが。

しかし、この後も造船業はずっと不況です。業績の推移を示したグラフを見れば分かるのですが、関東大震災のときに黒字になるのですけれど、それ以外はほとんどずっと赤字です（表2）。

この苦しい期間、川村はいくつかの積極策をはかります。一つはこの時期、船舶はボイラーで石炭を焚くのではなく、石油で運航するディーゼル船が次第に普及していく時代にあたっています。日本は普及が遅れていて、１９２０年代半ば、１９２５（大正14）年の世界の普及率が４・２％であるのに対して、日本は１・７％でした。こうし

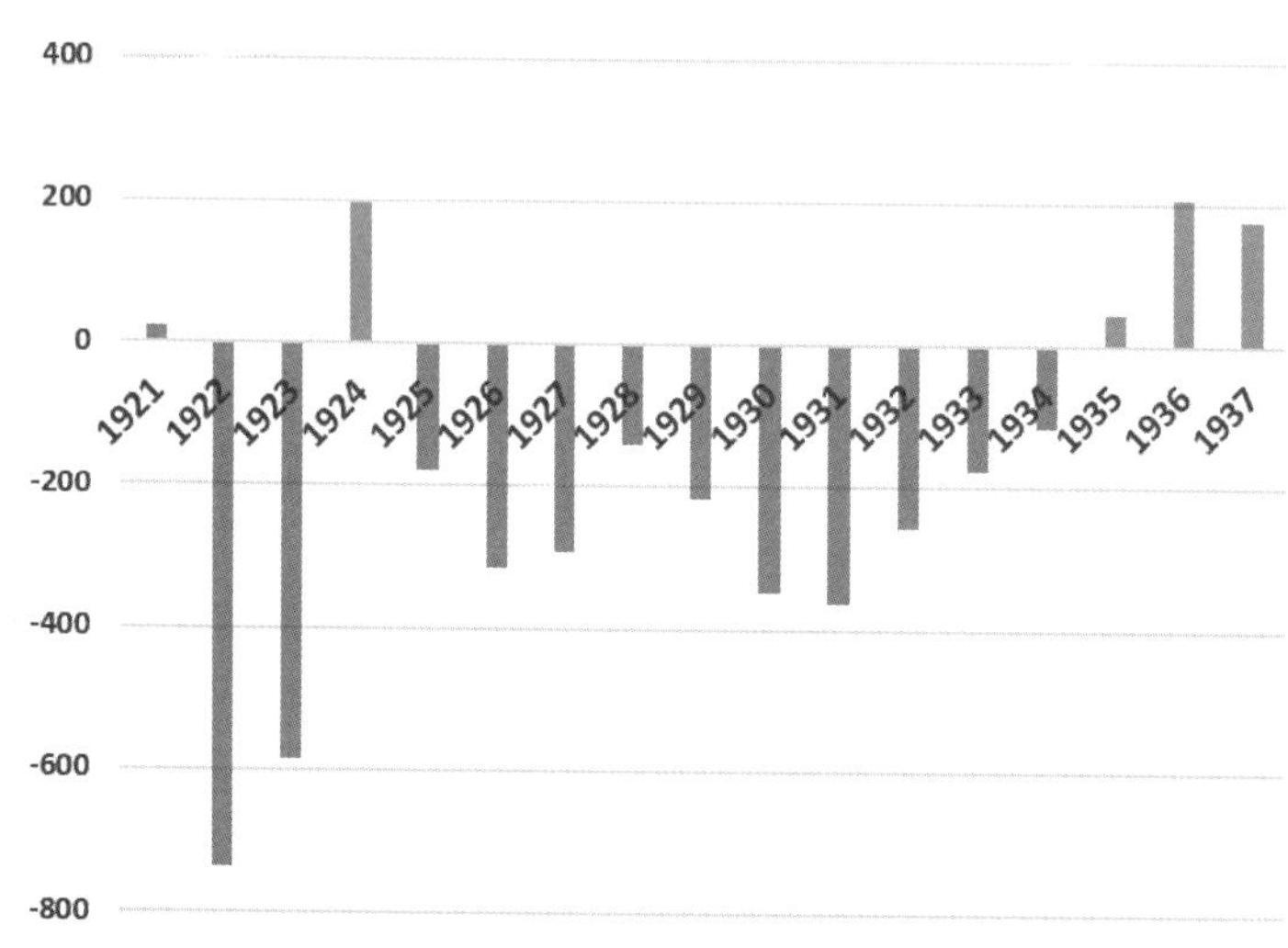

た時期に造船部はディーゼル機関の製造に力を入れていきます。大戦後の造船業界の世界的な不況の中でデンマークのバーマイスター・アンド・ウェイン社（B&W社）が堅調に事業を続けていることに注目した造船部では、1926（大正15）年にB&W社との間に製造販売実施権契約を締結して、本格的なディーゼル機関の開発を進めていくことになります（写真23・24）。

川村との関連でもうひとつ重要な積極策は、船舶改善助成施設に関連した活動です。日本では、1930年代にいち早く海運業と造船業の業績が回復するのですが、その大きなきっかけになったのが、1932（昭和7）年から実施された船舶改善助成施設とよばれる施策です。同政策は、日本にたくさんあった中古船を解体し、解体に見合う

写真 23：ディーゼル機関の開発

写真 24：ディーゼル機関１号機を搭載した「高見山丸」

優秀船の建造のための助成を行うというものです。川村は、船舶改善助成施設の代行機関である社団法人船舶改善協会理事長に就任して、業界を盛り立てる活動に尽力します。川村は、業界を整えていくことによって、自分が作った造船部門の業況を立て直す方向に努力していったのです。

また川村は、助成施設と併せて、業界をまとめて海事銀行をつくろうと努力します。当然、大蔵省が反対しました。そこで、川村は政党や大蔵省への折衝を重ねます。次の文章は、１９３３（昭和８）年にかつての上司で政界有力者となっていた山本条太郎に宛てた文章です。

「此案（海事銀行設立）ハ議会ニ出ス前ニ政党本部ト大蔵省ノ了解ヲ求ムル必要可有之政党ノ方ハ貴台（山本条太郎）ノ御威力ニ御縋リスレバ大体相済可申候得共大蔵省ノ方ハ仲々難物ニ御座候、先日小生等有志数名ニテ黒田次官並ニ銀行局長懇談致候得共特殊銀行ヲ今日以上ニ増加スル事ハ省内ニ於テ伝統的ノ反対有之候トテ第一回ノ会見ハ不成功ニ終リ申候付更ニ何回モ説得ヲ重ヌル必要アリと存候更ニ猶一ツノ大難儀ハ高橋蔵相ノ説得ニ御座候此件ハ貴台帰京後御知恵ヲ借リまた御援助ヲ仰度ト存居候」

書簡では、川村は直接、大蔵省次官や銀行局長への説得を試みるとともに、蔵相である高橋是清への交渉を山本に依頼している様子が書かれています。このように、一生懸命育ててきた海運・造船部門が何とか立ち直れるような経済環境を作るために、業界全体の環境整備にむけて川村は努力していくことになりました。

結局、海事銀行は設立されなかったのですが、川村の各種の努力の甲斐もあって、ずっと赤字だった造船部門は、１９３０年代の後半になると業績が急激に良くなってきます。造船会社に好況が訪れるのです。長く淘汰圧力の中で守り続けてきた造船部門が、ようやく自立的な軌道をたどるなかで、川村は１９３４（昭和９）年についに筆頭常務、つまり三井物産の最高経営者にまで登り詰めます。ところが、1月22日に筆頭常務になって宴席が続くなか、就任翌月、パーティーの席上、脳血栓で倒れてしまいます。その結果、１９３６（昭和11）年には取締役も辞任することになりました。そして、川村が三井物産を去った翌年に、造船部は独立して玉造船所となります。その後患った川村が１９４２（昭和17）年に亡くなるのですけれど、亡くなった数カ月後に、今度は三井物産船舶部が、三井船舶というかたちで独立するという経緯をたどることになりました。

　以上が、川村貞次郎に関して私がお話ししたかった内容です。最後に、経営史研究所が編纂した商船三井の刊行物で川村について書いて

写真 25：玉地区造船所（1919 年7月）

いる次の文章を紹介して終わりたいと思います。

「川村が船舶部長在任中手掛けた仕事の記録はのこっており、三井関係者の間では『三井船舶部中興の祖』という呼び方で記憶されている。しかし、その人となりについてはほとんど記録は残されていない。あるいはその亡くなった時期が昭和17年4月という…追想録の類いをまとめる余裕などない時代だったせいかもしれない…昭和31年4月に、東京・丸の内で「故川村貞次郎氏追悼会」が開かれ、当時の海運界の錚々たる顔ぶれが出席しているが、これが、表立って川村が追想された最後のものだろう。その出席者たちもほとんどいまは亡い」。

本日、私がお話しさせていただくことになったのは、川村の事績を残した記録などがほとんどなく、私が25年も前に発表した未熟な論文が唯一に近い状態になっていたからです。しかし、今日、お話を聞いていただいてお分かりいただけたと思うのですが、川村は商社という営業を主体とする会社にあって、補助業務である海運部門や造船部門の成長や存続のために粉骨砕身して、社内役員を説得し、時に暴走しながら組織を守り抜きました。結果として、彼が会社を引退し、あるいは亡くなる過程で、必死に守った事業は、それぞれ後の三井造船や三井船舶として巣立っていくことになったの

写真 26：川村貞次郎の胸像
（今も旧三井造船玉野事業所に）

です（写真26）。

つまり何が言いたいかというと、会社はきれい事ではないのは私も理解しています。ただ、今日ある会社や地域社会というのは、それを作りだした人たちがそこに生きて、その苦労のもとに成り立っているということを忘れてはいけないのではないかと思うのです。私が今回、機会をいただいて、多くの人が忘れていた川村のことを岡山の人たちに伝えることになったのは、そうしたことを伝えるためだったのではないかと感じた次第です。

◎参考文献

大島久幸「川村貞次郎と三井物産船舶部」『専修大学大学院紀要』一六号、一九九五年
杉山和雄『戦間期海運金融の政策過程』有斐閣、一九九四年
玉造船所『三井物産株式会社造船部二十年史』一九三八年
日本経営史研究所『風濤の日々―商船三井の百年』大阪商船三井船舶、一九八四年
三井造船『三井造船株式会社五〇年史』昭和四三年
「三井 E&SHD 社長 岡良一氏　トップの決断 祖業にメス、白旗は揚げぬ―赤字脱却へ聖域なき再建」『日本経済新聞』朝刊、二〇二〇年九月二一日

講演を受けて

岡山商科大学非常勤講師　吉原　睦

高千穂大学教授　大島久幸

司会
RSK山陽放送アナウンサー　田中　愛

司会：さっそく質問コーナーを始めたいと思います。たくさん質問をいただいておりまして、まずは吉原先生への質問です。

「錦莞莚が明治期、海外への輸出品になったということですが、どういった用途で使われたのでしょうか。カーペットとかタペストリーとかでしょうか」といったご質問をいただきました。

吉原：もしかしたら、お答えを知りながら質問されたのかなと思うくらい鋭い質問ですね。

敷物としてはもちろんということではあるのですが、壁掛けとか、あるいは天井張りとして使うこともあります。それから、錦莞莚自体を材料にして座布団に加工したり、あるいはイスの背中のイス張りとして張ったり、手提げ袋なんかの加工品にも徐々に使われていくようになります。海外に輸出されるので、外国の人がイ草の敷物として靴を履いたまま上から踏むのだろうかという疑問をたぶん持たれるのではないかとも思います。眠亀の時代のことはちょっと分かりかねますが、明治30年代、次の息子の高三郎さんが事業を継いだあたりでは、アメリカでは敷物として錦莞莚を使う人はほとんどいなかったという報告例があります。やはりタペストリーというかたちで使うほうが海外では多かったようです。こちらから売るときはマッティングということで敷物として売るわけですが。ただ、磯崎も、敷物としての使い方だけにこだわってはいなかったのです。むしろ、先ほどの壁掛けだの、あるいは加工品の生地としてだのというように、錦莞莚というのは実に様々な用途で使えるものなんだぞ、というように、かなりポジティブに多様な使い方をアピールしています。敷物以外では、加工品として多く使われていたようです。

司会：加工品、また装飾品のようなかたちでも使われていたということですね。
もう一問、錦莞莚についての質問があります。「錦莞莚の製品、もしくは技術は現代に引き継がれてはいないのでしょうか。また、現在の価値でどれくらいの販売額だったのか知りたいです」ということですが。

吉原：技術について、今のところなかなか引き継げていないと言われています。磯崎眠亀のこの錦莞莚は、特許で15年間保護されていました。明治の30年代半ばくらいには特許で守られる期間はなくなったので、誰でもやっていいということにはなっているのですが、それはなかなかまねできるようなものではなかった。学問上提示することが難しい部分があるのですが、同じように細かい目のものを作っても、磯崎ブランドのものだけが「錦莞莚」という名前で、同じように目の細かい製品は「三尺幅三百六十経」という言い方をしたりしています。物は同じなのに、呼び方が違う。磯崎ブランドだけ「錦莞莚」というふうに、だんだん変わっていったようです。そういう流れがあるもんですから、なかなか答えにくいところがあります。
それはともかく、昭和の終戦よりも少し前に2代目の方も亡くなられてしまいました。織工さんなども磯崎製莚所自体が昭和一桁代で解散してしまいましたから、てんでバラバラになってしまい、跡を継ぐといった状況ではありませんでした。また現代ですと、当時と同じような腰の強いイ草も手に入らないし、織機もとても個性的なものだったので、何をやるにしても特殊すぎてなかなかまねすることは難しいようです。それから、現代の要因として考えると、コストということが挙げられるかもしれません。同じことを同じだけしようとすると、自分の資産を全部つぎ込んでやらなければできないというようなことで、誰もそれをまねる職人さんは出てこないと思います。俗に言われますように、みんながみんな、たいして裕福でない時代だったらできることなのかもしれませんけど、今の時代、一時的な失業ですら怖すぎる時代なのに、全財産を投げ打つなんて到底できるものではないでしょう。後継者もいなければ、復刻でさえも極めて困難だというのが残念ながら正直なところでしょう。

司会：作業に従事する人も、すごく近い人に限定するというお話を先ほどもされていましたが、弟子を取ったりとか、どんどん後世につないでいこうということはされなかったのでしょうか。

吉原：家族経営プラスアルファみたいなところがありましたので。織る段階ではいろいろな人を雇用していましたが。どちらかといえば時代が下れば下るほど、値段の安い花莚のほうが売れていくようなかたちになっていったのですが、眠亀の時代は高級品一択で推し進んでいったところがありまして、受注生産で少ない商売をや

磯崎眠亀似顔絵

る分には、ボチボチなんとかなっていたというのが、眠亀引退後間もないくらいの時の状況でもあったようです。眠亀が工場で一番がっつりと仕事をしていた時というのは、何百台も織機を据えて、バンバン織って儲かってはいたようですが。ちなみに、2代目所主の高三郎さんの時代も、割安な花莚や座布団といった比較的金額の安い製品を国内市場向けに投入していきますけど、当初からの敷物状の錦莞莚はその陰に隠れるかのように、献上品のような、つまり商売に乗らないような位置に追いやられていってしまったようです。

こういった状況ですから、企業経営として花莚業をやっていましたから、美術工芸品の世界のように弟子を取って、芸術として残していくような道は採らなかったようです。磯崎は、発明家であり企業人ではあっても、作家・芸術家ではなかったんですね。

司会：それから、「錦莞莚」は高級品ということですが、当時の販売額は、現在の価値でどれくらいだったかという質問についてはいかがですか。

吉原：これも何を物差しにして測るかによって非常に価格の幅が変わってくるのですが、例えば東京で実際に売っていた当時のお米の金額に換算していくと、一番安い錦莞莚で6千円あれば1畳敷の先ほどご紹介した、模様をポンポンと飛ばしたようなものが買えるかなというくらい。高い錦莞莚ですと6万円、という計算になりますので、そんなに無茶苦茶に高くて1千万だの1億だのという値段にはならないという言い方はできるかもしれません。

一方で、紡績工場に勤めている勤め人さんの給料を基準にして換算していくと、一番安い錦莞莚でさえ、新入社員の月給の4割をつぎ込まないと買えないというものでした。ですから、言い換えれば家賃代くらいの価格だと言えるでしょうか。それで、先ほどご覧いただいたものすごく複雑な模様のある一番高価な錦莞莚ならば、そこの紡績工場の一番の熟練工の1カ月分の給料をまるまる差し出さないと、その一枚は買えません。

そのように物差しの測り方で金額はものすごく変わるのですが、一般的にこれを「たかがゴザなのに」というような認識がある時代で5千、6千円出すというのは、「やはりそれだけのお金を払う価値がある」と言って払うことのできる粋な人でないと、なかなか使えなかったものなのかもしれません。

司会：ありがとうございます。では続いて、大島先生へのご質問です。

川村貞次郎は、会社の方針に逆らって造船業を進めていかれましたが、なぜそれほど強く推進できたのか、その思いと気概はどういったものだったのでしょうか。川村の気概とか性格、人柄のようなものはどういったものだったかというご質問です。

大島：まず反対を押し切ってと言われると、ちょっと違う気がします。そこが三井物産という会社の難しいところなんですが、例えば戦前のことですが、損失を出してもそれを上回るような功績を出した人には非常に寛大な会社でして、役員になる人でも「譴責」といって処罰を受けたような人たちもたくさんいるような会社です。だから一所懸命に説得して、上司が「君のやることは認めてあげよう」と思えば、ある程度のことができる会社であったということは感じています。

それで川村の性格ですが、一部で言われている記述では、「上にも下にも人付き合いが良かった」と言われています。また、非常に真面目なところがあり、お酒もあまり飲まなかったようです。公益財団法人三井文庫に所蔵されている川村の個人資料にはたくさんの手帳があるのですが、それを見ると、役員としての記録を本当に細かくすごく丁寧に書いていて、私にはちょっと真似できないことだなと感じます。川村は、信頼に足りる誠実さと熱意の両方があったのではないかと思っています。

司会：お話を伺うと、すごく豪腕なイメージを持ったのですが、細やかなすごく丁寧な仕事をされる方だったということでしょうね。

大島：そうだと思います。

司会：そしてもう一つ、ご質問ですが、「この時代の造船業というと三菱が先行して進めていたということがありますが、他社との競争にはどのような背景があったのかを、分かる範囲で教えて下さい」というものです。

大島：私の業界には造船業研究をなりわいとしている人たちがたくさんいて、私自身は造船については門外漢なので、あまり変なことは言えないのですが、ただ一般的な理解で言えば、2大造船所というのは「長崎（三菱）造船所」と「川崎造船所」なんですが、これらの創立は明治期で、払い下げを起点としています。例えば、造船には民需と軍需があるのですが、軍需も起点にしながらかなり早くに確立したのに比べると、三井はできたのは第一次世界大戦中です。にもかかわらず、かなり早くから成長したという実感は持っています。例えば、1937年の造船業上位10社のシェアで見ると、三菱重工は35・4％で、川崎造船は16・9％ですけれど、三井造船は川崎造船と1ポイント差くらいの15・3ポイントくらいなのです。三井物産造船部ができてすぐに、アメリカから鉄を輸入してもらう代わりに、日本は船で返すという「日米船鉄交換」という出来事があるのですが、第二次船鉄交換の時に、まだ造船部は船を製造した実績がないのに交換船を造る候補に入ります。もちろん三井が造っているというのもあったと思うのですが、三菱とか川崎に比べると後発であるにもかかわらず、急速に成長したという実感を私としては持っていますし、先ほど言ったようにディーゼル機関などの建造でかなり早くから業界の変化ということに対応したと思います。

司会：ありがとうございます。

川村貞治郎似顔絵

では、また磯崎眠亀についての話題を吉原先生にお伺いいたします。

「晩年の眠亀の福祉事業で、石井十次との関係についてお聞きしたい」ということなんですが。児童福祉の父と呼ばれる石井十次ですね。

吉原：眠亀さん本人と石井十次との最初の接点というのは、私はよく分からないんです。ただ、眠亀さんが孤児院で何をしようとしていたのか、あるいは石井十次が磯崎眠亀と何をしようとしていたのかというところについては分かっておりまして、これは磯崎側の視点からみた資料からですけれども、どうも石井十次のほうは、孤児院の方に製莚所の支部と同じくらいのレベルの組織とか体制をつくって、孤児院の中で製莚業をやろうとしていたらしいのです。磯崎はそのように受け取ったようです。ただし眠亀は、そこまでは乗れないなというのが頭にはあったようですが、孤児などに手に職を付けさせるという「授産」の意味もあるので、それだったら磯崎製莚所から技術者を先生として派遣して、織機も15台くらい据えて、そこで製造を開始したかたちにはなっています。ただ、どうもこれは長続きしなかったようです。眠亀さんにしてみたら、孤児院でつくった錦莞莚というものは、自分の納得のいく品質には達していなかったのです。

でも、石井十次側からそれをみたら、それもそのはずなんです。孤児に24時間錦莞莚ばかりをつくらせるわけにもいきませんから。学問を学ばせなければいけないし、聖教つまりキリスト教とかもやらせなければいけなかったりと、孤児院でもいろいろとやることはある中での花莚なわけなんです。どうもそこで磯崎のもくろみとうまくいかなくて、これでは、石井十次さんのところにやらせてもスキルは上がらないし、製品のレベルも上がらないし、それならこれ以上はもう付き合えないなということで、早い時期に提携を解消していたという流れがありました。

司会：なるほど。花莚業の位置づけが、双方にとって違うものだったのではないかというお話です。さらにご質問をいただいているのですが、お時間となってしまいましたので、これで質問コーナーを終了とさせていただきます。

今日は、時代を切り拓いたふたり、磯崎眠亀と川村貞次郎の生き方について、吉原先生、大島先生にお話しいただきました。ありがとうございました。

図版所蔵・提供一覧　講演1

214頁　写真1：磯崎眠亀　岡山県立博物館蔵
215頁　表1：磯崎眠亀関連年譜　吉原睦氏作成
216頁　写真2：錦莞莚（獅子狩紋）　倉敷市教育委員会蔵
写真3：捺染作業（中村昭夫撮影）　倉敷市立美術館蔵
217頁　写真4：錦莞莚（鋸歯文輪郭青海波紋）　岡山県立博物館蔵
218頁　写真5：錦莞莚（牡丹に唐獅子・3畳敷）　岡山県立博物館蔵
219頁　写真6：製品展示室に掲げられた牡丹に唐獅子の錦莞莚　倉敷市教育委員会蔵
220頁　写真7：錦莞莚（牡丹に唐獅子・1畳敷）の表面（左）と裏面（右）　倉敷市教育委員会蔵
222頁　写真8：錦莞莚（バラ模様）　倉敷市教育委員会蔵
写真9：錦莞莚（「凱旋式」文字織込）　倉敷市教育委員会蔵
223頁　写真10：飛び模様の錦莞莚　倉敷市教育委員会蔵
224頁　写真11：児島屋（磯崎家）発行の藩札　倉敷市教育委員会蔵
225頁　写真12：磯崎眠亀（撮影時期不詳）　倉敷市教育委員会蔵
226頁　写真13：安政改正御江戸大絵図（一部）　○部分が眠亀が仕えた戸川家の藩邸　国立国会図書館蔵
229頁　写真14：談話記録 錦莞莚の来歴等が語られた　倉敷市教育委員会蔵
230頁　写真15：眠亀旧宅（右の主屋は現倉敷市立磯崎眠亀記念館）倉敷市教育委員会蔵
写真16：磯崎高三郎　倉敷市教育委員会蔵
231頁　写真17：磯崎製莚所「平和敷」広告（大正期）　倉敷市教育委員会蔵
232頁　写真18：倉敷市立磯崎眠亀記念館（眠亀旧宅）　倉敷市教育委員会蔵
写真19：眠亀記念館2階の展示室（奥に錦莞莚がみえる）　倉敷市教育委員会蔵
234頁　写真20：『尋常小学読本 巻十』（1910年）　倉敷市教育委員会蔵
237頁　輸出拠点となった神戸港（明治中期）　神戸市立博物館蔵
240頁　写真21：高崎五六　『岡山県政史　明治・大正編・昭和前期編』より
写真22：前田正名　『実業家偉人伝』（国立国会図書館蔵）より
242頁　写真23：錦莞莚の専売特許証　岡山県立博物館蔵
写真24：錦莞莚織機の特許明細書図面　特許情報プラットフォーム（独立行政法人工業所有権情報・研修館）
写真25：梯形筬　岡山県立博物館蔵
243頁　写真26：錦莞莚織機（復元）　岡山県立博物館蔵
245頁　写真27：磯崎製莚所（中央の山高帽が眠亀）　倉敷市教

育委員会蔵
写真28：磯崎製莚所・天瀬本部　岡山県立博物館蔵
247頁　写真29：デラカンプ商会（神戸居留地）　神戸市立博物館蔵
248頁　写真30：チャールズ・ランゲ・デラカンプ　神戸市立博物館蔵
写真31：デラカンプ夫妻（左端の２人）と親族　神戸市立博物館臓
250頁　写真32：デラカンプ商会（倉庫内部）　神戸市立博物館蔵
251頁　写真33：京橋（岡山市）を渡る眠亀の葬列　倉敷市教育委員会蔵

図版所蔵・提供一覧　講演2

254頁　写真1：川村貞次郎についての論文　大島久幸氏提供
255頁　写真2：川村貞次郎　公益財団法人三井文庫蔵
257頁　表1：川村貞次郎関連年譜　三井文庫リファレンス、『三井造船75年史』、神部茂『的形風土記』等より作成
258頁　写真3：益田孝　国立国会図書館蔵
写真4：山本条太郎　国立国会図書館蔵
259頁　写真5：三井物産支店長会議議事録（１９０８年８月）　公益財団法人三井文庫蔵
261頁　写真6：三井物産船舶部（神戸市）　『風濤の日々　商船三井の百年』より
262頁　写真7：後藤新平　国立国会図書館蔵
263頁　写真8：三井物産本社　株式会社三井Ｅ＆Ｓホールディングス提供
265頁　写真9：川村貞次郎資料集 社外支払運賃傭船料などのまとめ　公益財団法人三井文庫蔵
266頁　写真10：内田信也　国立国会図書館蔵
267頁　写真11：勝田銀次郎　神戸市提供
269頁　写真12：『三井造船50年史』　岡山県立図書館蔵
270頁　写真13：当時の社長 三井源右衛門　株式会社三井Ｅ＆Ｓホールディングス提供
271頁　写真14：造船所立地前の用地（塩田が広がる　１９１２年）　株式会社三井Ｅ＆Ｓホールディングス提供
272頁　写真15：川村造船所（宇野地区　１９１７年開設）　株式会社三井Ｅ＆Ｓホールディングス提供
273頁　写真16：第1船「海正丸」が進水（１９１７年12月２日）　株式会社三井Ｅ＆Ｓホールディングス提供
写真17：洋上に浮かぶ「海正丸」　株式会社三井Ｅ＆Ｓホールディングス提供
274頁　写真18：川村宛の益田書簡（１９１５年３月25日）　公益財団法人三井文庫蔵
275頁　写真19：宇野線開通（１９１０年６月12日）　玉野市提供
写真20：宇野線開通直後の宇野港を望む　村瀬修一氏所蔵

277頁　写真21：玉地区造船所の開場式に集まった人々1919年11月）　株式会社三井E&Sホールディングス提供

写真22：第1船「イースタン・インポーター」が進水（1919年11月）　株式会社三井E&Sホールディングス提供

280頁　表2：造船部営業利益の推移　大島久幸氏作成

281頁　写真23：ディーゼル機関の開発　株式会社三井E&Sホールディングス提供

写真24：ディーゼル機関1号機を搭載した「高見山丸」　株式会社三井E&Sホールディングス提供

283頁　写真25：玉地区造船所（1919年7月）　株式会社三井E&Sホールディングス提供

284頁　写真26：川村貞次郎の胸像（今も旧三井造船玉野事業所に）　小西伸彦氏提供

※出版にあたり一部加筆修正しました。
※文中の書籍・論文等からの引用は原文のままとしました。
※本文中、現在ではあまり使われていない用語も含まれていますが、当時の時代背景など知る点からそのまま使用しています。

公益財団法人 山陽放送学術文化・スポーツ振興財団

山陽放送学術文化財団は科学技術の発展と文化の向上に寄与するため1963年に設立。以来、科学の基礎研究に対する助成のほか、学術調査や文化講演会などを実施し、地域の歴史の発掘・再発見と文化の継承に努めています。2013年に公益財団法人に移行、2020年地域スポーツの振興を支援する事業を加え、名称を山陽放送学術文化・スポーツ振興財団と変更しました。

近代岡山 殖産に挑んだ人々 1

2021年4月1日　第1刷発行

編 著 者　公益財団法人 山陽放送学術文化・スポーツ振興財団
発 行 人　越宗孝昌
発　　行　公益財団法人 山陽放送学術文化・スポーツ振興財団
〒700-8580 岡山市北区丸の内二丁目1番3号（RSK 山陽放送株式会社内）
電話 086-225-5531　ファクス 086-225-5046
ホームページ　www.rsk.co.jp/company/zaidan.html
発　　売　吉備人出版
〒700-0823 岡山市北区丸の内二丁目11番22号
電話 086-235-3456　ファクス 086-234-3210
ウェブサイト　www.kibito.co.jp
メール　books@kibito.co.jp
印　　刷　株式会社三門印刷所
製　　本　日宝綜合製本株式会社

ISBN978-4-86069-649-8　C0021